भिक्षु नृत्य

भिक्षु नृत्य

जिन रेनशुन

KALPAZ

प्रकाशित

1. 僧舞 :- चाईना ट्रांसलेशन एण्ड पब्लिशिंग हाऊस (चाइना भाषा में प्रकाशित सन् 2013)
2. Monk Dance :- ऑरोरा पब्लिशिंग एलएलसी, 215 यूनिवर्सिटी बूलिवर, नॉटिंघम, एनजी9 2जीजे (ब्रिटेन) (अग्रेजी भाषा में प्रकाशित सन् 2015)
3. भिक्षु नृत्य:- ज्ञान पब्लिशिंग हाऊस (हिन्दी भाषा में प्रकाशित सन् 2018)

भिक्षु नृत्य

ISBN : 978-81-212-1371-4

भारत में सन् 2018 में प्रकाशित
ज्ञान पब्लिशिंग हाऊस,
5, अंसारी रोड, दरियागंज,
नई दिल्ली-110002
Phone : 9811692060
ई-मेल: books@gyanbooks.com

मुद्रित: जी. प्रिंट प्रोसेस, दिल्ली

विषय सूची

1

एक गोरियो आख्यान

सम्राट हाइओन जांग को दोपहर में संगीत कक्ष में गया गेउन सुनने और चाय पीने की आदत हैं। रानी सुकरन ने गयागेउन बजाना तभी सीख लिया था जब वह छोटी थी और उन्हें वैरागी जीवन जी रहे एक प्रख्यात गुरु का संरक्षण प्राप्त हो गया था। जब उन्हें शाही महल में साम्राज्यिक सहवासिनी बनने के लिए चुना गया था, वह अपने साथ गहरे नीले रेशमी धागे की गांठ से बंधे मुख वाला नीला जरीदार थैला लायी थी जो एक छोटी नीली सरिता की तरह हवा में कम्पित और फहराया दिखाई मालूम होता था सुकरन वस्तुतः खूबसूरत नहीं थी लेकिन अपने गयागेउन के साथ उनका एक खास आकर्षण था। सम्राट उसके सामने रूके और मजाक के लहजे में कहा क्या जरीदार थैला लाने का यह तात्पर्य हैं कि तुम कोई कपटपूर्ण योजना बना रही हो। उसके होठों के कोने थोड़े एक ओर झुक गये और चेहरे पर प्रफुल्लता का भाव दौड़ गया। उसने ताजे कमलनाल के टुकड़े जैसी सफेद और नाजुक गर्दन दिखाते हुए अपना सिर लटका दिया। सम्राट घूमे और अपने निकट हिजड़े से मिल हिलाकर नमस्कार किया। उस रात सुकरन को सुगन्धि में स्नान कराने के पश्चात् उसे सम्राट के शयन कक्ष में भेजा गया और कुछ देर बाद उसका गयागेउन भी भेज दिया गया। उसने सम्राट के लिए तारदार वाद्ययन्त्र पर एक धुन बजाई।

यह क्या है विस्तृत जीवनावधि (शौर्यान्यंग) एवं पांच भेड़ों का दिव्य प्राणी (वूयान्गिक्सन) जैसे दरबारी संगीत से परिचित सम्राट सुकरन द्वारा बजाई गई धुन सुनकर चौंक उठा "केवल सुबह की बासन्ती हवा और शारदीय रात्रि चन्द्र प्रकाश की तुलना इस ध्वनि के साथ की जा सकती है।

यह एक लोक प्रेम गीत अरिंग है सुकरन ने उत्तर दिया। तब उसने राजा की ओर देखा और संकोच के बहुत छोटे क्षण के पश्चात् उसने संगीन बेदी के किनारे पर अपना हाथ रखते हुए धीरे और कोमलता से गायन शुरु किया।

अरिरंग अरिरंग अरारियो मेरा प्रेम अरिरंग पहाड़ी के पार चला गया मेरे प्रेम का तुमने परित्याग किया और मुझे छोड़ दिया और तुम पाँच किमी दूर की यात्रा से पूर्व अपने पैरों में एक दर्द महसूस करोगे। अरिंग सामने की उर्मिल पहाड़ियों से तुम कितने दूर थे। घुमावदार सड़क अनन्त है मेरा हृदय दुर्दशा में है और मेरे उमड़ते आँसू शीत हो गये।

सम्राट धुन में खो गया और उसके निष्पादक को घूरने लगा जो उसके देखने से भयभीत हो गई और जिसका चेहरा कपड़े की चादर की तरह सफेद हो गया। लम्बे समय के बाद सम्राट ने केवल एक गहरी सांस ली और मुस्कुराते हुए उन्होंने कहा "ऐसी धुनों का सभागार में सम्मान करना चाहिए।" कुछ महीनों के बाद उन्होंने महल के अंदर संगीत सभागार बनवाया। कुसुम सरोवर के किनारे बसा प्लवमान धुन नामक संगीत सभागार सुकरन के शयन कक्ष के बिलकुल निकट बांसों की झाड़ी के पार बनवाया गया था। ढांचे को शिल्पकारों और संगीत निष्पादकों द्वारा संयुक्त रुप से अभिकल्पित और सर्वोत्कृष्ट चन्दन की लकड़ी से बनवाया गया था। इसकी छत हरी काचित खपरैल से बनी थी जिसमें वायु छिद्र थे और अपने षटकोणीय छज्जे से झूलते हुए दोनों के आकार की अत्युन्तम काही वायु घंटियां थीं। कुसुम सरोवर में अपने प्रवाह को समाप्त करने से पूर्व एक नाला इमारत के एक छोर से दूसरे छोर तक जाता था।

सुकरन ने अपना चबूतरा नाले के किनारे बनवाया था ताकि उसके यन्त्र और जल की ध्वनि का अनुकम्पन एक दूसरे से जुड़ सकें। नाले के

पार सम्राट चित्रित आकृतियों की एक चटाई पर बैठ गया और उसकी सेवा में दो नपुंसक चाय घर से तैनात किये गये जो उसके लिए चाय बनाने के लिए नाले से पानी लेकर गर्म कर रहे थे। सब होने के बावजूद वह 40 साल की महिला है। अपनी उप पत्नी सुकरन के डील–डौल को दृष्टिगत करते हुए सम्राट ने अपने सामने खड़ी महिला से विचार प्रकट किया। वह तब सिर्फ चालीस साल का हुआ था और सुकरन जो उस समय बहुत छोटी थी, वह उसे इस वास्तविकता से अवगत कराने वाली पहली महिला थी कि वह भी जो पाँच श्रद्धेय आत्माओं में से एक है और शासन करने के दैवीय विधान को अपने ऊपर लिया है वह नश्वरता के भाग्य से बड़ी कठिनाई से बच सकता है। प्रत्येक रात्रि वह रेशम से पूरी तरह ढंकी हुई उसके शयन कक्ष में भेजी जायेगी। उस बार उघारने पर उसके शरीर की त्वचा रेशमी ओढ़नियों से भी ज्यादा चिकनी त्वचा राजा के लिए युवा होने का प्रतीक थी। वह कभी–कभी ब्रश और अधिकतर अपनी उँगली से उसकी पीठ पर कवितायें लिखता था ''मौन होकर बैठों जब आधी तैयार चाय हल्की सुगन्ध देने लगे। उसे समय पर आनन्द के साथ पुष्प मंजरियों के बीच में निसृत जल द्वारा परोसो। अपने लेखन के साथ वह शिष्टतापूर्वक अपनी भावनात्मक रचनाओं का सुकरन के कान में उच्चारण करता था और सुकरन को इतना शर्मिन्दा कर देता था कि वह अपना चेहरा अपने लम्बे बालों मे छिपा लेती थी। तब वह अपनी स्थिति बदल देता था और उसे अपने बिस्तर पर लिटा देता था और सारी रात समय–समय पर उसके साथ संभोग करता था। उसके लम्बे बाल उसके बलशाली धकेल से पूरे बिस्तर पर फैल जाते थे और अपनी लज्लालु, लज्जारंजन अब और नहीं छिपाने में समर्थ नहीं थी। तब अपने मुंह मे बालों के गुच्छे से वह उस आवाज को रोकने की व्यर्थ कोशिश करती थी जो उसके अन्दर से बड़ी तेजी से निकलती थी और उसे स्वयं चौंका देती थी।

जब वासना थक जाती थी तब सम्राट एक हाथ से सुकरन के सुन्दर बालों को पकड़कर और दूसरे से सौम्यतापूर्वक उसके शरीर का चुम्बन लेते हुए एक समय कहता था ''तुम मेरी गयागेउन हो तुम मेरी अरिरंग हो।'' सुकरन के चेहरे से आँसू बहने लगते थे और ऐसी बेहद खुशी से

उसका शरीर किंचित कांपने लगता था। दो वर्ष के बाद जब बीमार रानी युलिन गुजर गई। उसे उप पत्नी से पत्नी का दर्जा प्रदान कर दिया गया। और खिताब के साथ युलिन रानी का भाग्य भी धन और सत्ता की पोशाक के एक अंग रेशमी पोशाक के वस्त्र विन्यास की तरह सुकरन के कन्धों पर आ पड़ा।

राज्यारोहण उत्सव के पश्चात् सुकरन रानी अभी भी अपनी आरंभिक विंशति में रानी युलिन द्वारा दृष्टान्त स्वरुप प्रस्तुत समस्त अनुग्रह और गरिमा से परिपूर्ण थी। फिर भी उस समय जब हर चीज उसके लिए सम्पन्न होती प्रतीत होने लगी तो सम्राट के शरीर की वासना रानी सुकरन के युवा संसार का एक भी निशान न छोड़ते हुए गायब हो गई। तब से उसने उसे अपने बिस्तर पर आमन्त्रित नहीं किया। वास्तव में सम्राट को अपनी भावनायें प्रकट करने के लिए वस्तुओं का अभाव नहीं था। जब शाही महल में बगीचे के फूलों की तरह विलेपन कागज से भी अधिक कोमल त्वचा वाली युवा परिचारिकायें थी।

सम्राट ने अपनी चाय पीने और रानी सुकरन की ''प्लवमान सरोवर'' में गयागेउन प्रस्तुति सुनने की आदत जारी रखी। और सुकरन ने भी ऐसे प्रदर्शनकारी कपड़ों और विलासी श्रृंगार द्वारा अपने प्रेम को पुनः प्राप्त करने के लिए बहुत कोशिश की जिससे महल के नपुंसक भी घबड़ा जाते थे। फिर भी सम्राट को उसके चरित्र बल एवं प्रयासों में जो कुछ भी रुचि थी और उस घनिष्ठ क्षण में रानी के रुप में उसकी स्थिति निष्फल हो जाती थी और उसकी आसक्ति उसमें खत्म हो जाती थी। ''मुस्कुराहट के साथ सुकरन से अपना हाथ पीछे हटाते समय वह कहता ''कुछ गड़बड़ हैं'' जो उसके लिए एक सरिता की तरह था जिसने उन्हें अलग कर दिया था।

सरिता के पार बैठा हुआ सम्राट उस शोकाकुल संगीत को मन लगाकर नहीं सुनता था जो रानी सुकरन अपने गयागेउन द्वारा प्रस्तुत करती थी। वास्तव में उसकी उदासीनता ने उसे ज्यादा भूख देते हुए उसके दर्द को पोषित किया था जब तक उसके शरीर की गठन फूल नहीं गई और आँखों की निर्मलता खो नहीं गई। रानी सुकरन का शर्मीलापन एक मुखौटा बन गया जो कभी भी अलग नहीं किया जा सकता था।

द्रुतगामी कदम और बढ़िया ग्रीष्मऋतु के कपड़े से बने दर्जनों लहंगों की सरसराहट संगीत गृह के द्वार पर रुकी जहाँ एक नुपंसक ने अपने घुटनों के बल जोर से घोषणा की "राजकुमारी प्राप्त करने पर राजा को बधाई" रानी सुकरन ने बड़ी मुश्किल से संगीत बजाना बन्द किया था। जब राजा अचानक अपने पैरों के बल खड़ा हुआ और उसके सामने बादल की तरह छाया डालते हुए कहा "एक सुरक्षित प्रसव" बाहर से आती कोमल आवाजें और हंसी सुनाई पड़ी। नुपंसक ने महल की परिचारिकाओं से जो कुछ सुना था उसके मुताबिक उसने बताया "राजकुमारी मुस्कुराहट के साथ जन्मी हैं।"

राजा दरवाजे से बाहर आया और उसकी वयोवृद्ध किन्तु सीधी शरीराकृति सूर्य की चमक में नहा गई। "एक मुस्कुराती नवजान बच्ची उसने अपने चेहरे पर स्पष्ट मुस्कुराहट के साथ पूछा। उसके भारी भारीकम शरीर के पीछे परछाई की तरह चलते हुए सुकरन ने भयग्रस्त होकर कहा, "नवजात शिशु का रोने के बजाय मुस्कुराना अशुभ लक्षण होता हैं।

सम्राट ने उसकी टिप्पणी पर त्योरी चढ़ाकर उसे चुप कर दिया और प्रत्यपवाद किया तुम्हारे शब्द बहुत विचित्र हो गये हैं क्योंकि तुमने प्रार्थना के अनुष्ठान कार्यान्वित करने के लिए ताओवादी पुजारी को लड़ने के लिए आमन्त्रित किया था।"

"लेकिन मत भूलो तुम कौन हो" सम्राट ने अपना हाथ हिलाया और उसकी चौड़ी आस्तीन से कोड़े जैसा हवा का धमाका वह जो कहने जा रही थी। चाबुक की मार से रोकते हुए निकला।

अफसोस रानी सुकरन ने बहुत धीमी आवाज में जवाब दिया। उसका सिर झुका और कंधे शिथिल हो गये। सम्राट पुनः टहलने लगा। रानी सुकरन ने उसका तब तक अनुसरण नहीं किया जब तक कि वह छह कदम नहीं चला।

परिचारिकायें झूठ नहीं बोल रही थी। एक बूढ़ी परिचारिका के हाथों में लिये गये नवजात शिशु के छोटे चेहरे पर दो गड्ढे और काली चमकती

आँखों के साथ मुस्कुराहट बहुत आकर्षक थी। सम्राट हयोन जोंग उप पत्नी ऑरिऑल से दो वर्ष पूर्व जब उसने पूर्व में एक पुत्र पैदा किया था, उसकी अपेक्षा राजकुमारी पाने से अधिक प्रसन्न था। उसकी उन्नीस राजकुमारियाँ थी और उससे पैदा केवल दो राजकुमारियाँ अपने जन्म के एक माह के अन्दर जन्मजात बीमारियों से मर गई थी।

''उसे मुस्कुराना पसन्द है इस लिए उसका नाम प्रसन्न राजकुमारी रहने दो।'' राजा ने ऑरियाल के शयनकक्ष में जाने से पहले शिशु को काफी देर तक देखा और अपना हाथ उसके चेहरे की ओर बढ़ाया जो चादर की तरह सफेद था ''अच्छी तरह आराम करो। आरिऑल ने राजा के हाथ से बचने के लिए अपना सिर तकिये पर दूसरी ओर कर लिया ''मैं रक्त से दूषित हूँ और तुम्हारे पवित्र शरीर को संदूषित नहीं करना चाहिए।''

इस पर राजा ने अपना हाथ खींच लिया और शिशु को देखने के लिए वापस लौटा, तभी राना सुकरन के स्थूल शरीर की छाया बिस्तर पर पड़ी। ऑरियल बड़ी मुश्किल से बैठी ''रानी को नमस्कार करो....'' जबकि रानी बिना एक शब्द कहे उसे शान्ति से उड़ती नजरों से देखा।

ऑरियल कठिनतर संघर्ष के अतिरिक्त और क्या कर सकती थी फिर भी उसकी अवस्था हमेशा जर्जर रही है और अब प्रसवोत्तर दौर्बल्य से संयोजित हो गई है और अंततोगत्वा उठने के लिए स्वयं को संभालने में असफल हो गई।

''सिर्फ बिस्तर पर लेटी रहो।'' तदुपरान्त सम्राट सुकरन पर फुनफुनाते हुए बाहर निकल गया।

रानी सुकरन कमरे में घुटन महसूस करते हूए सफेद पड़ गई जो खून की दुर्गन्ध में छिपी मालूम पड़ती थी। तदुपरान्त अपनी कमर के घेरे पर कच्चे सिल्क में कसकर ढकी हुई आरियाल के देखते की उसने भासित मुस्कुराहट के साथ धीरे से कहा ''नर्तकी की बेटी सम्राट को लुभाने के प्रयास में कभी शिथिल नहीं होती हैं।''

"अपने सम्राट को प्रसन्न करने के अतिरिक्त एक उप पत्नी को और भला क्या पसन्द होता है" ऑरियाल ने मधुर मुस्कान के साथ उत्तर दिया।

नर्तकी की बेटी का पालन–पोषण साम्राज्यीय अकादमी में हुआ था। एक दिन जब वह 17 वर्ष की थी, उसने नृत्य के अभ्यास के लिए अपने को झूले से बांध लिया और उसे सम्राट हयोनजोंग द्वारा देख लिया गया जो उसी समय पालकी में दरबार से आ रहा था। गलती से उसे ओरिऑल पक्षी समझते हुए वृक्षों में ऊपर और नीचे उड़ते हुए देखकर सम्राट ने अपने निकट के नपुंसक से पूछा जो ठीक से देख सकता था और पिछले ने संकोचपूर्वक उत्तर दिया ऐसा लगता हैं। वहाँ एक औरत उड़ रही हैं।

सम्राट की उत्सुकता जागी और उसकी पालकी अकादमी के पीछे ले जायी गयी। ओरिऑल सदा को सम्राट के लिए नृत्य करने के उद्‌देश्य के बजाय पूरी तरह प्रेम के वशीभूत होकर नृत्य का अभ्यास कर रही थी। जब हयोगजोंग आँगन में आया, तब तक वह झूले से उतर चुकी थी और एक महीन रस्से पर नंगे पैर और अपने हाथ सिर से ऊँचे किये भिन्न मुद्रा बनाये खड़ी थी। सम्राट के लिए उसके हाथ दो सफेद पक्षियों जैसे लगे जो किसी भी क्षण उड़ जायेंगे।

उसे साम्राज्यीय महिषी बनाने के लिए सम्राट हयोनजोंग ने उसे अपवादात्मक रुप से उसके नर्तक पिता को राजसी उपाधि प्रदान कर दी ताकि वह उप पत्नी के योग्य बन सके। वही एक मात्र महिला थी जिसे सम्राट हयोनजोंग तिरसठ वर्ष की अवस्था में उठा और थाम सकता था। उसकी मुलायम त्वचा के नीचे मानव मांस नहीं बल्कि बैत वृक्ष की मंजरी प्रतीत होता था। वह सम्राट हयोनजोंग के अपने बल के आत्मविश्वास का स्त्रोत थी। एक पुत्र को जन्म देने के बाद भी वह अभी भी एकल फलक पर सम्पूर्ण नृत्य सम्पादित कर सकती थी।

उसे आरिऑल उप पत्नी की उपाधि प्रदान की गई। इस तुच्छ उपाधि के लिए रानी सुकरन की घृणा महल में एक बूढ़ी औरत की ईर्ष्या के रुप में मानी गई। और उसका दिल टूट गया कि वह किसी भी मामले में हस्तक्षेप करने में सक्षम नहीं है चूंकि उसे रानी की व्यर्थ उपाधि प्राप्त हैं।

''देश में महिलाओं का उदाहरण प्रस्तुत करने का यह शुद्ध धोखा है'' एक बार उसने अपनी नजदीकी दो अन्य उप पत्नियों से चन्द्रोत्सव महोत्सव पर नशे के धुत होने के पश्चात् कहा। उसी रात उस की शिकायतें किसी तरह से सम्राट तक पहुँच गई। वह फिर भी बहुत सहनशील बना रहा और ओरिऑल के दोनों हाथ अपने हाथों में लेते हुए सिर्फ इतना कहा ''औरतें जब बूढ़ी हो जाती हैं तो उन्हें वक्रोक्ति की आदत पड़ जाती है।'' इस पर ओरिऑल ने अपनी उँगलियां मानो जादू और अपने काले बालों को सफेद छोटी उँगलियों से कंघा करने के लिए सम्राट' की उँगलियों से खींच ली। उसने चेहरे पर मुस्कुराहट लाते हुए कहा ''रानी समर्थन चाहती है।''

वह कपड़े की आलमारी की तरह मुझे थामने के लिए काफी विशाल है'' हयोनजोंग ने दांत पीसते हुए कहा। ''ओह वह ऐसी है'' ओरिऑल ने दांत पीसते हुए समर्थन किया। सम्राट ने अपनी बाँहें फैलायी और अपनी आस्तीनें चढ़ाई और गुडहल की पंखुड़ियों की आकृति की तरह गहरी भूरी छोटी चित्तियों से बिन्दुकित दोनो अग्रबाहु दिखाये ''मैं बूढ़ा हूँ'' उसने आह भरी।

''वास्तव में नहीं'' ओरिऑल ने विरोध किया। ''तुम अभी भी मुझे एक हाथ से उठा सकते हो। यदि यह अपराध नहीं है तो हमें प्रयास करना चाहिए।'' इसी के साथ उसने अपने जूते उतारे और दोनों हाथों पर एक–एक पैर रख दिया।

तुम्हारा मतलब तुम पुरानी हड्डियों के टूटने की आवाज सुनना चाहती हों? फिर भी हयोनजोंग ने अपनी बाँहें पीछे नहीं हटायीं।

उप पत्नी ओरिऑल ने गहरी सांस ली और इसे कसकर पकड़ लिया। सम्राट की अलग–अलग भुजाओं पर उसने पहले एक फिर दूसरा पैर रखा, कई मुद्रायें बनायीं और चक्कर खाकर नीचे फर्श पर अपने से पहले दो बार कूदी भी और सांस छोड़ी जिसे वह लगभग अदृश्यता से रोके हुए थी।

सम्राट हँसा और उससे कहने लगा ''तुम अपने पिछले जन्म में तितली रही होगी।''

अगली सुबह रानी सुकरन की परिचारिकायें जब उसके स्नानगृह में उसका इंतजार कर रही थी। उन्होंने सम्राट के शयन कक्ष में जो कुछ हुआ था उसका बहुत स्पष्ट वर्णन प्रस्तुत किया। जब उन्होंने अपनी बात पूरी कर ली तब रानी सुकरन ने गंभीरतापूर्वक कहा ''यह नीच औरत पता नहीं धरती पर क्या करना चाहती हैं।''

राजकुमारी ज्वाय जब पांच महीने की थी, तब उसकी वीभत्स मौत हो गई। सम्राट मौके पर गया और उसकी टूटी गर्दन सिर के एक ओर झुकी देखी लेकिन उसके चेहरे के कपोल कूपक अभी भी मुस्कुराती मुखाकृति बना रहे थे। साम्राज्यीय चिकित्सक ने केवल पीछे से शरीर को देखा और उसके कान में कहा ''राजकुमारी की औरत द्वारा हत्या की गई थी।'' हयोनजोंग ने नवजात शिशु के चेहरे की हंसी छिपाने के लिए अपना सिर झुकाया। लेकिन जब उसकी उंगलियों के अग्रभाग ने त्वचा का स्पर्श किया जो पानी से ज्यादा कोमल थी, वह ठण्डक से कांप गया जो उससे निकल रही थी।

ओरिऑल भागती हुई अंदर आयी उसके लम्बे बाल उसकी पीठ पर छितराये थे और उसके बालों के पिच्छाच्छ से जल के गोल मनके टपकती छीटों के निशान छोड़ रहे थे उसके शरीर की वाह्य सीमा पहने हुए ड्रेसिंग गाउन से दिख रही थी। वह ऐसा दृश्य जिसने साम्राज्यीय चिकित्सक और नपुंसकों को अपना सिर नीचा करने पर मजबूर कर दिया।

''यह अच्छा नहीं लगेगा'' हयोनजोंग ने उसे रोका क्योंकि अपनी ओर धुंधली निगाह के बावजूद उसने इस सराबोर औरत की आंखों में प्रज्वलित अग्नि देख ली थी।

ओरिऑल ने उसका हाथ नहीं हटाया उसने अपनी नन्हीं ज्वाय को हाथ के पार भी स्पष्टता से देखा जो उसके और शिशु के बीच था। विशाल महल में उसके बालों से फर्श पर टपकते पानी के अतिरिक्त कोई आवाज नहीं सुनाई देती थी।

''यह कैसे हुआ?'' ओरिऑल न तो स्पष्टतया चीखती न मुस्कुराती अभिव्यक्ति के साथ सम्राट की ओर मुड़ी। उसने उसके हाथ ऐसी ताकत

से कसकर भींच लिये जैसे कि उन्हें डराना चाहती हो। तभी एकाएक उसने उसे छोड़ दिया। उसकी निगाहों में उसका शरीर छोटे से छोटा होता चला गया जब तक कि अंततः उसका पूरा शरीर उसके पैरों पर झुक नहीं गया। ओरिऑल के शरीर के साथ ही हयोनजोंग का सिर भी नीचे झुक गया और उसने उसके भीगे बालों के संकुल में सफेद चेहरे पर दो चमकते हुए काले सितारे देखें। सम्राट हयोनजोंग जानता था कि उसकी आँखें पूरी तरह धुंधली हो चुकी हैं।

ज्वाय की अन्त्येष्टि क्रिया रानी सुकरन के राज्यारोहण समारोह खासकर महल की साम्राज्यीय उप पत्नियों और परिचारिकाओं से भी ज्यादा प्रभावशानली थी। दो औरतें जो सम्राट के लिए बहुत महत्वपूर्ण थी, उन्होंने दुःखात्मक संगीत के बीच मौन एवं भद्रता बनाये रखा। उप पत्नी ओरियॉल जो दुबली और कमजोर थी, उस उवसर पर ऐसी भारहीन हो गई जैसे कि हवा का झोंका उसे उड़ा ले जा सकेगा। दूसरी ओर रानी सुकरन की आकृति अपनी आनुष्ठानिक पोशाक में पहले से कहीं ज्यादा वजनी प्रतीत हो रही थी। साम्राज्यीय उप पत्नियों महली परिचारिकाओं और नपुंसकों ने अचानक महसूस किया कि रानी सुकरन की गरिमा उपेक्षा करने योग्य नहीं थी और महली परिचारिकायें अब से आगे उसकी उपस्थिति में डरा करेंगी और उसके सामने उपस्थित होने पर उनके हाथ काँपेंगे। सुकरन दिन–प्रतिदिन स्वयं को उदासीन महसूस करती गई और चुभती हुई ठण्डक गर्मी के मौसम से बेमेल थी। सम्राट हयोनजोंग अभी भी दोपहर में वाद्ययन्त्रों को सुनने के लिए संगीत कक्ष में जाता था मानों कुछ भी परिवर्तित नहीं हुआ हो। फिर भी रानी सुकरन दुखित हृदय और मस्तिष्क की हलचल के साथ केवल बिना किसी संगति के सिर्फ तारों को खींचती भर थी। उसके हाथ सम्राट की धुंधली निगाह में सफेद मकड़ियों के जोड़े प्रतीत होते थे।

उनके बीच गयागेउन की ध्वनि के अतिरिक्त कोई बातचीत नहीं होती थी।

ज्वाय की मृत्यु के बाद ओरिऑल ने साम्राज्यीय उप पत्नियों के आवास स्थानों के बगीचों के लगभग सारे फूल मरोड़ डाले। फूलों को

काटने के बजाय वह उन्हें तनों से लटकते रहने देती थी। जब भी वह एक को मरोड़ती तो वह अपनी परिचारिका की ओर मुड़ती और कहती "इस तरह?" पहली बार जब उसने परिचारिका से पूछा था तो दूसरी ने जवाब देने का साहस नहीं किया। लेकिन परिचारिका के सम्मुख नहीं किया। लेकिन परिचारिका के सम्मुख उसके हाथों जख्मी फूल पर सिर्फ वही परिचारिका नहीं बल्कि समस्त अन्य महली परिचारिकाओं को उसने "हां" कहना सिखा दिया। यही एक मात्र समय होता था जब वह अपना आपा खो बैठती थी वरना बाकी समय वह सौम्य और सुकमार रहती थी। जिस तरीके से वह फूलों को मरोड़ती है वह भव्य है और एक शिशु कन्या की याद दिलाने वाला हैं। गुलाबों से वेधित होकर उसके हाथ गाजर की तरह फूली उंगलियों से खून बहाते थे और उन्हीं से उसे अपना भोजन करना पड़ता था।

अन्त में वह संगी कक्ष के निकट कुसुम सरोबर तक पहुँच गई। जिस समय एक नपुंसक सरोवर में नाव खे रहा था। वह अकेले नाव के माथे पर बैठ गई और कमल पौधों के समस्त तनों को मरोड़ दिया क्योंकि उसके हाथ इतने अधिक सूजे हुए थे कि झटकों की तीव्रता नियंत्रित नहीं की जा सकती थी।

उस दोपहर रानी सुकरन ने अरिरंग का तराना बजाया। उसके संगीतक प्रत्यावर्तित संसेचन से सम्राट का हाथ चाय कम थामें हुए काफी देर तक हवा में रुका रहा। फिर भी अंततः उसे धुन अब और ताजी एवं नई नहीं लगी और अपने निष्पादक के साथ बदल गई।

रानी सुकरन संगीत समाप्त करने के पश्चात। कुछ समय तक मौन रही तब उसने शान्त स्वर में कहा "यदि समय लौट सके तो मैं रानी नहीं बल्कि पुनः तुम्हारी पत्नी बनना चाहूँगी।" दुःख के आवेग से व्याकुल होकर सम्राट ने उत्तर दिया "मैं इतना अधिक बूढ़ा हो गया हूँ कि ठीक–ठीक विचार नहीं कर सकता हूँ।"

सम्राट ने अपनी विदाई से पहले अपना हाथ उसके गले पर रखते हुए कहा "पहले कभी यह मात्र दो पंक्तियाँ लिखने भर का चौड़ा था, अब यह

इतना चौड़ा हो गया है तो तीन या चार लाइनें लिखने के लिए भी पर्याप्त हैं इसके साथ कई चीजें भी बदल गई हैं।''

रानी सुकरन पहले तो धीरे–धीरे तत्पश्चात् अनियन्त्रित होकर हंसने लगी और उसके शरीर का मांस हंसी के साथ हिलने लगा ''मैं भी कितनी मूर्ख हूँ कि जो पिछले महीने अमरता की गोलियां बनाने के विषय में प्रख्यात ताओवादी पुजारी से विचार–विमर्श किया था।'' उसका शरीर कांप रहा था लेकिन उसकी हंसी एकाएक रुक गई। अपनी उंगलियों के पोरों से तारों को खींचते हुए उसने सम्राट से कहा ''क्या आप मुझे क्षमा करेंगे? मैं अपने लिए संगीत बजाना चाहती हूँ मैंने कभी अपने लिए नहीं बजाया हैं।

सम्राट हयोनजोंग एक क्षणिक संकोच के पश्चात् उससे दूर हो गया।

उस दोपहर रानी सुकरन ने गयागेउन के साथ अपने मनीवेग का दमन किया।

उप पत्नी ओरिऑल सम्राट हयोनजोंग की तीसरी रानी बन गयी। उसने युवराज को अपदस्थ करने और अपने पुत्र को उत्तराधिकारी बनाने के लिए सम्राट को राजी करा लिया। चकनाचूर आशाओं के साथ अपदस्थ युवराज रानी चैस्टिटी की हत्या करवाना चाहता था। लेकिन उसे अप्रत्याशित रुप से महल में एक लोकप्रिय विश्वास सिद्ध करने का अवसर हाथ लगा कि रानी चैस्टिटी उड़ने में समर्थ थी।

रातभर हेमपुष्प के बगीचे में छिपा पूर्व युवराज पूरी तरह भीग गया था। तदुपरान्त उसने चमकीले फूलों के बीच रानी चैस्टिटी की आकृति देखी जो अपने रंगों से रानी की कांति को निष्प्रभ करने के बजाय अपनी सुन्दरता पर शरमा रही थी। बहुत धीरे–धीरे चलते हुए रानी चैस्टिटी धुंधलके में अपदस्थ युवराज की ओर बढ़ती प्रतीत हो रही थी। तब उसने जैसे ही एक सफेद हेमपुष्प को उसके तने से मरोड़ा युवराज की तलवार की धार से फूल के दो टुकड़े हो गये।

जब वह फूलों की झाड़ी में हाथ में तलवार लिये खड़ा हुआ रानी चैस्टिटी हांफने लगी। तुमने मुझे यह करने के लिए मजबूर किया है।

"यह तुम हो जो साहस नहीं छोड़ोगे" बारीक आँखों से अपदस्थ युवराज को घूरते हुए उसने अपनी ओर संकेत किया "तुम इन मंजरियों की तरह मूढ़ व्यक्ति हो जो उसी तने पर मुकुलित होते हैं और झड़ जाते हैं।"

"तुमने मुझे अपमानित करने का दुस्साहस कैसे किया?" राजकुमार ने फटकारा और अपने हाथ की तलवार से रानी पर प्रहार किया।

अपनी श्वास रोकते हुए रानी चैस्टटी तलवार की नोक से पीछे–पीछे उसी तेजी से उड़ी जिस तेजी से उसने प्रहार किया था। और जब तलवार अपनी अधिकतम मार तक पहुँची तब वह दो बड़े पीले रंग के हेमपुष्पों और तत्पश्चात् भूमि पर गिरने से पहले कुछ और ज्यादा उड़ी।

हत्यारा उस स्थान पर नियत किया गया था। उसकी आँखें बर्फीले मौसम की तरह जड़वत हो गई जहाँ लोग ठण्डक को अपनी त्वचा के सबसे अन्दरुनी हिस्से में प्रवेश करतें महसूस करते हैं। काफी देर के बाद उसने तलवार की पकड़ ढीली की और उसे जमीन पर गिरने दिया तुम मानव नहीं हों।"

रानी चैस्टिटी ने पौधों के झुरमुट के पार से अपदस्थ राजकुमार को देखा। उसके चेहरे की अभिव्यक्ति धुंधलके में अगाधतः अपार थी। अंत में उसने मुस्कुराहट के साथ कहा तुम ठीक हो लेकिन अब तुम किसी भी तरह से इस महल में नहीं रह सकते हों।"

वह निकम्मे हयोनजांग को ढूँढ़ने के लिए संगीत कक्ष चली गयी जिसके बाल ताजी सिवैयों की तरह दिख रहे थे वह अब वर्धित रुप से अपना समय नये खेल में व्यतीत करता था जिसे उसने ईजाद किया था। वह खेल सरिता पर तैरते ढोल में परिवर्तित ढोल–कलछुल का बजाना था।

"यह समय दरबार जमाने का है।" उसने संगीत कक्ष के द्वार पर कहा "तुम इसे मेरी जगह क्यों नहीं करती हों?" सम्राट ने उसकी ओर बिना मुड़े जवाब दिया। तब अपने निकट पान पात्र से एक घूंट पीते हुए उसने आगे कहा "मैं जानता हूँ तुम अदालती मामलों मे काफी उत्सुक रहती हों।

एक क्षण के लिए चैस्टिटी खामोश रही। तब उसने कहा "अपदस्थ युवराज, मुझे हेमपुष्प बगीचे में मार डालता चाहता था।" "वास्तव में! मूर्ख लड़का अपना पान–पात्र रखते हुए सम्राट ने पंखहीन जहाज की ध्वनि उत्पन्न करते हुए वस्तु की सतह पर आघात कर अपने हाथों से कलछुल भड़भड़ायी।"

"क्या तुम कोशिश करना नहीं चाहती हो तुम्हें धुन की हमेशा अच्छी जानकारी रही हैं।

रानी चैस्टिटी भौचक्क हो गई।

हयोनजांग ने दर्द के दाँत दिखाते हुए कहा मैं तुम्हारे हाथों के बारे में भूल गया। वे पहले कभी बहुत जीवन्त थे लेकिन वे राजकुमारी ज्वाय के साथ मर गये।" उसके हाथ कांपने लगे बहुत बुरी बात है कि तुम्हारे मुर्दा हाथ सम्राट की यादगार शोधित नहीं कर सकते हैं। हमें इससे निपटने के लिए हिसाब लगाना हैं हयोनजांग अपना हाथ सफेद बालों पर ले गया और उन्हें नोंचा। तब उसने अपना झुर्रीदार मुख चैस्टिटी की ओर किया और दाँत पीसते हुए कहा। "मुझे याद हैं। तुम अनपढ़ हो एक नर्तकी की बेटी एक शब्द भी नहीं पढ़ती है।"

रानी चैस्टिटी फूल को अपनी पूर्णता पर खिलने देने के लिए दीर्घकाल के पश्चात पुनः मुस्कुराई।

"तुमने प्रेम करना कब बन्द कर दिया हैं।"

चूँकि तुम रानी चैस्टिटी बन गयी। जैसे ही वह ढोल पर आघात करने के लिए मुड़ा हयोनजांग का झुर्रीदार चेहरा तन गया।

"औरत से छुटकारा पाने का सबसे अच्छा तरीका जो मैं नापसन्द करता हूँ उसे रानी बनाना है जो अप्रीतिकार औरत का प्रतीक होती है। महल में हमेशा अनेक रानियाँ और उपपत्नियाँ है लेकिन मैं केवल एक औरत को प्रेम करता हूँ।"

हयोनजांग ने अपने पीछे एक औरत का खुर्राटा सुना और बहुत धीमी आवाज में उच्चरित शब्दों का अनुगमन किया। उसमें वास्तव में एक लय है उसने स्वयं विचार किया जब कि वह बोल रही हैं।"

''वे ठीक हैं। तुम अब वास्तव में एक बूढ़े अव्यवस्थित दिमाग वाले हो''

हयोनजांग की मृत्यु के पश्चात् जीओनेजांग जो अभी भी काफी छोटा था सिंहासनरुढ़ हुआ जो गोरियो वंश की तीन हजार ली भूमि के रेशमी पर्दे पर कढ़े दृश्य के सम्मुख स्थापित किया गया था और पर्दे के पीछे रानी डो आगर चैस्टिटी राज्य के मामलों की व्यवस्था करने के लिए बैठती हैं।

ऐतिहासिक साश्यों के मुताबिक रानी डोपागर चैस्टिटी ने दो खतरनाक कार्य किये। एक तो देशभर में मृत्यु संख्या में तीव्र वृद्धि में परिणत उसके हाथों का इलाज करने में असमर्थ डाक्टरों की उसके हाथों मौत थी। डॉक्टर उसके बीमार हाथों से लाचार थे। वे उसकी विपदा की जड़ पता करने में असमर्थ थे। दूसरा अपराध जो उसने कर डाला था, वह जीयोनजोंग को आठ वर्ष की अवस्था से जब वह सिंहासनारुढ़ हुआ लखन कला के निर्दयी प्रशिक्षण में डालना था। उसे दिन के दरम्यान साम्राज्यीय उपशिक्षकों से लेखन कला सीखने के लिए और रात में अपनी मां से दर्जनों साम्राज्यीय यादगारों पर टिप्पणी करने और ठीक करने के लिए श्रुतलेखन लेने पर मजबूर किया गया। अपनी मां का उस पर एक मात्र प्रभाव दर्जनों मुहावरें थे जिनका वह अपने आदेशों में उपयोग करने को प्रवृत्त रहती थी। गोरियोंवंश के सम्राटों में जीयोनजंग देश के शासन व्यापार में दक्ष प्रतीत नहीं होता है लेकिन अपने हस्तलेखन के लिए सम्मानित और याद किया जाता है।

जब रानपी डोवागर चैस्टिटी अधेड़ उम्र की हो गयी उसने संकीर्ण कलाई में ठीक से चुस्त रहने वाले कफ को चौड़ी और लम्बी दोहरी आस्तीनों में विस्थापित करते हुए साम्राज्यीय उपपत्नियों की आनुष्ठानिक पोशाकों में सुधार किया जिसमें जब अस्तीनें हिलायी जाती थी तो मानो बाँहों की लम्बाई जादू द्वारा बदलती प्रतीत होती थीं।

''वह आखिरकार नर्तकी की बेटी हैं'' नये परिधानों की उनकी विवेचना में कुलीनता काफी रहस्यपूर्ण है।

रानी डोवागर चैस्टिटी उस समय सोते हुए मर गई जब जीयोनजोंग पच्चीस वर्ष का था। अपनी मां के शयनकक्ष का नजारा देखकर वह हतप्रभ हो गया था।

रानी डोवागर चैस्टिटी का चेहरा ऐसा मरोड़ा हुआ था मानो उसका गला दबा दिया गया हो उसने उन अदृश्य हाथों को हटाने की पुरजोर कोशिश की होगी जो उसके गले को जकड़े हुये थे लेकिन चौड़ी आस्तीन के बाहर निकली बाँहों पर एक भी निशान नहीं पाया गया।

रानी डोवागर चैस्टिटी के हाथ बहुत समय पहले पक्षियों के जोड़े की तरह कलाई से उड़ चुके थे।

2

पंसोरी

कृपया शांत हो जाइये। मैं तुम्हे एक कहानी सुनाने जा रहा हूँ मेरे पिता मेरी माता को किस्येंग गृह से लाये थे, मेरी माँ बहुत सुन्दर थी। वह जब अठारह वर्ष की थी तब उनके शहर के सभी पुरुष उनकी देवी की भांति आराधना करते थे। कुलीन पुरुष से वंशानुक्रम में उत्पन्न मेरे पिता बहुत सुन्दर और चाल–ढाल में सुरुचि सम्पन्न थे। एक दिन जब वह मधुशाला से बाहर निकले चावल की मदिरा का पूरा मर्तबान उनका हलक साफ कर चुका था और ऊपर देखने पर उन्होंने रास्ते के पार छिपी सुगन्ध के घर पर नाम पट्टिकाओं की लटकती पंक्ति देखी। मेरी मां के नाम से अंकित पट्टिका की ओर संकेत करते हुए मेरे पिता ने धर्मशाला के सन्निकट रेशमी भण्डार के दुकानदार से अपनी इच्छा प्रकट की कि "मैं उस औरत से विवाह करने जा रहा हूँ।" मेरो पिता पर सरसरी निगाह दौड़ाते हुए दुकानदार ने कहा "यदि तुम वैवाहिक प्रस्ताव करना चाहते हो तो तुम्हें ठीक तरह से सज्जित होना पड़ेगा। हमारे पास कुछ सर्वोत्कृष्ट चीनी रेशम का नया भण्डार है।" भण्डार में दुकानदार का अनुगमन करने के चार घण्टे पश्चात वह बाहर आये तो किसी दूसरे व्यक्ति की तरह दिख रहे थे और वहाँ से सीधे छिपी सुगन्ध के गृह में चले गये जहाँ उन्होंने पूरा दिन और रात बितायी और किस्येंग गायिका से विवाह किया।

मेरे पिता के पास दस से ज्यादा कमरों और दो बगीचों समेत एक बड़ा घर हुआ करता था। वापस जहाँ तक मैं याद कर सकता हूँ ये कमरे एक

के बाद एक खाली होते गये और केवल सन्दूक रह गये जहाँ मैं खेलती और सोया करती थी। एक बार मैं अपने सपने में जाग गयी और पाया कि मेरे कमरे में लोग थे एक अपरिचित आदमी मेरी माँ के ऊपर था उसके काले बाल पानी की तरह सफेद चित्रित चटाई पर फैले हुए थे। मेरी मां चटाई पर काफी देर तक चिल्लाती रही। तभी वह अचानक जड़वत हो गई मानो किसी चीज के सहारे दीवार में लटका दिया गया हो कुछ देर बाद वह मेरे सन्दूक के पास आयी और उसका ढ़क्कन उठाया। अपनी आस्तीनों से मेरे चेहरे के आँसू पोछते हुए वह मुस्कुरायी और कोमलापूर्वक मुझसे कहा अब दुबारा सन्दूकों में मत छिपना यह कुलीन पुरुष की बेटी को शोभा नहीं देता हैं।''

जब कभी मेरे पिता शराब पीते थे उनके मुँह से हिचकियों के साथ धारा प्रवाह शब्द निकलते थे। ''मैं एक कुलीन औरत से कुलीन दर्जे के साथ विवाह कर सकता था।

भले ही वे देखने में अच्छी नहीं हो सकती थी लेकिन क्या अंधेरे में सभी औरतें एक जैसी नहीं होती हैं?'' लेकिन जब मै जवान था तब इसे समझ पाने में असफल रहा और मैंने एक गंदी औरत से विवाह कर लिया जिसने तुम्हें जन्म दिया जो अवयस्क गन्दी लड़की हैं'' लेकिन इससे पहले कि वह अपनी उंगली से मेरी नाक पर आघात कर सके मैं उनसे कुछ दूर हट गई। वह हमेशा शराब से दुर्गन्धित रहते थे जिससे उनसे दूरी बनाये रखना यह उन्हें ढूँढ़ पाना आसान होता था।

जब सभी कमरे खाली हो गये। मेरे पिता ने मेरी मां को एक कमरे में बन्द कर दिया जिसमें जो कोई उनके लिए शराब लाता था उसे अन्दर जाने की अनुमति होती थी। पहले तो मेरी मां के चिल्लाने की आवाज कमरे के बाहर सुनाई पड़ती थी लेकिन धीरे धीरे अन्दर से सारे दिन गायन सुनाई पड़ने लगा मानों वह अधिक खुश हो।

मौजूदा हालत में यह कुदाल अच्छी है लेकिन इसके फलक पतले हैं इसलिए धान और गेहूँ की फसल काटने के लिए हंसियों की अभी भी जरूरत होती हैं। भाई मेरे प्रेम में पड़ता है, वह दयालु और मृदु है लेकिन

उस के पास सोना चांदी नहीं है और वह मां मुझे पालकी चढ़ने और उसकी संगिनी बनने नहीं देगी।

कुछ समय बाद मेरे पिता ने दरवाजा खोला लेकिन मेरी मां ने स्वयं उसे बन्द कर दिया। लोग जो अंदर जाते और जब बाहर निकलते तो वे पिता को बताते कि मेरी मां पागल हो गई हैं। यद्यपि पिता हमेशा इससे इन्कार करते और अधिकार पूर्वक कहते कि वह बाहर इसलिए नहीं आती थी क्योंकि बाहर उसे जिंदगी अच्छी नहीं लगती थी।

एक रात मैंने अपने सपने में किसी को सिसकते और मुझे धक्का देते सुना। अगली सुबह जब मैं उठी, मैंने बगीचे में एक लकड़ी का बस्तर रखा देखा। मेरी मां उस पर पड़ी थी और कई औरतों ने उसे सफेद कपड़े में लपेट दिया था। "मैं इस मकान की अच्छी कीमत पा सकता था और अब हर चीज तुझ गंदी द्वारा नष्ट की जा चुकी हैं।"

अंततः उसने मेरी मां की ओर मर्तबान को फेंका लेकिन वह जाके एक औरत को लगा जो दानव की तरह चीख पड़ी थी।

जब हमारा घर बेचा गया, मेरे पिता और मैं शहर के आखिरी छोर पर दो कमरों के मकान में स्थानान्तरित हो गये। हर पहली सुबह को वह पीने के लिए मधुशाला निकल जाते और तब तक घर लौटकर नहीं आते, जब तक रात में बहुत देर नहीं हो जाती। मैंने एक कार्यशाला में कढ़ाई सीखनी शुरु कर दी। दुकानदार की मां दुबली–पतली और झुर्रियों वाली बूढ़ी महिला थी जो बहुत ही लोकप्रिय पंसोरी गायिका रही थी जबकि अब वह मेरे बराबर की रह गई थी। हर दोपहर वह भर्रायी आवाज में कहानियाँ गाती थी जिनमें एक जादुई शक्ति समाहित प्रतीत होती थी जिसके प्रतिकार की कोई उम्मीद नहीं कर सकता था।

वहाँ मेरे पहले ही दिन उसने इशारे से मुझे बुलाया "लड़की यहाँ आओ।"

"मैं उसके पास गयी"

"तुम कौन हो"

"मैं ताईजंग हूँ"

''उस उड़ाऊ की छोटी लड़की''

''हाँ''

मैं अभी भी तुम्हारी मां को याद करती हूँ वह वास्तव में सुन्दर थी और उसकी आवाज लवा पक्षी से भी अधिक आनन्ददायक थी।

''वह मर गई''

हाँ वह मर गई है अपनी आँखों में उत्सुकता से मुझे देखते हुए मानो वह मेरा चेहरा दुलार रही हो, बूढ़ी औरत ने संवेदनापूर्वक कहा ''उसने अपनी मुखरेखा तो तुम्हें नहीं दी लेकिन उसकी सुन्दर आवाज तुम्हें उत्तराधिकार में प्राप्त हैं।''

मैं कार्यशाला में प्रसन्न थी। जिन फूलों को मैं काढ़ती थी उन से सुगन्ध आती प्रतीत होती थी और चिड़ियायें गाने में सक्षम लगती थी। जब मैने कढ़ाई का कौशल प्राप्त किया, उसी दौरान में पंसोरी कहानियों में भी निष्णात हो गई जिन्हें मैं स्वयं को दूसरों की बनिस्बत ज्यादा बेहतर तरीके से प्रस्तुत करने योग्य समझती थी।

दुकानदार ने कहा कि मैं कढ़ाई के लिए पैदा हुई थी लेकिन उसकी मां ने सोचा कि मुझमें पंसोरी गायिका के आवश्यक गुण हैं। कभी कभी से इस पर लड़ते थे और चूँकि दोनों में से कोई भी एक दूसरे को अपने विचार पर राजी नहीं करवा पाता था वे मेरी ओर मुड़ते और पूछते तेईजंग तुम क्या सोचती हो मैं कहती ''मैं कढ़ाईकत्री बनाना चाहती हूँ

''देखों मां'' बेटी बड़ी खुशी से हंसती

''हमें प्रतीक्षा करना और देखना चाहिए'' मां भी प्रसन्नता से हंसती।

''मैं हर तरफ घूमती रही हूँ और मैं कभी गलत साबित नहीं हुई। वह जन्मजात पंसोरी गायिका है।''

जब मैं सोलह साल की हुई। एक रात एक आदमी मेरे बिस्तर पर आया और मुझे अपमानित किया। जब सुबह हुई मेरे पिता मेरे पास आये और कहा ''यह कोई बड़ी बात नहीं है इसे सिर्फ स्वप्न की तरह लो।'' उसने उस आदमी से धन ले लिया था और उससे काफी शराब खरीद ली

थी। वह वह मुझसे बातें कर रहे थे तब उनके हाथ में एक मर्तबान था। इस प्रकार मैं उठी और नाश्ता बनाया और हमेशा की तरह कार्यशाला गई। सभी सहयोगी महिला कार्यकत्रियों ने मुझसे वही प्रश्न किया "तेइजंग तुम चादर की तरह सफेद क्यों दिखती हों?

"पिछली रात मेरी मां मेरे पास आयी थी" मैंने ये शब्द सोचने से पूर्व अकस्मात कह बैठी।

अरे! वे वाकयी में भौचक्क हो गये थे। "तुमने एक शौतान देखा?"

"हां मैंने देखा" मैंने चीखते हुए कहा "वह सुन्दर थी लेकिन उसके पंख नहीं थे।"

"क्या शैतानों के पंख होते हैं?" मैंने जो कुछ कहा उससे उन्हें बहुत आश्चर्य हुआ।

"वास्तव में" मेरी मां मुझसे कहा करती थी कि "मृत्यु के पश्चात् सभी के पंख उग आयेंगे। और केवल जब उनके पंख पूर्ण विकसित हो जाते हैं तो वे प्रसव और पुर्नअवतरण में नवजात के शरीर में उड़कर पहुंच जाते हैं।"

"ऐसा किस्सा है और क्या क्या है।" उन सभी ने एक छुटकारे की आह भरी। अपनी सभी कार्य संगिनियों के पीछे मैंने देखा कि पंसोरी गायिका जिसकी मुस्कुराहट उसके चेहरे पर झुर्रियों से निकली और सब जगह फैल गई।

पिता को जब कभी पीने के लिए शराब नहीं मिलती थी तो पुरुष मेरे बिस्तर पर आते थे। मैं इन पुरुषों को नहीं जानती थी उनमें से एक को भी नहीं जो मेरे शरीर गहराई की जांच करते थे मैं सिर्फ इतना जानती थी कि वे रात में आते थे और अंधेरे में चले जाते थे जो उतना हीं धुंधला होता था जितनी कि उनकी आकृति।

तब मेरी शादी हुई।

मेरा दहेज सूर्य की रोशनी में चमक रहा था और दुल्हन से भी ज्यादा चमकीला था। जिस समय मेरे पिता मुझ पर मुस्कुराहट के साथ हाथ हिलाते हुए प्रवेश द्वार पर बैठे। जिस पुरुष ने मुझसे विवाह किया वह

मुधशाला मालिक का बेटा था जो शराब का भुगतान मांगने आया था। मेरे पिता जिसके देनदार थे और तब उसने मुझे देखा था। उसने मेरे पिता को सलाह दी कि तुम्हें अपनी बेटी का सगाई मेरे साथ कर देनी चाहिए। इससे तुम्हारे न केवल पहले के कर्ज चुकता हो जायेंगे बल्कि भविष्य में मेरी मुधशाला में तुम जितनी चाहोगे, उतनी शराब पी सकोगे। मेरे पिता तत्काल सहमत हो गये।

उसने शराब नहीं पी। जब उसे विवाह की रात पता चला कि उसकी पत्नी बिल्कुल कुआंरी नहीं है। उसने मेरे चेहरे पर दो तमाचे जमाते हुए कहा "मुझे जानना चाहिए था कि तुम्हारा शराबी पिता कैसा जीवन निर्वाह कर चुका है।"

अगली सुबह जब मेरे पिता को मुधशाला में बुलाया गया उन्हें मुझे वापस ले जाने के लिए दबाव डाला गया।

"मैं दूसरे दर्जे की गंदी औरत से विवाह करके अपने आप को गिरा नहीं सकता।" उस आदमी ने कहा जो एक दिन के लिए मेरा पति रह चुका था। उन्होंने मेरा दहेज और मुझे घिनौने घोड़े से खींची जाने वाली डावांडोल गाड़ी पर फेंक दिया और मुझे घर भेज दिया।

कई लोगों ने सड़क पर मेरा पीछा किया। कई बार लोगों की उंगलियां मेरे चेहरे से छू गई जब वे गप्पे उड़ाने में इशारा करते थे। मेरे पिता मेरी ओर मुड़े और कहा तुम अपने दहेज के नीचे क्यों नहीं छिप जाती हो? तुमने मेरे नाम पर हद से ज्यादा बट्टा लगाया है।

मैंने उनकी ओर देखा और मुस्कुरायी

"तुम्हारे पास अभी तो हंसने के लिए गाल है?" वह तमाशबीनों की ओर मुड़े।

"क्या तुम देखते हो वह अभी भी मुस्कुरा रही है? हे भगवान! वह अपनी मां की तरह बेशर्म गन्दी औरत है।"

घर पर मुझे अकेला छोड़कर उन्होंने मेले की ओर गाड़ी हांकी और दो मटका चावल की शराब के साथ लौटे जिसकी उन्होंने मेरे विवाह के लिए अदला–बदली की थी। मैने दो वर्ष तक अपने दहेज के लिए बचाने और

तैयारी के लिए काफी कष्ट उठाये थे। इसने उनकी मनःस्थिति को चंगा कर दिया। जब वह घर पहुँचे उन्होंने बड़ी प्रसन्नता से कहा जैसे कि वह मेरी राय कायम करना चाहते हों "यदि मुझे पता हो ताकि तुम अपनी कढ़ाई से मेरे लिए शराब दिला सकती हो तो मैं तुम्हारा कन्यादान नहीं करता।" मैंने एक जीवित मुर्गा प्राप्त किया था जो एक दिन पहले मेरे वैवाहिक उत्सव के लिए रखा गया था और उसे मटके में फेंक दिया। वह बेचारा शराब में पंखों से तैरता और संघर्ष करता रहा। है भगवान! वह बड़े जोर से चिल्लायें जब वह मुर्गा निकालने के लिए मटके की ओर बढ़े मैंने बड़े आराम से उन्हें मटके में ढकेल दिया। शराब के कई घूंट निगलने के पश्चात् उनका सिर ऊपरी सतह पर आया लेकिन मैंने उसे दुबारा फिर नीचे ढकेल दिया। उसने दुबारा फिर तरल से बाहर अपना सिर उठाने की कोशिश की और दूसरी बार वापस ढकेल दिया। प्रक्रिया ने जितना मैंने सोचा था उससे अधिक समय लिया लेकिन सौभाग्य से नतीजा वैसा ही निकला जैसी कि मैंने परिकल्पना की थी। मेरे पिता शराब में स्थिर हो गये जो नियत तरह की हलचल दर्शाती दुनिया में उनकी अन्तिम मुखाकृति थी।

भद्रपुरुष की हत्या के आरोप में मुझे गिरफ्तार कर लिया गया। मुझे पता नहीं चला कि उन्होंने कैसे मेरे पिता की पारिवारिक पृष्ठभूमि ढूंढ़ निकाली जिसका वर्षों तक उल्लेख नहीं किया गया था।

मेरे खुले मुकदमें के दिन सारे शहर के लोग खलिहान की साफ जमीन पर झुण्ड में उमड़ आये। उनकी आंखें वैसी ही सूक्ष्मदर्शी और चमकीली थी जैसे कि सरकारी सैनिकों के हाथों में चमकती छुरियां होती हैं।

"क्या तुम अभियोग स्वीकार करती हो मजिस्ट्रेट ने पूछा

"किस अपराध में?"

इसका मतलब तुम अभियोग स्वीकार नहीं करती हों? उसने कहा "मुझे तुम्हें याद दिलाना है कि कुलीन दर्जे के आदमी के हत्यारे को कानून के मुताबिक मृत्युदण्ड मिलना चाहिए।

लोगों में उधेड़बुन थी और सभी सुसज्जित थे। कुछ आदमियों के कंधों पर लाये जा रहे बिना बिस्तर के तख्ते पर भीड़ के बीच मेरे लिए रास्ता बनाते हुए मैंने अपनी कार्यशाला के मालिक की माँ को देखा जो "पंसोरी" गायिका रही थी। अपने निकट गोल ढोलक के साथ वह हाथ में एक पंखा लिये थी।

"तुम कौन हो?"

मैं पंसोरी गायिका जेड फ्लावर हूँ बूढ़ी स्त्री ने ठीक तरह से ऊँची तो नहीं लेकिन खलिहान में सभी को सुनाई पड़ने योग्य आवाज में कहा।

भीड़ में बातचीत की आवाजों के ज्वार आइस्ता आइस्ता भाटा बन गये।

"जब मैंने पूर्व सम्राट सीओन जोंग के लिए साम्राज्यीय महल में पंसोरी का करतब दिखाया था तब मुझे यह उपाधि प्रदान की गई थी।" जेड फ्लावर ने कहा वैसे ही उसने अपने ऊपरी कपड़ों से सोने का फलक निकाल लिया।

"तुम मुझे दिवंगत राजा की धमकी नहीं दे सकती हों" मजिस्ट्रेट ने उपहास में कहा। लेकिन जब एक सिपाही ने उसे फलक दिया। उसे उसने अपने हाथ में लिया तो वह उसे एक छोर से दूसरे तक निकटता से देखने लगा। काफी समय पश्चात् उसने जेड़ फ्लावर से पूछा "तुम क्या चाहती हों?"

तेईजंग को दण्ड देने से पहले मैं पंसोरी का एक टुकड़ा गाना चाहूँगी।" जेड फ्लावर ने उत्तर दिया।

"हत्यारों को क्षमादान नहीं दिया जा सकता हैं" मजिस्ट्रेट ने कहा

"सम्राट द्वारा सौंपे गये तुम्हारे स्वर्ण फलक से भी।"

"नहीं मैं सिर्फ पंसोरी का एक भाग गाना चाहती हूँ।" जेड फ्लावर ने उत्तर दिया।

"तब ठीक है" मजिस्ट्रेट ने कहा "आगे बढ़ो।"

इस प्रकार जेड फ्लावर ने अपनी पंसोरी शुरु की। मुझे पता नहीं था कि वह किसके बारे में गा रही थी। लेकिन मैं जरुर जानती थी कि मेरे आँसू फव्वारे की तरह लगातार गिरते रहे। वास्तव में केवल मैं ही नहीं बल्कि दूरस्थ मजिस्ट्रेट ने भी आस्तीन से अपना चेहरा ढंक लिया। जब जेड फ्लावर रुकी खलिहान में लम्बा सन्नाटा छा गया। तब एक जोरदार आवाज आयी। ''बेचारी लड़की को छोड़ दो।'' आचानक एक हलचल उठी जहाँ मैं आवाजों की पर्त दर पर्त से घिर गया और फिर एक दूसरी उठी जो अधिक वेधक और प्रति ध्वनिशील थी। लोग अपनी फटी खुली आँखों से मजिस्ट्रेट को स्थिर दृष्टि से देखते और चिल्लाते रहे ''तेईजंग को रिहा करो, लड़की को रिहा करो।'' उनकी आँखें भयावह थी। इसलिए मुझे विश्वास हो गया कि मजिस्ट्रेट कुछ तो जेड फ्लोवर के कारण और कुछ इन दहाड़ती आवाजों के चलते मुझे सजा नही देगा।

हाँ अब तुम जानते हो मैं पंसोरी गायिका बन गयी हूँ जो कहानियाँ सुनाती है और स्वयं भी कहानी है।

3

प्रमोदक

नामवन में लोग हमेशा मुझे मैडम हयांग के घर की मिस चुनह्यांग से सम्बोधित कहते हैं। मेरी माँ में हयांग दुनिया के सबसे प्राचीन व्यापार में नियोजित है। वह जीविका के लिए स्वयं को बेचती है। यह पंक्ति वास्तव में कभी खतरों और अप्रत्याशित प्राप्तियों के साथ बहुत ध्यान देने योग्य है।

हमारे निवास के बाहर सुगन्धि के घर में प्रायः कांसे से बनी चोटी पर सुनहरे फुंदकों से सजी गाड़ियां हैं जो मैडम हयांग के प्रशंसकों को कहीं से भी यहाँ लायी हैं। उन्हें मुझसे कुछ लेना–देना नहीं है वह अठारह वर्षीय है जिसे पुरुषों का अभी तक कोई स्वाद लेना बाकी है।

पिछले वर्ष ड्रैगन नौका त्योहार के दौरान मैं नामवन में पहली बार सार्वजनिक तौर पर एक बहुत सादी वेशभूषा और एक सफेद मुखौटे से जुड़े टोप के साथ हाजिर हुई चूँकि मैं निचला दर्जा बनाना चाहती थी। फिर भी वर्षों से फूलों की ओस में स्नान करते रहने से मन्द बयार के अभाव के बावजूद मैं सुगन्ध विस्फुरित कर रही थी और अपने चारों ओर मधुमक्खियों और तितलियों को आकर्षित कर रही थी। उस दिन एक छोटी धोखे–बाज मेरी पारिचारिका हयांग दान मेरे साथ थी जिसकी सुन्दर छवि और और शोभन तौर तरीकों ने कुछ पुरुषों का ध्यान आकर्षित किया। वह स्वयं से बहुत प्रसन्न थी और झूले पर खेलने के लिए मुझसे आग्रह किया।

जिस समय मैं कुर्सी पर झूली हयांगदान ने मुझे जमीन से झोंका दिया और झूला ऊँचे से ऊँचा होता गया। मधुमक्खियाँ और तितलियाँ मेरे निकट आ गये। ऊँचा उड़ने पर मैंने जान सुएंग को उत्तर पर्वत की तराई में देखा। ऐसा विश्वास किया जाता है कि युवा लोग जो मूर्ति से अपना नाम लिखा कपड़े का टुकड़ा बांधते हैं। उन्हें सच्चा प्यार पाने का आशीर्वाद मिलता हैं। ऊँचाई दर ऊँचाई झूलते हुए मैंने उसके नीचे प्रकट होते हुए कई भवन और वन देखे जो वहाँ छिपे थे जहाँ वे थे और मैं बेसुध होने लगा। फिर भी हयांग दान का इरादा जरा भी झूला रोकने का नहीं था और अन्त में मेरे पैर सबसे ऊँची जगह सोने की घंटियों से छू गये। तब जमीन की भीड़ जोर से चिल्लाने लगी जो जब मेरे कानों तक पहुँची वह हवा द्वारा चीरकर अलग की गई ध्वनि के टुकड़े थे। मैं झूले की ऊँचाई और हयांगदान के मुझे मार डालने की इरादे से भयभीत हो गई। यद्यपि वह अत्यधिक सुन्दर थी जब उसे दस वर्ष पूर्व मेरे घर लाया गया था। उस समय उसने महसूस किया था कि वह शहर में नम्बर एक की खूबसूरत होगी यदि मुझे दृश्य से हटा दिया जाये। यह सारा जोखिम भूसे की एक टोपी से खत्म हो गया जिसे मैं उस दिन पहने हुए थी। यह मेरे सिर से उड़ गया और हवा में असंख्य घुमाव लेकर तैरते हुए हयांगदान के सामने गिरा जिसने उस क्षण झूले को झोंका देना बन्द कर दिया।

धीमे होते झूले के साथ मैं जमीन पर आ गयी फिर भी अभी इतनी जकड़ी थी कि खड़ी नहीं हो सकती थी। मैं सीट पर बैठ गई और फटी आँखों से मुझे घूरते लोगों से घिर गयी। वे मेरी छवि में उत्सुक थे लेकिन उनका घूरना मुझे क्रोधित कर गया। हयांग दान से मेरा टोप वापस पा गई और मैनें देखा कि उसकी बाड़ कीचड़ से विकृत हो गई और उसकी उपेक्षा कर दी। जब मुझे पुनः चलने की ताकत मिली। मैंने धक्कम–धक्का करके भीड़ के बीच से रास्ता बनाया और मैंने अपने पीछे लोगों को मैडम हयांग के घर की ''कुमारी चुनह्यांग के बारे में बातें करते सुना।''

मेरी मां नायवन में सबसे सुन्दर औरत थी। जब वह सोलह साल की थी उसने स्वयं को उस समय गवर्नर को समर्पित कर दिया और मुझसे गर्भवती हुई। यदि उसने लड़के को जन्म दिया होता तो वह उसकी

उपपत्नी बन गयी होती। मैं उसके तिरस्कृत किये जाने का कारण बन गई। इसलिए मेरी माँ मैडम ह्यांग बन गयी जिसका सम्मान गर्वनर से भी अधिक बढ़ गया और असंख्य कुलीन वर्ग के लोगों एवं न्यायालय के अधिकारियों को आकर्षित किया। और मैडम ह्यांग के दिमाग से गर्वनर की भूमिका आसानी से हट गई और वह प्रमाण से ज्यादा नहीं रह गई जिसे औरत को अपनी बढ़ोत्तरी के लिए चुकता करना होता है।

चूँकि मैं बड़ी हो चुकी थी। मैडम हयांग ने अपने दिन और रात पूरी तरह उलट दिये थे। चिराग जलने से पहले वह कभी नहीं उठती थी। उसकी त्वचा रेशम की तरह चिकनी थी और चेहरा चन्द्र किरण की तरह साफ और चमकीला था। एक बार मैं उसे दीवार की खिड़की से देखने के लिए दो रातों तक बगीचे में खड़ी रही। वह हल्के रंग का ऊँचा टॉप और एक लम्बी स्कर्ट पहने थी। और सिर के पीछे जूड़े में एक मोती जड़ित रजत बालपिन के अलावा अन्य कोई अलंकरण नहीं था। इन दो रातों में उसके प्रिय कलाकार जो उसके निकट गयागेऊन बजा रहा था, को छोड़कर कोई पुरुष उसके पास नहीं आया था।

मैडम ह्यांग की ओर देखते हुए मेरी आँखें जल से भरे कुएं बन गयी। उसने अपवने जीवन के सभी प्रफुल्लित दिन मुझे दिये थे और स्वयं को अंधेरी रातों में छोड़ दिया था और वैसे ही प्रशान्त बनी रही थी। मैंने सौभाग्य महसूस किया कि मैं उसकी मां के बजाय उसकी बेटी थी।

इस वसन्त में जूता बनाने वाला चोईउन जो एक सुन्दर और शर्मीला लड़का था। उसे सुंगधि के घर में बुलाया गया। उसे देखते ही मुझे उससे प्रेम हो गया लेकिन उसने मुझे एक बार भी नहीं देखा। जब वह अपने हाथ में तली लेकर मेरे पैर नाप रहा था मैंने दो लिगों के बीच एक प्रकार की घनिष्ठता महसूस की और जाना कि उसकी हथेली उतनी लम्बी है जितनी कि मेरे पैरों की तली। मैं उसकी ओर इस आशा के साथ देखती रही कि वह मेरी ओर देखेगा और मेरे मन को जान लेगा। लेकिन नहीं उसने मेरे पैर वापस मेरे जूते में डाल दिये।

मैंने चमकीली धूम में दयनीय महसूस करते हुए उसकी काम चलाऊ कार्यशाला छोड़ दी। ह्यांगदान तब उसी कुर्सी पर बैठ गयी जिससे

मैं तुरन्त उठी थी और उसने चोईउन के सिर के नीचे रखा। उस रात उसने चोईउन के कमरे में भी प्रवेश किया। पेट में खालीपन महसूस करते हुए मैं सो नहीं सकी और भोजन की तलाश में रसोई में गयी। मैं सुबह तक खाती रही और ठण्डी सिवईयों का कटोरा समाप्त कर दिया चिपचिपे चावल की चपाती का एक व्यंजन समुद्री घास से ढके चावल की एक प्लेट सचेमी का व्यंजन और भरन समेत चावल की कुछ चपातियाँ। फिर भी जब सुबह हुई तो मैं अभी भी मुस्तैद थी।

ह्यांगदान कमरा साफ करते समय मुझे चोईउन के गारे में बताते हुए खुशी से कान्तिमय थी। फिर भी उसने अन्त में कहा ''लेकिन सब कुछ के बावजूद वह सिर्फ एक विनम्र शिल्पकार हैं।''

मुझसे एक चीनी मिट्टी का कटोरा गिर गया और चकनाचूर हो गया जिसका एक टूटा टुकड़ा हयांगदान के हाथ में चुभ गया जब वह भोजनालय को सजा रही थी।

इस वर्ष के ड्रैगन नाव उत्सव के दिन मैं ली मोंग्रीयांग को मिली। मैं चोईउन द्वारा बनाये गये नये जूतों की जोड़ी पहने थी। जिसने मेरी ऊँची एड़ियों को जानबूझकर न केवल गद्दीदार बनाया बल्कि गुउहर के फूलों की विशिष्ट लड़ी उत्कीर्णित की जिसे शहर के सबसे बढ़िया कसीदाकार द्वारा पीले गुलाबी रेशम से उपरला अग्रअंश बनाते समय सफेद कढ़ाई में नकल किया गया।

हयांगदान उस दिन उदास थी जब हम दोनों साथ साथ टहले। वह अपने जूतों के तलों को मुलायम लकड़ी से बनाये जाने को लेकर चोईउन से काफी नाराज थी। जिसने उसके मेरे से बेहतर तल्लेवाले जूतों के जोड़े की मालकिन बनने के सपने को नष्ट कर दिया था। चोईउन एक दिन पहले सुगन्धि का घर छोड़ चुका था। उसका कार्य समाप्त हो गया था और इस प्रकार हयांगदान के साथ उसका प्रेम हुआ।

हम नजदीक के एक पुराने मन्दिर में गये तभी हमारे पीछे से घोड़े के खुरों की तक–बक सुनाई पड़ी। मैंने उसे पुराने मन्दिर में छिपने के लिए किनारे खींचा और जल्दबाजी में एक जूता सड़क पर रह गया। इसने ली

मॉंग्रिआंग को रोका। वह उतरने के पूर्व घोड़े पर बैठे हुए मेरे जूते के चारों ओर दो बार घूमा। जूते को हाथ में लिये एक ओर से दूसरी ओर पलटा। वह उसे इतना पसन्द था कि नीचे नहीं रखना चाहता था मानों जड़ वस्तु का वह दूसरा पुजारी हो। तब पुराने मन्दिर की ओर देखते हुए उसने पूछा "यहाँ एक जूता किसने गिरा दिया? उसका चेहरा मुरझाया किन्तु निर्दोष था।"

मैंने अपने जूते की दावेदारी के लिए हयांगदान को बाहर भेजा। वह शर्माती हुई ली के पास गयी और जूते की मांग की। हयांगदान के चेहरे में झांकते हुए वह अचानक झुकी और अपना लंहगा उठा दिया।

हयांगदान ने अट्टहास किया।

"यह तुम्हारा नहीं हैं तुम्हारे दोनों जूते तुम्हारे पैरों में हैं। ली मांग्रीयांग ने विजयमान ढंग से कहा "अपनी कुमारी को अपने जूते के लिए बाहर आने दो।"

वैसे ही छू जाने पर उसने हयांगदान के लहंगे को उठाया। मैं जीर्ण–शीर्ण मन्दिर से बाहर निकल आयी। जैसे ही मैं बाहर निकली उसकी आँखें मुझ पर केन्द्रित हो गयी। वास्तव में उसका पूरा शरीर गतिहीन हो गया था। और उसके हाथ मेरे लिए उसके हाथ से जूता छीनने में आसान हो गये और वापस इसमें अपना पैर डाल लिया।

मैं सुगन्धि घर की ओर निकल गयी इस वर्ष झूला झूलने की कोई आवश्यकता नहीं थी। क्योंकि एक पुरुष मेरे प्रेम में पड़ गया था।

उस रात ली मांग्रीयांग सुगन्धि गृह में आया। पहले तो वह मैडम हयांग के कमरे को जाने वाले गलत बगीचे की ओर गया जिसने द्वार पर परिचारिकाओं की व्यवस्था की थी और तत्काल उसे मेरे कमरे की ओर निर्देशित कर दिया।

ली मांभ्रीयांग और मैंने नाम पूछने विवाह की तारीख तय करने और वैवाहिक उत्सव जैसी की भी आवश्यकताओं को छोड़ दिया। वह उस रात मेरे कमरे में रहा।

मेरे कमरे के चारों ओर टहलते हुए ली मांभ्रीयांग पर ''गोपनीय रंग'' नामक चीनीमिट्टी के पात्र ने गहरा प्रभाव डाला जिसमें कुछ कुमुदिनियां रखी हुई थी और मेरी आलमारी में सीगों के महीन टुकड़ों को स्पर्श किया और उसकी आँखें दराजवाली रजाई की आलमारी के सोने के कब्जों को देखकर चमक उठी। अन्त में उसने मुझ पर ध्यान दिया जो समस्त भावुक अनुभव खो चुकी थी। उसेने मुझे स्पर्श किया और मेरे कपड़े और लहंगा उतारने की कोशिश की। जैसे ही मैंने तलवार निकाली और उसे उसके सीने में भोंकी। वह जरा भी प्रभावित हुए बगैर मुझ पर मुस्कराया। ''तीन राजकुमारियां और आठ युवा औरतें ये तरकीबें मुझ पर अपना चुकी हैं। यह हास्यास्पद है कि औरतों को स्वयं को पुरुषों से बचाने के लिए छुरियों का उपयोग करना चाहिए।''

किसी तरह से तलवार मेरे हाथ से उसके हाथ में चली गयी। उसने छुरी निकाली और उसके फलक का उँगली से स्पर्श किया जहाँ से पहले तो एक लाल धागा दिखायी पड़ा और फिर खून अनियन्त्रित होकर बहने लगा। मुझे उसके हाथ के कटे हिस्से की सफेद रेशमी रुमाल से पट्टी करनी पड़ी जिसे मैंने स्वयं पुरुषों के साथ मेरी पहली रात के लिए तैयार किया था।

ली मांग्रीयांग ने मुझे वास्तविक औरत बना दिया। उस क्षण मेरा दिमाग मैडम हयांग की कल्पना से भरा हुआ था। मैं मैडम हयांग का अनुसरण करने की उत्तेजना से आपूरित थी और एक खास पुरुष की औरत न होने बल्कि एक ही समय कई पुरुषों का स्वप्न बनना चाहती थी जब वास्तविक प्रेम अनुपस्थित हो। ऐसा भाग्य जैसी कि हमारी छवि थी किसी के नियन्त्रण से बाहर था और प्रत्येक औरत के लिए आरक्षित नहीं था।

ली मांग्रीयांग ड्रैगन बोट फेस्टिवल की रात से सुगन्धि गृह में एक महीने तक तब तक रहा जब तक कि राजधानी से उसके पिता द्वारा एक पत्र नहीं भेजा गया। उसके राजकुमार पिता ने राजधानी में राज्य की परीक्षा में बैठने के लिए उससे आग्रह करने से पहले ऐन्द्रिक सुखोपभोगों

में लिप्त होने और अपनी ऊँची महत्वाकांक्षाओं को भूल जाने के लिए बिगाड़ दिया।

यद्यपि अपनी चढ़ती जवानी में हर कोई एक या दो रक्याम्माख्यान प्रसंगों का अधिकारी होता है इसे उसे अपने संजीदा प्रयास के लिए जाने नहीं देना चाहिए।'' ली मांग्रीयांग के पिता ने अपने बेटे को शिक्षा देने के लिए लिखा शायद कभी न सोचते हुए कि उसका बेटा मुझे पत्र दिखायेगा राजकुमार ने आगे कहा ''यह कहा जाता है कि मैडम हयांग के घर में कुमारी चुनह्यांग अनोखी सुन्दर है यदि यह सत्य है तो तुम्हारा वास्तव में कुछ भाग्य है।

ली मांग्रीयांग ने हवा में टहलते हुए कहा क्या तुम एक आदमी के लिए अपने ही पिता द्वारा ईर्ष्या रखने से बड़ी कोई चीज बता सकती हों क्या तुम? लज्जा दर्शाते हुए मैंने विनम्रतापूर्वक कहा ''नहीं वास्तव में मैं नहीं बता सकता।''

जिस दिन ली मांग्रीयांग राजधानी गया, वह दिन आसमान में बादल के एक भी धब्बे से विहीन धूपवाला था। मैंने अपने जीवन के पहले व्यक्ति को विदाई देने के लिए अपने बाल सुव्यवस्थित जूड़े में लपेटे। ली मांग्रीयांग उस प्रकार के जीवन का द्वार था जिसे मैं जीना चाहती थी और जिसके बाद मेरी खुशी बहुत आशाजनक लग रही थी।

यह चिन्ता करते हुए कि सुगन्धि गृह में उसका स्थान किन्हीं दूसरे पुरुषों द्वारा ले लिया जायेगा। ली मांग्रीयांग हर कदम पर रुकता गया क्योंकि वह समझता था कि मैं कितनी चतुर थी। चुनहयांग! मैं जहाँ तक संभव हो सकेगा तुम्हारे पास बहुत कम समय में वापस आऊँगा। उसने बार–बार कहा।

मैं जानती थी उसका आशय अपने शब्दों की सच्चाई से था लेकिन मेरा भी आशय था कि जब मैंने कहा कि वह जैसी ही अपने रास्ते की ओर मुड़ेगा, वह मेरे बारे में सब कुछ भूल जायेगा।

अपनी परिचारिकाओं समेत मैडम हयांग नमस्ते कहने आयी। मैं तीन सालों मे उन्हें पहली बार सूर्य की रोशनी में दिन की तरह के चेहरे और

रात की तरह के कपड़ों में देखा। ली मांग्रीयांग उसकी स्थिति के ज्ञान से किंचित इतना अधीन था कि एक शब्द भी नहीं कह सका।

ली मांग्रीयांग को सिर से पैर तक देखने के पश्चात् उसने बड़ी कोमलता लेकिन दृढ़ता से कहा चुनह्यांग तुम्हारे साथ विवाह के लिए तभी सहमत होगी जब तुम साम्राज्यीय परीक्षा में सफल हो जाओगे।''

ली मांग्रीयांग ने मैडम ह्यांग के समक्ष झुकने और गाड़ी में प्रवेश करने से पूर्व एक क्षण के लिए भावशून्य दृष्टि से ऐसे देखा मानों आश्चर्य से जड़वत् हो गया हो।

''मैं उससे विवाह करने वाली नहीं हूँ।''

''औरतों को विवाह करना होता है'' अपने कक्ष की ओर मुड़ते हुए उसने कहा।

''मैंने उसे रोका मैडम हयांग... ।''

उसके कदम तो रुक गये लेकिन शरीर वापस नहीं मुड़ा। मैं एक औरत को माँ कहकर संबोधित नहीं कर सकती जब उसका डीलडौल पीछे से एक लड़की की तरह नाजुक हो।

मैं कृतज्ञ हूँ कि तुमने मेरा पालन–पोषण किया है आज से मैं सेवानिवृत्त होना चाहती हूँ। मैं तुम्हारी उसी तरह मदद करना चाहती हूँ जिस तरह तुमने मेरा पालन–पोषण किया है।

''मैडम हयांग ने इधर उधर घूमते हुए आधी मुस्कुराहट और अपनी आँखों में रोशनी झिलमिलाते हुए कहा मुझे और मेरी जिन्दगी को स्थानान्तरित करना चाहती हों तुम ठीक नहीं हो।'' ''लेकिन मैं अब वास्तविक महिला हूँ जिंदगी के गारे में तुम्हारा ज्ञान सिर्फ सतही है तुम्हें अभी भी इसका सही अर्थ समझना बाकी है। उसने उपेक्षापूर्वक उत्तर दिया।

मैंने सोचा था कि एक बार ली मांग्रीयांग को दूर भेजने से सुखद जीवन का द्वार खुल जायेगा लेकिन अब मैडम हयांग ने इसके पहरेदार का ढोंग रचा हैं मैं नई जिंदगी शुरु करना चाहती हूँ।''

मैं इसके विपरीत नहीं हूँ इसके साथ और अपनी आस्तीनों के झटके से मैडम हयांग मुझे जलती धूप में छोड़कर अकस्मात चली गयी।

मैं अपनी जिंदगी में दूसरे पुरुषों की प्रतीक्षा कर रही थी। फिर भी ऐसा तब तक नहीं हुआ जब तक कि दो महीने से ज्यादा समय के पश्चात् मुझे अंततोगत्वा एक मुलाकाती मिल नहीं गया।

वह कोई दूसरा नहीं बल्कि हमारे क्षेत्र का नया गवर्नर था। गवर्नर अपनी रस्मी पोशाक में था और अपनी पहली यात्रा के समय काफी विनम्र था। मेरे सौन्दर्य का महान प्रशंसक होने का दावा करते हुए वह दिलचस्प पुरुष था। फिर भी जब वह मेरे निकट आया तो मैं कन्नी काट गयी। यद्यपि मैं ली मांग्रीयांग के अलावा दूसरे पुरुषों को रखना चाहती थी लेकिन मैं उन पुरुषों से कोई व्यवहार नहीं रखना चाहती थी जिनकी बगलें दुर्गन्धित रहती थी।

''मुझे अफसोस है लेकिन मैं तुम्हारी दया स्वीकार नहीं कर सकती हूँ।'' मेरे इन्कार से आश्चर्यचकित होकर उसने पूछा ''क्या मैं वजह जान सकता हूँ?'' मैं केवल इतना कह सकी मैं मास्टर ली मांग्रीहयांग के प्रेम में पड़ चुकी हूँ। गवर्नर तो चला गया लेकिन बारह सरकारी सिपाही मेरे घर के बाहर रह गये। मैं नजरबन्द हो गई।

मैं तुम्हें तब तक आजाद नहीं करने वाला हूँ जब तक कि तुम अपने दिमाग से ली मांग्रीयांग का ख्याल नहीं निकाल देती हो।

जब रात हुई मैडम हयांग नजर बचाकर आश्चर्य करते हुए मेरे पास आयी कि मैंने गवर्नर को क्यों इन्कार कर दिया? जब मैंने उसे सच बताया तो वह ऐसी हंसी जैसे कि मुरब्बे का ढेर हो। तब मानो विचारों में खोये हुए उसने कहा इस रास्ते....।

मैं गवर्नर द्वारा लगाये गये परिरोध से जरा भी प्रभावित नहीं हुई क्योंकि मैं शुरु से ही कभी घर से बाहर नहीं गयी थी। और बारह पुरुषों से घिरकर मैंने अपना जीवन अनुप्राणित महसूस किया। सैनिकों के साथ हयांगदान की झूठी प्रेम की बातें वास्तव में काफी रोचक थी। माननीय श्री पति गवर्नर कभी कभार किसी को उपहारों के साथ यह पता करने के लिए

भेजते कि क्या मैंने उनकी इच्छा को स्वीकार कर लिया है। मैंने हमेशा उपहार स्वीकार कर लिये और उन्हें ना कर दिया।

मैडम हयांग ने नामवन में सबसे अच्छे गाथागीत गायकों को घूस दी जिन्होंने मेरे अनुभवों से अश्रुप्रवाहक और एक कविता भी बना दी।

वसन्त में रहा करते हैं सुन्दर दृश्य अपरिवर्तित

साटन सदृश हरित घास से अभी तक है वसन्त सुवासित

किन्तु कर गया प्रस्थान प्रेमी मेरा नहीं रहा भेज कोई सन्देश

रूमाल ही रह गया करने अवशोषित कंसई गायन से उपजे अश्रु

ली मांग्रीयांग के प्रेम में मैडम हयांग के घर की कुमारी चुनहयांग का विश्वास इतना मर्मस्पर्शी और भावोत्तेजक था कि स्वर्ग और पृथ्वी भी हिल गये।

कहानी अंततः मौखिक प्रचार से राजधानी तक पहुँच गयी। राज्य की परीक्षा में प्रथम स्थान हासिल कर ली मांग्रीयांग गोपनीय साम्राज्यीय निरीक्षक बन गया और दूसरे राजकुमार की बेटी से उसकी समाई हो गयी थी। ली मांग्रीयांग और मेरे बीच भावुक संबंधों को सुनकर युवा औरत ने बिना किसी संकोच के सगाई तोड़ दी।

''यह चीज कोई बड़ी बात नहीं हैं। लेकिन राजकुमार के घर के सम्मान के दांव पर हम इसे स्वीकार नहीं कर सकते हैं।'' निरीक्षक ली ने समझदारी दर्शायी।

रजत हौदी के समान बड़े चेहरे वाली राजकुमार की बेटी असभ्यता और शिष्टता के अभाव के लिए कुलीन दर्जे की युवा पीढ़ी के बीच विख्यात थी। इसलिए मांग्रीयांग ऐसे संग साथ को छोड़ने के लिए अपने दिल और दिमाग की उथल–पुथल कर रहा था।

उसके पिता राजकुमार ने भी मेरी कहानी सुनी और उसे अध्ययन के लिए बुला भेजा। उसने कुछ कहने से पूर्व अपने बेटे को बड़ी देर तक ऊपर से नीचे तक देखा ''तुम किसी भी तरह से मुझ पर नहीं पड़े हो। चुन यांग ने तुममें क्या देखा है जिसने उसे गवर्नर को इन्कार करने पर मजबूर किया? यह वास्तव में उलझन पैदा करने वाला है।''

वास्तव में मैं भी उलझन में पड़ गया हूँ'' ली मांग्रीयांग ने उत्तर दिया। किन्तु चूंकि सम्राट को तुम्हारे प्रेम का पता चला गया है इसलिए मैं समझता हूँ कि तुम्हारे पास एससे विवाह करने के अलावा और कोई विकल्प नहीं होगा।'' राजकुमार ने बड़ी गहरी सांस छोड़ी।

ली मांग्रीयांग भिखारी की ठवन में हो गया और सुगन्धित गृह में पुनः आया। पहले तो वह मैडम हयांग के पास गया जो उसे उस जगह ले गयी जहाँ से वह सैनिकों से बचकर किनारे के दरवाजे से मेरे कमरे में आ सके।

ली मांग्रीयांग भिखारी की तरह बकवास करता रहा कि वह साम्राज्यीय परीक्षा में असफल होने से कितना शर्मिन्दा था और तब से उस का परिवार कैसे बिखर गया? मैडम हयांग और मैं दोनों जानते थे कि वह कितना चतुर था चूंकि उसका चेहरा अभी भी मुरझाने के बजाय कोमल था। उसकी उँगलियों के नाखून गन्दे होने के बजाय साफ सुथरे थे और क्योंकि उसकी भिखारी की पोशाक से निकलती हल्की सुवास आ रही थी। जिस समय उसने अपनी कहानियों की मुझ पर मूसलाधार बारिश की मैंने अपने चेहरे का निचला हिस्सा ढक लिया और अपने पर आँसू आने तक हंसती रही।

''चुनयांग! मैं जानता हूँ कि तुम वास्तव में दुखी हो...'' ली मांग्रीयांग ने अपना एकालाप बन्द कर दिया।

''संसार अनिश्चितताओं से भरा हैं'' मैडम हयांग ने प्रकट किया जिसने ली मांग्रीयांग के पीछे से मुझे क्रोध से देखा।

दुबारा सीधे बैठते हुए मैंने ली मांग्रीयांग से विनम्रतापूर्वक कहा चुनह्यांग पद या धन के लिए लालापित नहीं होती हैं। मैं जिन्दा या मुर्दा सिर्फ तुम्हारी औरत बनना चाहती हूँ। उसका चेहरा निश्चल हो गया जैसा कि तब था जब वह मुझे सड़क पर मिला था। वह मुख्य द्वार से सुगन्धि गृह के बाहर निकल गया और सैनिकों द्वारा पकड़ा गया जो उसे जकड़कर और उसका मुँह नीचे करके गवर्नर के निवास पर ले गये।

गवर्नर उस वक्त अपना अवसाद शराब में डुबा रहा था। ली मांग्रीयांग को देख कर उसने पूछा वह कौन था।

ली ने जवाब दिया मैं कुमारी चुनहयांग का प्रेमी ली माग्रीयांग हूँ।

गवर्नर कुछ कहने से पहले ली मांग्रीयांग को राजकुमार की तरह उतनी ही देर तक घूरता रहा। अंततः उसने कहा चुनह्यांग ये तुमने क्या देखा है। यही मेरा भी सवाल है ली मांग्रीयांग ने कहा।

नामवन के गवर्नर ने अपनी सेवा–टहल कर रहे सैनिकों से ली मांग्रीयांग के चेहरे को पहले थप्पड़ों से सुजा देना का आदेश दिया।

अपने–सामने की परिस्थितियों का अंदाजा लगाते हुए ली मांग्रीयांग ने अपने साथ लायी गयी साम्राज्यीय मोहर प्रस्तुत करते हुए और इसे गवर्नर को दिखाते हुए अपनी असली पहचान खोल दी।

मोहर की सावधानीपूर्वक जांच के पश्चात् गवर्नर ने सिर झुकाया कोई आश्चर्य नहीं कि चुनह्यांग तुम्हें प्रेम करती है। आप गोपनीय साम्राज्यीय निरीक्षक हैं।'' अपनी कुर्सी ली मांग्रीयांग को देते हुए वह स्वयं किनारे खड़ा हो गया।

कुर्सी पर बैठते हुए ली मांग्रीयांग ने उन्हीं सैनिकों से गवर्नर को सुजा देने का आदेश देने से पूर्व उसने अभियुक्त को अपने सामने बुलाया और बेताबी से पूछा ''क्या तुम विश्वास करते हो कि औरतें क्या सच में प्रेम करती हैं।'' गवर्नर ने दो दाँत उगल दिये जो उखाड़ दिये गये थे।

ली मांग्रीयांग और मेरा वैवाहिक उत्सव बहुत खर्चीला था जो अपने साम्राज्यीय प्रतिमूर्ति से जरा भी कम भड़कीला नहीं था। जीशीपान वंश के सबसे विख्यात अनुष्ठानों के वैभव एवं भव्यता के बीच मैडम हयांग लावयतापूर्वक हंस रही थी जबकि मैं दुःख से आपूरित महसूस कर रही थी। क्योंकि मैं जानती थी कि स्त्रेण निष्कपटता के जीवन्त प्रतिमान के तौर पर मैं सुखी प्रकार का जीवन जीने का अवसर असाध्यतः खो दूंगी जैसा कि मैडम ह्यांग जी रही थी।

4

छोटे शहर की एक कहानी

यठाधीश हालोनेस जब लम्बे भ्रमण के पश्चात् लौटे तो उन्होंने देखा कि पूरा शहर एक औरत द्वारा उलट दिया गया है। उसका नाम कांग जंग जा था। एक बौद्ध भिक्षु ने मठाधीश को पूरी कहानी बताई। ''ऐसा कहा जाता है कि वह सिओल से आयी है।''

कांग जंग जा ने जैसे जी शहर में पैर रखा उसके सौन्दर्य की प्रसिद्धि फैलने लगी थी। साहित्यकार जो निबन्ध लेखन द्वारा आजीविका चलाते थे मानों महीनों तक कायम रही खुमारी से बाहर निकलकर जीवन पा गये और उसके सौन्दर्य का वर्णन करने के लिए ''लू नदी की देवी'' या ''वुशन देवी'' जैसी उक्तियों का उपयोग करके जमीन से सूड़ियां निकालने लगे और गलियों तथा बाजारों में एक दूसरे के बहस भी करने लगे। वास्तव में इन बातूनियों जिन्हें सफलता चकमा देकर निकल गई थी में से किसी ने भी जंग जा को देखा नहीं था। यहाँ तक कि वे भी जो किस्येंग गृह जहाँ वह रहती थी जाने पर कभी कभार उसे देखा था। लगभग एक महीना पूर्व कांग जंग जा ने शहर में सबसे बड़े किस्येंग गृह के रुप में अपना नाम आसमानी ध्वनियों में दर्ज करा लिया।

सामान्यतया गायक या नर्तक ऐसे अवसरों पर अपने सिर लज्जालुमौनवश झुका लेते थे। और ऊपर नहीं देखते थे मुख्य सड़क पर दो आदमियों द्वारा ले जायी जा रही डोली के समक्ष मामूली परेड के पश्चात् वे रंगीन कपड़े

पहने मुख्य द्वार से घर में प्रवेश करते थे। सारी चीजों को समापन की ओर ले जाते हुए उनकी नाम पट्टिकायें ओलती (छज्जे) तक ऊपर उठा दी जाती थी लेकिन कांग जुंग जा के लिए सूची में उसका दर्जा अदालत चलाने वाले गवर्नर था शासकीय मिशन पर जाते किसी साम्राज्यीय निरीक्षक से भी ऊँचा था। हमने पहले सूत्र अमानतदार की छत पर चार घण्टे तक इंतजार किया। अंततः वह चार पुरुषों द्वारा ले जायी जा रही पालकी में भीड़ में प्रकट हुई। दूरी के बावजूद हम अभी भी देख सकते थे कि उसकी पालकी भिन्न और बड़ी थी और उस पर एक छत्राकार मण्डप था। भंवर में डूबी एक नौका की तरह अंततः आसमानी ध्वनियों में अपना रास्ता बनाने से पूर्व यह काफी देर तक जनसमुद्र में लहराती रही।

''तब एक काँटा नीचे आया और पालकी की छत पर छा गया। फिर भी जब काँटा ऊपर की ओर गया तब पालकी और पर्दा दोनों एक बड़े ढोल को उद्घाटित करने के लिए खींच दिये गये जिस पर एक औरत ने सफेद कढ़ाई की नीली पोशाक में दीर्घकालिक ढोल नृत्य प्रदर्शित किया। हम कोई आवाज तो नहीं सुन सके लेकिन उसकी आकृति को हल्के बादलों की तरह घूमते देखा। नृत्य के पश्चात् वह एक पुरुष पर कूद गयी जिसे इस दूसरे पुरुष ने उसे किस्येंग गृह भेजने से पहले दूसरे पुरुष की ओर उछाल दिया।

मठाधीश हालोनेस की मुखाकृति देखकर भिक्षु ने अपना प्रदर्शन स्थगित कर दिया।

''क्या वह खत्म हो गया'' मठाधीश ने पूछा।

''नहीं'' बौद्ध भिक्षु ने धीमे स्वर में दुबारा शुरु करते हुए कहा

''जब उसे छज्जे तक उठाया गया तो उसके फलक से लाल रंग के चार रेशमी ध्वज लटके हुए थे। और अगले दिन तक हम नहीं जानते थे कि लाल ध्वजों पर एक कविता लिखी थी।''

''उसमें क्या लिखा था'' मठाधीश ने पूछा

अपना गला खंखारते हुए भिक्षु ने कहा

दिव्य ध्वनियों से ऊपर प्रकाशित चन्द्रमा

कक्षों में जड़वत् और बर्फ जैसी रोशनी छोड़ते हुए
इस घर की सभी बारह सुन्दरियों में
यह सर्वोत्कृष्ट है और सूरजमुखी हासिल करने की प्रतीक्षारत है।

जब उसने पढ़ना समाप्त किया तो भिक्षु की मुखाकृति किंचित बदल गयी।

"ऐसी बेशर्म चीज को नर्क जाना चाहिए।" मठाधीश ने विद्वेषतापूर्वक कहा। "लेकिन किसी ने किस्येंग घर पर उसके प्रथम मास के लिए चाँदी के पाँच सौ टेल्स (रुपये) की बोली लगायी।"

"पी पंच सौ टेल्स" हाँ

यह तो सभागार की बुद्ध प्रतिमा को सो से मढ़वाने के लिए पर्याप्त है।

"हास्यास्पद" मठाधीश ने खर्राटा भरा।

ड्रैगन नाव उत्सव के एक दिन पहले मठाधीश हालोनेस और भिक्षुओं ने मन्दिर साफ किया, अपने प्रातःकालीन मंत्रोच्चारण समाप्त किये और तब तीर्थयात्रियों का इंतजार करने के लिए फाटक को चौड़ा किया। प्रतिवर्ष इस दिन पूरा शहर धूप जलाने और पूजा करने आता था और कभी–कभार भिक्षुओं को इतना व्यस्त कर देता था कि उन्हें अपने जूते उतारने पड़ जाते थे। लेकिन इस वर्ष कुछ महिलाओं और बच्चों के आने से मन्दिर बहुत शान्त था और सेवा पर तैनात भिक्षु तो लगभग ऊँघते से रहे।

बाद में पता चला कि उस दिन मत्स्यग्रहण स्थल पर जुआंघर ने खलिहान में जुएं का खेल आयोजित कराया, जहाँ लोगों ने इस बात पर बाजी लगायी कि अगले दिन भूमि पर अपने प्रदर्शन के पश्चात् कांग जंग जा किसको मिलनी चाहिए। लोगों ने मन्दिर में धूप के बजाय अपनी जेब का सारा पैसा जुआं पत्रकों पर खर्च कर दिया।

एक भिक्षु मठाधीश हालोनेस को बड़ी शीघ्रता से इसे सूचित करने आया जिसने स्वच्छ आँखों और मुस्कुराहट के साथ कहा "अविकारियों को भ्रष्ट करने के लिए दानव आ गया है लेकिन न्याय का जाल उसे छोड़ेगा

नहीं।'' अगले दिन मठाधीश हालोनेस ने दो भिक्षुओं को खलिहान तक भेजा जहाँ उन्होंने पाया कि चार में से एक दांव शहर के एक धनवान व्यक्ति पर लगाया जा चुका था जिसने कांग जंग जा की कृपा प्राप्त करने की चेष्टा की थी। वे स्वयं पर जरा भी शर्मिन्दा या एक दूसरे के विरोधी हुए नहीं जान पड़े। बल्कि वे दूसरे दिन उद्घाटित किये जाने वाले ड्रैगन नाव उत्सव मेले में लकड़ी जेनशेन (औषधीय पौधा) और चाय की सम्भावित कीमतों के बारे में विचार–विमर्श करने के लिए इकट्ठे भी हुए।

कांग जुंग जा एक गाड़ी में दुबारा खलिहान पहुँची जब वह जगह लोगों से भर गयी तो इस बार उसने आठ आदमियों के जुड़े हाथों पर शुरुआत की।

मठाधीश हालोनेस ने घुमनी से ग्रस्त महसूस किया। और केवल लम्बी एवं सघन छानबीन के पश्चात् उसने देखा कि आठ अजनबियों की बौद्ध पोशाकें नई थी और उनके सिर अभी भी गहरे रंग से हाल ही में हजामत किये हुए बाल दिखायी पड़ रहे थे। इन आठ नकली भिक्षुओं के हाथों पर कांग जंग जा खड़ी थी। उसके बाल उसके सिर के पीछे किये हुए थे जिससे उसका सफेद और निर्दोष चेहरा उद्घाटित हो गया था। जरा भी बिना कोई साज सजावट पहने वह इतनी आकर्षक थी कि एक वास्तविक प्राणी नहीं लग रही थी। उसने अपने कंधे सुनहरे धागों से बुने लाल और पीले कषाय से वसनाच्छादित किये थे जो खजाने का ऐसा भाग था जिसका एक स्पर्श मठाधीश हालोनेस की रातों की नींद उड़ा देता यदि वह उसकी उम्र के रहे होते। फिर भी उसने इस पवित्र वस्तु में पुरुषों की हथेली पर किस्येंग नृत्य प्रदर्शित किया।

मठाधीश हालोनेस मुर्दे के समान जकड़ गया। कषाय में औरत के होने से उसकी आँखे अंधी हो गयी और कान अपने चारों ओर लोगों की धिक्कार और मखौटों से बहरे हो गये। उसे यह भी ख्याल नहीं रहा कि उसे दो भिक्षुओं द्वारा कैसे अनुभुति के मन्दिर तक पहुँचाया गया जो खलिहान तक उसके साथ गये थे।

''वह एक हजार और एक वर्ष प्राचीन दानव का अवतार हैं।'' मठाधीश ने होश आने पर कहा।

भिक्षुओं ने उसकी आँखों में देखा कि शान्ति छा रही थी। अगली सुबह मठाधीश हालोनेस शहर में सरकारी प्रांगण के सामने माला सरकाते और मंत्रोच्चारण करते हुए ध्यान में बैठा।

किसी ने उससे पूछा यहाँ कोई महत्वपूर्ण चीज होनी चाहिए। क्या अदालत के लिए ढोल बजाना बेहतर नहीं होगा?''

बुद्ध की सर्व विद्यमानता से ढोल बिना पीटे बज उठेगा। मठाधीश हालोनेस ने अर्थपूर्ण उत्तर दिया।

तुम किस पर मुकदमा चलाना चाहते हो? दूसरे ने पूछा।

''मैं बचाने आया हूँ'' मठाधीश हालोनेस ने यह कहते हुए हाथ जोड़ दिये ''बुद्ध करुणावान है।''

तीसरे दिन परम श्री पति ने अदालत लगायी। सरकारी सिपाहियों के दो दल भेजने में ज्यादा समय नहीं लगा जो दो घण्टे बाद कांग जुंग जा और दर्शकों की भीड़ लेकर आये।

गवर्नर ने कांग जुंग जा से कहा ''मठाधीश हालोनेस तुम पर अनुभूति के मन्दिर में बौद्ध देशनाओं को अपमानित करने और देवताओं को दूषित करने का आरोप लगाते हैं। क्या तुम्हें अपनी सफाई में कुछ कहना हैं।''

कांग जुंग जा मठाधीश हालोनेस की ओर मुड़ी जिस ने अचानक महसूस किया मानो उसके सामने बंसत ऋतु में पर्वतों से सुगन्ध विसर्जक जल गड़गड़ाता हुआ प्रवाहमान हो गया हो। बुलबुल और अबाबील की याद दिलाने वाले सुखद स्वर में उसने उत्तर दिया। ''यह एक घरेलू कहानी है कि सोंडोहवांग में जिनयी की एक प्रख्यात प्रमोदक ने सौ साल पहले भिक्षु नृत्य (सियुन्म्) के साथ मास्टर कन्टेडंनेस से अमर प्रेम करने की सौगन्ध उठायी थी। मैं तो सिर्फ उसके लिए लालायित हूँ और उसके उदाहरण का अनुसरण किया हैं।

''तुम केवल हीन वासना को जगा रही थी और जनता की नैतिकता को भ्रष्ट कर रही थी।'' मठाधीश हालोनेस ने क्रोधपूर्वक पीछे मुड़कर देखा। ''प्रमोदक के लिए जनता के बीच प्रकट होना और लोगों को गीत

एवं नृत्य से आनन्दित करना कोई दुर्लभ चीज है मैं ऐसा नहीं मानती।''
''फिर तुमने पैसा ऐंठने के लिए जुएं घर के साथ षडयंत्र क्यों किया।''

''मैं प्रमोदक के रुप में पदावनत हो चुकी हूँ जो स्वयं की मुश्किल से रक्षा कर सकती है। फिर मैं दूसरों का परिरक्षण भला कैसे सुभीते से कर सकती हूँ।''

''क्या भिक्षुओं को कुछ सांसारिक इच्छायें नहीं रखनी चाहिए।'' मठाधीश हालोनेस के जवाब दे पाने से पहले एक महिला यात्री ने शीघ्रतापूर्वक हस्तक्षेप किया।

''तुम एक झाड़ी गई मुर्गी पर क्यों इतना शोर मचा रहे हो?''

''क्योंकि उसका मुर्गा भी झड़ गया हैं इसलिए वह स्वाभाविक रुप से भावुक हो गया हैं।'' एक आदमी ने जोर से उत्तर दिया।

गवर्नर ने अंततः उस हंसी के शोर में सुने जाने से पूर्व अपनी लकड़ी का ठप्पा कई बार खटखटाया जो अदालत में व्याप्त हो गया था।

''यह बौद्ध धर्म और कषाय वस्त्रों में बौद्ध भिक्षुओं के लिए बड़े दुर्भाग्य की बात हैं। श्री पति गवर्नर ने यह सारी अश्लीलता सुन ली होगी।'' उसका चेहरा अपरिवर्तित रहा। मठाधीश ने अपनी आँखें गवर्नर पर केन्द्रित कर दी और कहा

''बौद्ध धर्म के अभ्यास के लिए पवित्र स्थल के तौर पर अपने सम्मान की सुरक्षा करना हमारी जिम्मेदारी है। यदि हमें आज उचित न्याय नहीं मिलता है तो मैं सौगन्ध खाकर कहता हूँ कि मैं अन्य मन्दिरों से सम्पर्क करुंगा और न्याय पाने के लिए एक जुट होकर सीओल में दोषान्वेषक के कार्यालय तक मामले को ले जाऊँगा।''

मठाधीश और तत्पश्चात कांग जुंग जा की ओर इधर–उधर देखते हुए गवर्नर ने कुछ विमर्श के पश्चात् कहा ''कांग जुंग जा यद्यपि तुम्हारा नृत्य पूर्वकालीन उदाहरण से समर्थित है फिर भी इसने किन्हीं अवस्थाओं में बौद्ध नैतिकताओं के आत्मसम्मान को ठेस पहुँचायी है। अतएवं यह अदालत तय करती है कि तुम अपने आप में सुधार के लिए पर्वतों के मठों

में बिना अपने बाल कटवाये हुए तीन महीनों तक बौद्ध धर्म का अभ्यास करो।

मठाधीश हालोनेस ने गवर्नर की ओर इशारा किया। उसके पैर अस्थिर थे मानो हवा के झोंके से उड़े जा रहे हों। "आप एक गंदी औरत को बौद्ध मठ में गड़बड़ी पैदा करने के लिए कैसे भेज सकते हैं जो हजार बार मृत्यु दण्ड पाने योग्य है।

"अपने अपराध का प्रायश्चित करने के लिए कांग जुंग जा को बौद्ध मठ भेजने से अधिक शिक्षा प्रद भता क्या हो सकता है।" लकड़ी के ठप्पे की एक दस्तक से गवर्नर ने मठाधीश हालोनेस को रोका और ऊँचे स्वर में कहा "अदालत स्थगित की जाती हैं।"

दो महीने पश्चात् यात्रा से थका और क्लाके मठाधीश हालोनेस शहर वापस लौट आया। जिस समय वह वापस आया, चमकते सुन्दर आसमान की गोधूलि बेला थी जिसने उसे अनुभूति के मन्दिर में लटकते सुनहरे धागों से बुने सर्वाधिक आकर्षक परिधान कषाय जिसे उसने हमेशा के लिए अपनी जिंदगी में अपना लिया था की याद दिलायी।

दिव्य ध्वनियों की प्रौढ़ गायिका किम हाक ने रास्ते में मठाधीश हालोनेस को रोका।

"आपका व्यापार कैसा चल रहा है?" उसने पूछा

मठाधीश हालोनेस ने उसके साथ निकम्मी औरत की तरह व्यवहार किया और उसने धीरे चलने की भी चिन्ता नहीं की।

"अरे! दानवों को दूर करने के लिए तुम्हारे मन्दिर में कुछ नहीं है?" किम हाक ने पूछा जिसने उसकी प्रवृत्ति से नाराज हुए बगैर उसका अनुसरण किया। चूंकि गन्दी औरत कांगजुग जा आ गयी थी इसलिए घर पर कई आश्चर्यजनक चीजें घटी।

मठाधीश हालोनेस उसकी ओर मुड़ा और उसे झलक दिखलायी।

"मैं अक्सर विचित्र आवाजों जैसे कि लोमड़ियों की बोली से डर जाती हूँ और अपना "सिर मठाधीश के सीने के निकट लाते हुए किमहाक ने

धीमे स्वर में कहा कांग जुग जा के कुछ घनिष्ठ अतिथियों ने बताया कि उसका पूरा शरीर सर्च की तरह ठण्डा है।

"क्या वह मठ में नहीं भेजी गयी?" मठाधीश हालोनेस ने पूछा।

अरे! वह तो केवल दिखावा था। जिस क्षण तुमने शहर छोड़ा, वह वापस घर आ गयी।" किम हाक ने जवाब दिया। हर रोज मेहमानों की आवभगत करते हुए वह बहुत सुखी जीवन व्यतीत कर रही हैं।

मठाधीश हालोनेस का चेहरा काला पड़ गया। उसके बारे में दूसरी डरावनी बात यह है कि वह मध्य रात्रि के पश्चात् अपने कमरे में आदमियों को कभी रहने नही देती है। बूढ़े सफाई कर्मी ने एक रात उसे झाँक कर देखा और वह अंधा और गूँगा हो गया।" इस बार किम हाक अपना सिर मठाधीश हालोनेस के कानों तक ले गयी और लड़खड़ाती आवाज में कहा "क्या यह सत्य हो सकता है कि वह अपने शरीर में कुछ अमरत्व लिये है आप क्या सोचते हैं?"

किम हाक और मठाधीश हालोनेस के बीच की वार्तालाप पूरे शहर के लिए मजेदार गप्प बन गई। उस दिन कुछ लोग मठाधीश हालोनेस के क्रियाकलापों का अंदाजा लगाने के लिए किम हाक के कमरे में ठहर भी गये। और जब अगली सुबह आगे छानबीन करने के लिए दिव्य ध्वनि की ओर बढ़े तब हाक ने स्वाभाविकतापूर्वक अपनी खिड़की के बाहर एक बांस का लट्ठा निकाल दिया जिसके आखिरी छोर पर भूरे रंग की सूती चड्डियों का जोड़ा जिसमें अक्सर रफू और पैबन्द लगाये गये थे, हवा में लहरा रहा था।

उस दिन आसमानी ध्वनियों पर किम हाक ने पिछले दस सालों की सबसे बड़ी बोली लगायी थी। यद्यपि सभी कुछ दिन के प्रकाश की तरह स्पष्टत था। पुरुष अभी भी उसके और मठाधीश हालोनेस के बीच कहानी के सबसे प्रामाणिक विवरण प्राप्त करने के लिए किम हाक के साथ अकेले कुछ समय व्यतीत करना चाहते थे।

पुरुषों से घिरी हुई किम हाक दुबारा फिर जवानी की कान्ति से चमक उठी थी और हर उस आदमी को सन्तुष्ट करने की पूरी कोशिश करती

जिन्होंने उसके कमरे में प्रवेश करने की मंहगी कीमत चुकायी थी। मठाधीश हालोनेस का हुलिया संवतरा गया। जिस समय उसने एक उपभोक्ता को बताया कि मठाधीश हालोनेस कुआंरी बुढ़िया थी जिसे उसके ABC के द्वारा ज्ञानोंद्दीप्त किया जाना पड़ा। आगामी लोग सुनेंगे कि मठाधीश हालोनेस वास्तव में अपनी सम्मानीयता के माहौल के बावजूद रम्याख्यान प्रसंगों समेत औरतों का आशिक था जिससे उसकी जैसी एक अनुभवी महिला भी बामुश्किल ठीक थी। किम हाक ने उस अकेले दिन में दर्जनों पुरुषों का स्वागत किया और ठण्डे पानी के दर्जनों प्यालों से अपना गला साफ किया इसलिए रात होने तक वह बोलने में असमर्थ हो गई। जब आखिरी मेहमान चला गया तो उसने कुटी हुई पुदीने की पत्तियों के साथ शहद मिलाया और अपना मुँह उस मिश्रण से भर लिया।

पिछली रात जब मठाधीश हालोनेस कि अव्यवस्थित ढंग से किम हाक के कमरे से बाहर गया। बाहर जाने का रास्ता पाने से पूर्व वह आसमानी ध्वनियों के बगीचे में लम्बे समय तक इधर–उधर टहलता रहा। बगीचे के द्वार पर दो लम्बी लाल रंग की लालटेनें लटकी हुई थी जिसके नीचे कांग जुंग हा कुछ आदमियों के साथ चाय की टेबल के इर्द–गिर्द बैठी हुई थी। वह हाथ में एक पंखा लिये हुए थी और पुरुषों के कंधों के ऊपर से मठाधीश हालोनेस पर मनोहारी ढंग से मुस्कुरा रही थी।

मठाधीश हालोनेस अपनी खोखली पतलून से उत्पन्न वायु द्वारा लड़खड़ाता महसूस किया। मन्दिर में उसने पुनः ठोकर खायी लेकिन जो भिक्षु दरवाजे की कुण्डी खटखटाने का जवाब देने आया था, उसने उसे पहचाना नहीं और उसके सामने "आज कोई दलिया नहीं हैं" कहकर मुलाकात करने से इन्कार कर दिया।

अगली सुबह एक भिक्षु ने आँगन की सफाई के दौरान मठाधीश को दरवाजे पर देखा।

पहले से मर चुके मठाधीश हालोनेस पालथी मारे हुए बैठा था। उसकी आँखें आसमान की ओर देख रही थी। अपने पीछे एक बड़े पत्थर पर स्वयं अपने ही दांतों से काटी गई उँगली के बहते खून से एक वाक्य लिखा था।

"जिसने दरवाजा खोला था, उसी ने उसे बन्द कर दिया।"

5

प्रेम जो मुझे कभी नहीं मिला

उस वर्ष जब मै अठ्‌ारह की हुई, मेरी मंगनी एक ऐसे आदमी से कर दी गई जो बहुत कुछ अच्छी पारिवारिक पृष्ठभूमि से था जिसके पिता तीसरे दर्जे के अधिकारी थे। वह आदमी स्वयं साम्राज्यीय परीक्षा के लिए कठिन श्रम कर रहा था। जिसने मेरा परिवार बनाया मेरा मतलब उसमें मेरे पिता की पत्नी और उप पत्नियाँ मेरे सौतेले भाई और बहन थे। जो अधिक नाराजबी की बात थी वह यह कि जो आदमी मुझसे विवाह करने जा रहा था वह उप पत्नी के बजाय अपने पिता की पत्नी से पैदा हुआ था।

"वह उसमें क्या देखता है।"

मुझे नहीं मालूम कि उसने दोनों और मुझमें क्या देखा था। ऐसा बताया गया कि वह प्रिय सुन्दर नवयुवक है और अपने पिता के साथ पीने के लिए हमारे निवास पर आ चुका था। फिर भी मैं याद नहीं कर सकी कि मैं उस आदमी से कहाँ मिली थी जिसके बारे मे वे बातें करते थे। लकड़ी के गलियारे में एक अप्रत्याशित आकस्मिक मिलन और मेरे चेहरे पर एक गुप्त झलक असंभव होती क्योंकि यद्यपि मेरा निवास विस्तृत था लेकिन हम लोगों के घूमने–टहलने के स्थान वास्तव में बड़े नहीं थे। या फिर वह मुझे उस वक्त चुन सका होगा जब मैं पिछवाड़े के बगीचे में झूला झूल रही थी। लेकिन वहाँ तक अजनबी और खासकर पुरुष अजनबी अपनी इच्छानुसार प्रवेश नहीं कर सकते थे।

वस्तुतः मैं हमेशा उन स्थानों से रोकी भी नहीं गयी थी जहाँ कि मुझे रोका जाना चाहिए था। यदा–कदा मैं अन्य स्थानों पर जाती थी। मेरे पिता के नौकरों द्वारा मुझे पकड़ा जाना कोई बड़ी बात नहीं थी जो मुझे देखकर नाराज होने के बजाय प्रसन्न होते थे लेकिन क्या मुझे मैडम की किसी भी परिचारिका द्वारा देखा जाना चाहिए। वे गप्पें जिनकी जबानें चीथड़ों की तरह उपयोग करने के लिए पर्याप्त लम्बी होती थी उनसे मैं परेशानी में पड़ गई थी जो शत्रुओं को उत्तेजित करने से भी अधिक खराब होती थी। उनके अपमानों के डंक किसी को भी सभी जगह से सुजा देते थे। यह भी कोई बड़ी बात नहीं थी। इसका सबसे खराब हिस्सा नतीजा मेरी माँ के परेशानी में पड़ने से होता था।

मेरे पिता की चार उप–पत्नियों में से मैडम मेरी माँ के लिए सबसे नीच थी। बाकी संघ से स्वयं को ऊपर रखने की कल्पना करते हुए वह अपना मुँह हमेशा ''सम्मानीय परिवार'' के द्वार के दो दरवाजों के रुप में बिसूरती थी जो ऐसी अभिव्यक्ति थी कि सारे दिन बनी रहती थी। फिर भी अपने सम्मानीय परिवार में अपने अभिमान के बावजूद कुछ कारणों की वजह से वह हमेशा अपने दुर्भाग्य की शिकायत करती रहती थी जिसे उसका अपना उन्नतोदर डीलडौल भी वर्धित रुप से हर गुजरते दिन के साथ विरोध करता प्रतीत होता था। जब वह अपना शरीर चलायमान करती थी ''डरावना'' के अलावा दूसरा कोई शब्द दृश्य को चित्रित नहीं करता था। मेरे पिता की दूसरी उप–पत्नियों से उसके संबंध अच्छे नहीं थे लेकिन निवास में मेरी माँ की उपस्थिति ने सभ्य बताया उसे अन्य उपपत्नियों के निकट खींच लिया था। मेरे पिता जब भी घर पर होते थे, वह हमेशा मेरी माँ के कक्ष में सोते थे और मैडम का सबसे बड़ा पुत्र भी मेरी माँ की सुन्दरता की प्रशंसा करता था। कुछ मूर्खतायें उसने भी कर डाली थी जो पूरा परिवार का हास्य कोष बन गयी थी। मैडम शिकायतें करती रहती ''मैं पागल हूँ'' जो कि यदि वास्तव में वैसा हो जाता मेरे विचार से बुरा नहीं होता। पुरुष जो मेरी मां की तारीफ करते थे वे आसमान के तारों की तरह असंख्य थे इसलिए मामले की जड़ का श्रेय अपने पुत्र के मार्गदर्शन में उसकी अपनी असफलताओं को दिया जाना चाहिए था।

फिर सभी उसने सारा अभियोग मेरी माँ पर यह कहते हुए मढ़ दिया "बिल्ला प्रणय निवेदन कैसे कर पाता यदि लोमड़ी अपनी पूँछ नहीं दिखाती।"

हम कैसे जान पाते कि उसके सबसे बड़े पुत्र को प्रणय निवेदन के लिए किसने मजबूर किया? लड़का चेहरे से अपनी माँ का प्रतिरुप था जो कुचला जाने लायक प्रतीत होता था और उसके परिणामस्वरुप उसकी नाक का बांसा टूटा हुआ था। एक बार उसने मुझसे शोखी कर बात भी की "क्या तुम वास्तव में मेरे पिता की बेटी हो? तुमने उनकी जरा भी देख भाल क्यों नहीं की?" उसकी आँखे मेरे चेहरे को चाटती हुई जबान जैसी थी। जब उसने मुझे रोका हम बगीचे में पत्थर के रास्ते पर खड़े हुए थे। उस वक्त यदि मैं गुलाब के पौधों जो बगल में मौजूद थे, के ऊपर से उड़ पाती तो मेरे पैरों के तलवों में कांटे पूरी तरह चुभ जाते।

यदि तुम मेरी छोटी बहन नहीं होती उसने मेरी कमरबन्द पर प्यार से हाथ फेरते हुए कहा।

मैंने उसका हाथ झटक दिया और पीछे हट गई।

इस जगह पर प्रगाढ़ालिंगन उसने कहा और ज्योंही वह मुझे पकड़ने के लिए आगे बढ़ा।

दूर हो जाओ

"तुम किससे डरती हों? क्या हम भाई–बहन नहीं हैं? एक भाई के लिए अपनी बहन का आलिंगन करना गलत नहीं हो सकता।"

मैंने उससे दूर होने की बहुत कोशिश की। मैंने उसका गला नोंच लिया और शायद उसके अधोवस्त्र का पट्टा भी फाड़ दिया।

उस पूरी दोपहर और शाम तक मैं मैडम के आने और अपनी परिचारिकाओं के सामने भर्त्सना करने की उम्मीद कर रही थी जो कौओं की याद दिलाने वाली थी। लेकिन मैं ठहरी नहीं। जब मैं उसे दुबारा मिली वह मेरे निकट आया और लम्बी सांस लेकर विनम्रतापूर्वक कहा "यद्यपि तुमने मुझे घायल किया लेकिन तुम्हारे हाथों का मेरे शरीर को स्पर्श करने का विचार दर्द को सुखद बनाता हैं।"

मैंने कोई उत्तर नहीं दिया।

मैडम ने बड़ी जोर से खांसा। उसकी आँखें जो उसके फैलाने से पूर्व लम्बी और संकरी थी वे अब चमकदार तेज छुरी के ब्लेड के पतले किनारे की तरह दिखायी दे रही थी। वह धार कटान छोड़ते हुए मेरे चेहरे पर घूमी जिसने मुझे विचित्र ढंग से चोटिल कर दिया। मैंने वृक्ष की शाखाओं में एक नवजात चिड़िया को टकटकी लगा कर देखा जो अपने सिर की चोटी पर हल्की पीली कलंगी के साथ इधर उधर देख रही थी। शायद यह चिड़िया भी हवांग वंश की थी। मैंने अपने होंठ काढ़ लिये और कई बार उससे चीं–चीं की ध्वनि निकाली। ''यकीनन परिवार के लिए एक विपत्ति हैं।'' जब हम रात्रि भोज के पश्चात् अलग हुए तब मैडम में फुनफुनाते हुए कहा।

बेशक! मैंने प्रत्युत्तर दिया। मेरी माँ ने मेरी आस्तीन खींची।

''पिता की तरह पुत्र की तरह गंदी औरत की बेटी भी आदमियों को चरित्रभ्रष्ट करने के लिए बहकाती हैं।'' उसके विद्वेषपूर्ण शब्द काष्ठ गलियारे में पीछे से सुनायी पड़े।

''तुमने ऐसे परिवार में क्यों विवाह किया?'' मैंने अपनी माँ से पूछा।

''क्योंकि मुझे तुम्हें पाना था'' जिनकी वह मुस्कुरायी।

हे भगवान! मेरी माँ की मुस्कान बासन्ती फूलों का संसार और चिड़ियों का समवेत गान पैदा करती थी जिस जगह मैडम या अन्य धूल में मिल जाते थे। ऐसा कहा जाता है कि किस्येंग घर में प्रमोदिका बनने से पूर्व एक आदमी उससे पानी मांगने गया। वह नदी के किनारे अपने बाल धो रही थी। और उसकी याचना पर उसने नदी से डोई भर जल उठाया और उसे दे दिया। एक घूँट पीने के पश्चात् लड़के को यह जानकर ताज्जुब हुआ कि डोई से उसने जो जल पिया वह शराब थी।

''क्या वह वास्तव में शराब बन गयी।'' मैंने उससे कई कई बार पूछा। ''यकीनन नहीं यह तब भी पानी ही था।'' उसने मुस्कुराहट के साथ उत्तर दिया। लेकिन मेरे पिता को भी यकीन था कि वह मदिरा थी। उन्होंने बड़े सकारात्मक ढंग से बताया कि नदी में पानी था लेकिन मेरी मां द्वारा जब यह डोई में भरा गया तब शराब बन गया।

उन्होंने कहा कि दुनियाँ की दो चीजों से उन्हें कभी अब नहीं होगी मेरी माँ और शराब

हे ओन जियोग....मेरी माँ के लिए संबोधित ध्वनि हवा में हल्की सी काँपती हुई हयोन जियम के तारों पर छेड़े हुए वाद्य की ध्वनि और कर्षण द्वारा उत्पन्न स्वर संकेत जैसी ध्वनित होती थी। अपने सबसे बड़े पुत्र को मेरी माँ की तारीफ करते सुनकर उसने खीझ के साथ कहा वास्तव में क्या बेटा इतनी जल्दी वयस्क हो गया?

ऐसे अवसरों पर मेरे पिता प्रिय थे।

एक नवयुवक की मौत हो गयी थी। ऐसा सुना जाता है कि उसने मृत्यु शैय्या पर अपने परिवार से उसे दफनाने से पूर्व हवांग निवास के पीछे पहुँचाने की अभ्यर्थना की थी। परिवार के सभी सीधे सादे लोगों के पास मृत्यु शैय्या के व्यक्ति के अनुरोध का अनुपालन करने के सिवाय दूसरा कोई विकल्प नहीं था लेकिन दफनाने के दिन उन्होंने शव ले जाने वालों से शहर से बाहर जाने के लिए दूसरे मार्ग से जाने को कहा।

हवांग कोई साधारण परिवार नहीं था। जीवितों के लिए शोकावस्था बहुत दुःखदाखी थी जो स्वयं को ज्यादा परेशानियों में नहीं डाल सकते थे।

जब जुलूस राहे पर आया, चारों वाहक अचानक दर्द के मारे कूद पड़े और उनसे लट्ठे भी गिर गये मानो उनकी नसों में दानव ने चिकोटी काट ली हो। यह वास्तव में दण्ड में भुगतान था। लेकिन जब उन्होंने दुबारा लाश उठायी तो उनके पैर और चोटिल हुए और उन्होंने दुबारा फिर लट्ठे गिरा दिये। यह कई बार दोहराया गया जब तक कि किसी ने उन्हें मृतक की इच्छा की याद नहीं दिलायी।

''चूंकि वह अपने अनुरोध के बारे में

काफी गंभीर था इस लिए हमें हवांग के निकवास के पीछे से चलना चाहिए। आश्चर्यजनक लगा कि जैसे ही लाश को हमारे निवास की ओर घुमाया गया उसके वाहकों के कदम दुबारा फिर हल्के हो गये। जब वे हमारे निवास के पिछले बगीचे में पहुँचे तो शववाहक यह कहते हुए पुनः रुक गये कि शव अब पांच सौ किलो ग्राम वजनी हो गया हैं।

क्रोध से पागल होकर मृतक लड़के के पिता ने इन गंदी तरकीबों के पीछे कोई साहसपूर्ण कार्य का मुखिया है और उसने मेले से चार मजबूत लोगों को किराये पर लिया जिन्होंने वाहकों को जबरदस्ती धकिया दिया और जब एक साथ गाते हुए सिर्फ यह जानने के लिए शव को उठाने की कोशिश की लेकिन वह बिलकुल हिला नहीं। दुबारा शव ऐसा अचल था कि मानो उसे जमीन में कीलें गाड़कर स्थिर किया गया हो।

कहा जाता है कि लड़का हवांग के निवास की कुमारी जिन–यी का प्रेमातुर था और अंततः उसी से उसकी मौत हो गयी। यह गप्प पंख लगने की तरह हमारे निवास में बड़ी तेजी से उड़ गयी।

मैडम ने प्रधान सेवक को भेजा जिसने समूह से साग्रह पूछा और उन पर मुकदमा चलाने की धमकी भी दी। प्रधान सेवक के तमाचे और भर्त्सना से मृतक लड़के का पिता भूमि पर गिर पड़ा और रोने लगा हे भगवान मुझ पर दया कर.....।

हकीकत में उसे आसमान से कोई उत्तर नहीं मिला इसलिए वह शव की ओर मुड़ा और चिल्लाया ''बेटे। यदि तुममें आत्मा है तो उठ जाओं।''

''विचित्र व्यक्ति पागल है।'' किसी ने लम्बी सांस लेकर चिन्ता प्रकट की। प्रधान सेवक ने उन्हें चिल्लाने के लिए कहीं अन्यत्र खींच कर ले जाने को कहा लेकिन शव अभी भी पिछवाड़े के बगीचे के सामने पड़ा था। इस लिए प्रधान सेवक ने पूर्व वाहकों और जिन्होंने उसे स्थानान्तरित किया था से क्रमशः शव उठाने को कहा लेकिन वह एक इंच भी नहीं हिला। तब उसने दो लट्ठे शव से जोड़े और आठ आदमी प्रयत्न में सम्मिलित हुए जबकि उनके लिए गीत किसी और ने गाया। तब भी शव ने साधारणतया कोई गुंजाइश नहीं की।

तब तक प्रधान सेवक का चेहरा क्रोध के मारे सफेद फलों के पौधे जैसा हो गया। ''थोड़ा इंतजार करो।'' वह जैसे ही अपनी मालकिन को सूचित करने के लिए निवास की ओर वापस दौड़ा, तब मैडम ने धमकी भरे अंदाज में उससे निवास से कुछ ताकतर नौकर छाँट लेने को कहा। उन्होंने भी कोशिश की लेकिन नाकाम गई।

अधिक दर्शक इकट्ठे हो गये और सड़क को खचाखच भर दिया। केवल तब मुझे उस नवयुवक के बारे में सूचित किया गया जो मेरी सेवार्थ प्रेमातुरता से मर गया था।

मैंने सोचा कि यह कोई मजाक होगा खासकर क्योंकि यह मैडम की परिचाारिका द्वारा बताया गया था, फिर मैं इसके सत्य होने का कैसे विश्वास कर लेती।

मैडम ने मुझे बुला भेजा। जब मैं अन्दर गयी। अचानक पूरे कमरे की बातचीत शान्त हो गयी। आँखें कौओं की चोंच की तरह कठोर और तेज होकर मेरे चेहरे पर डंक मारने लगी।

"शव को ले जाओ" मैडम ने लोहे की तार जैसी तेज और पतली आवाज में कहा जो काले चेहरे समेत मेरी गर्दन के पार हो गयी जिसका तुषार सबसे गर्म दिनों में भी हटाया नहीं जा सकता था। जैसे भी हो उस तुच्छ शव को जितनी जल्दी हो सके ले जाओ चाहे तुम्हें भी उसके साथ प्रतिष्ठित और उस अल्प आयु लड़के के साथ दफन होना पड़े।"

"लेकिन मैं औरत की ओर मुड़ी जो मुझे यहाँ लायी थी यदि आदमी शव को हटाने में असफल हुए तो मैं धरती पर क्या कर सकूंगी।"

"हो सकता है कि दूसरे लोग शव को न उठा सकें।" मैडम ने ताना मारा "लेकिन तुम और तुम्हारी माँ के पास असाधारण शक्ति है यदि तुम्हारी माँ जल को मदिरा में बदल सकती है तो हो सकता है कि तुम मृतक को जिंदा करने में समर्थ हो सकती हो वह शवपेटिका में उठकर बैठ जायेगा। और अपनी कब्र में पैदल चला जायेगा।"

मेरे पीछे की महिला हंस पड़ी।

जब मैं मैडम के कमरे से बाहर आयी, मेरी माँ काष्ठ गलियारे में मेरी ओर दौड़ "पड़ी जिन–यी तुम नहीं जा सकती हो।"

उसके ठण्डे हाथों ने मुझे कसकर पकड़ लिया।

"उन्होंने कहा...." मैंने मैंडम के शब्दों का पुनःस्मरण किया। यद्यपि मैं उनकी विश्वसनीयता के बारे में सुनिश्चित नहीं थी

बगीचे के बाहर....'' क्या सह सच हो सकता है जैसे कि मेरी माँ की डोई का पानी मदिरा में बदल गया था।

''मैंने उसे भेजा'' मैंडम की आवाज उसके कमरे के बाहर सुनाई पड़ रही थी। ''तुम नहीं जा सकती हो'' मेरी माँ ने धीमे से कहा ''यदि तुम्हारे पति परिवार इसे सुनेगा तो तुम्हें कभी भी शांतिपूर्ण जीवन नहीं मिलेगा।''

''लेकिन.....'' ''तुम्हें षंडयन्त्र में फसाया गया है'' मेरी माँ ने चिंतित होकर पैर पीटे और उसकी आँखों में आँसू निकल आये। मैं विवाह के लिए काफी बूढ़ी थी और वह अभी भी लड़की जैसी लगती थी। ''जिन–यी'' मैडम अपने कमरे से बाहर आयी और मुझसे अधिकारपूर्वक स्वर में कहा ''तुम अभी भी यहाँ क्यों हो?''

''मैंडम! वह नहीं जा सकती है'' मेरी माँ ने याचना की। ''जिन–यी अभी तक अविवाहित है उसका लोगों के बीच उपस्थित होना अनुचित हैं।''

''क्या तुम मुझे योग्य आचरण का उपदेश दे रही हो? मैंडम ने कपटी हंसी छोड़ने के लिए अपना गलारा चढ़ाया और उनके पीछे की औरतों की भी कपटी हंसी फूट पड़ी। मानों ठण्ड के कारण खांस रही हो जिसने उन्हें अचानक पकड़ लिया हों। ''जैसा मैंने कहा कि पिता की तरह पुत्र की तरह बदचलन औरत केवल बदचलन को ही जन्म दे सकती हैं। यद्यपि वह ठीक से अपनी भोजनशलाकायें संभालने की उम्र की भी नहीं है लेकिन उसने पुरुषों को फुसलाने के तरीके सीख लिये हैं। और अब एक व्यक्ति उसकी सेवार्थ मर गया है। तुम क्या सोचती हो कि हमें क्या करना चाहिए। बगीचे का द्वार अवरुद्ध किये शवपेटिका के साथ सारे शहर के सामने मूर्ख बनूं।''

''थोड़ा इंतजार करने जब तक कि मास्टर आ नहीं जाते हैं...'' मेरी माँ ने अपना सिर लटका लिया।

मास्टर निस्सन्देह तुम्हारी आरामदेह बातों से अपना साधारण बोध खो देगा और वह पूर्व से पश्चिम या उत्तर से दक्षिण नहीं बता पायेगा। मैडम

ने उदासीनतापूर्वक कहा। ''मास्टर यदि घर आ रहा होगा तो भी हमारे निवास के बाहर जमे पूरे शहर के बीच वह अन्दर नहीं आ पायेगा। इसलिए या तो तुम या जिन–यी बाहर जाओ और उन लोगों को शव पेटिका ले जाने दो।''

''कृपा कर ऐसा न करो''

''मैं याचना करती हूँ'' अपनी जोरदार आवाज पर अत्यन्त गौरवान्वित मैडम ने लोगों पर अपनी निगाह दौड़ाते हुए कहा ''मैं तुम से हवांगो को क्षमा करने की याचना करती हूँ। हम शिष्ट और सम्मानीय परिवार हैं। यदि हम वरिष्ठ सदस्य अपनी आन की जरा भी चिंता नहीं करते हैं तो तुम्हें भावी पीढ़ियों के बारे में सोचना होगा। उनके सामने उनकी अपनी जिंदगी है। क्या तुम इतनी हृदयविहीन हो कि उन्हें बदनामी से कलंकित और कुलटा स्त्रियों के सहमति बनाना चाहती हो।''

मैंडम ने तर्क ढूंढ लिया

''मछली सिर से बदबू छोड़ना शुरु करती हैं'' मैडम के पीछे खड़ी औरत ने जवाब दिया।

''कृपया ऐसा न करो.....'' आँसू जो उसकी आँखों में ठहरे थे, वे उसके गालों को भिगोते ढुलक आये। वह मैडम के आगे झुकी।

लेकिन मैंने उसे बीच में से उठा लिया।

जिन–यी......''

मैंने उसे उठाने के लिए अपनी सारी ताकत अपने हाथों मे उतनी ही शक्तिपूर्वक खींच ली जितनी से कि उसने थोड़ी देर पहले मेरा हाथ पकड़ा था। मैंने उसे उसके घुटने पर नहीं गिरने दिया।

5

यह पहला अवसर था जब मैं तेरह वर्ष में निवास से बाहर गयी। प्रधान सेवक के मार्गदर्शन में मैं किनारे के दरवाजे से बाहर निकली। लोगों से खचाखच भरी सड़की के बीच मैंने पहली झलक में एक बड़े बक्से या छोटे कमरे की तरह भीड़ में शांतिपूर्वक पड़ी हुई काले रंग की पेटिकी देखी।

एक आधे सफेद बालों वाला आदमी मुझसे क्षमा मांगने आया। "मुझे खेद है लेकिन यह लड़का.....।" रोने से उसकी आँखें लाल प्रतीत होती थी और उसके चेहरे की त्वचा आँसुओं की धार से मुलायम हुई मालूम पड़ती थी। वह अपनी बात मनवाया करता था और अब.....मर गया....." मैं निस्सन्देह जानती थी कि मैं कहाँ खड़ी थी लेकिन मैंने झूले के आसन पर बैठे हुए अपनी परिचाारिका हयो–आन द्वारा पीछे से झोंका देते महसूस किया। मैंने महसूस किया कि यदि मैं और प्रयास करती तो अपने पैंरो की उँगलियों से बादलों को छू लेती।

"क्या वह मैं थी?" मैंने उसके पिता से पूछा

"तुमने क्या कहा था?"

"क्या वह मेरी वजह से मर गया था"

"उसने कहा वह हवांग की जिन–यी थी"

लेकिन मैं इस नवयुवक से कभी नहीं मिली और मेरे निकटवर्ती परिवार के अलावा किसी अन्य के द्वारा मुझे देखें जाने का आभास नहीं था। मैं नहीं समझ पायी कि यह कैसे हो सकता था। तीसरे दर्जे के अधिकारी का सबसे बड़ा पुत्र मुझसे विवाह करना चाहता था और एक अन्य आदमी मेरे प्रति प्रेमातुरता से मर गया था।

इर्द–गिर्द देखते हुए मैंने शवपेटिका के चारों ओर बलशाली विकटाकृति मनुष्य देखे जो मुझे दहकती आँखों से देख रहे थे जो शव पेटिका की कीलों जैसी लग रही थी।

"यहाँ कुमारी जिन–यी की उपस्थिाति में दुबारा कोशिश करो।" प्रधान सेवक ने कहा जिसने लोगों का ध्यान आकर्षित करने के लिए शवपेटिका को जोर से थपथपाया जो कि वास्तविक रुप से महत्वपूर्ण था "और देखो यदि तुम इसे हिला सको।"

वे आठों अनौपचारिक रुप से आये। लट्ठों को अपने कंधों पर धारण करते हुए उन्होंने धीरे से कुछ साँस ली और तभी उनमें से कोई चिल्लाया "जाओ" शवपेटिका ने बड़े जोर से गर्जना की मानो उसे जमीन की गहराइयों से खींचा गया हो।

दर्शक आश्चर्य से चीख उठे।

लेकिन वाहक नहीं चल सके मानों पैरों के सभी आठ जोड़े शवपेटिका को खींचते हुए जमीन में धंस गये हों। वे ढोंग नहीं कर रहे थे। वे यकीनन एक कदम नहीं चल सके। उन पर एक साधारण झलक डालने से मैं बता सकती थी कि पैर जो उनके शरीर के साथ स्थिर थे वे उस क्षण किसी जादुई शक्ति से आक्रान्त थे।

"क्या तुम किसी दूसरे उपाय पर विचार नहीं कर सकते?" मैंने उसके पिता से पूछा। "मैं किंकर्तव्यविमूढ़ हूँ" उसे हताश और निराश होकर उत्तर दिया। "देखो यदि तुम शवपेटिका पर कोई वस्त्र डाल सकती हो जिसे तुम नीचे पहनती हो" एक स्त्री की आवाज ने मेरे कानों में कहा।

मैंने उस पर सरसरी निगाह डाली। अपने सादे कपड़ों के बावजूद शायद ज्यादा सौन्दर्य प्रसाधन के कारण वह मुझे सुन्दर किन्तु संवेदनशील जान पड़ी।

6

मेरे पास कोई आभूषण नहीं है एक टुकड़ा थी नहीं। उस सुबह मैं मात्र एक अधोवस्त्र स्तनपेटी पहने थी। इसलिए मैं हयो–आन के साथ अपने निवास पर लौट आयी और अपनी माँ को लकड़ी के गलियारे में बैठे छज्जे की खपरैल इतने ध्यानपूर्वक घूरते हुए देखा। इससे लगा कि जैसे वह ऐसी चीज पर पहली बार नजर डाल रही हो। जब मैं भी उसके सामने से गुजर गयी उसने अपनी आँखें नहीं हटायी।

मेरे पास उससे बात करने का समय नहीं था इसलिए मैं जल्दी से वापस अपने कमरे में स्तन पेटी उतारने चली गयी जिसे मैंने हयो–आन से बाहर भेजने के लिए कहा।

"शवपेटिका चली गयी" हयो–आन जोर से चिल्लायी। वह जैसे ही दौड़ी तो आँगन में बरगद के पेड़ की बाहर निकली जड़ से लगभग ठोकर खाते रह गयी। कुमारी जिन–यी की पेटी ने बामुश्किल से उसके ऊपरी हिस्से को छुआ था और शवपेटिका ले जायी गयी।

मेरा हृदय बड़ी जोर से धड़कने लगा मानो यह हृदय मेरे लिए अजनबी हो गया हो और दूसरों के लिए मुझे छोड़ देना चाहता हो इसलिए मैंने पहले की तरह व्यहार करने और जहाँ इसे होना चाहिए वहाँ नूखने के लिए जोर से सीना दबाया।

शांत होने से पूर्व मैं दो घण्टे तक निश्चल बैठी रही। मैंने अपने सीने में तनाव और करीब–करीब घुटन महसूस की मानो उन सभी पैरों द्वारा रौंदा गया हो जो कुछ समय पहले सड़क में हलचल मचा चुके थे।

मैं अपनी माँ को ढूँढने गयी लेकिन वह अब वहाँ लकड़ी के गलियारे में नहीं बैठी हुई थी। उसकी पहरेदारी करती परिचारिका ने मुझे रोका और कहा पांचवी मैडम अकेले रहना चाहती थी।

मैं वहाँ बैठ गई जहाँ वह कुछ देर पहले बैठी और छज्जे की हरी खपरैलें देख रही थी। मेरा दिमाग सिली जाती डलिया की तरह उलट बया जिससे सब कुछ गड्ड–गड्ड हो गया था जिसकी मैंने खपरैल की काचित चिड़िया द्वारा सुलझाने की उम्मीद की।

सांझ को हवा चली। आंगन में सतालू के वृक्ष में फूल आ गये थे और गुलाबी मंजरियां हवा में हल्की बौछार की तरह बह गयी।

मध्य रात्रि में मेरी माँ ने स्वयं उस सतालू के वृक्ष पर फांसी लगा ली। जब मैं वहाँ दौड़कर गयी तो सभी मौजूद थे। उन अवसादकर और कौओ जैसी औरतों के बीच मेरी माँ लेटी हुई थी।

वह कभी अधिकतर खराब नहीं दिखी। मुझे उसका नृत्य याद था। जैसे जैसे उसका नृत्य आगे बढ़ता जाता था उसके हाथों और बाँहों पर पंख दर पंख उग आते थे। जो अंततः पंखों के जोड़े में बदल जाते थे। अब उस के पंख टूट गये और चुपके से उसके शरीर के बगल में हो गये। मैं उस पर सफेद चादर पुनः ओढ़ाई।

''देखो तुमने क्या किया है'' मैडम ने निदा की।

यह सब तुम्हारा दोष हैं उसकी मास्टर के सामने जबान चलाने की हिम्मत थी। उसने उसे तमाचा मारा और उसने फांसी लगा ली।

मैडम के स्वर से ऐसा लगता था कि जैसे फाँसी लगाना कोई मजाक हो। वह अपनी आलोचना के अन्त में मुस्कुरायी भी थी।

"वह बहुत ज्यादा तुनुकमिजाजी थी।"

"बेशक"

"सिर्फ एक तमाचे से.....।"

मैं व्याकुलता में विस्फारित नेत्रों से देखने के लिए वक्ताओं की ओर मुड़ी तब जब तक कि इन औरतों के चेहरों पर हंसी सुअर के मांस की तरह जम नहीं गयी।

सुबह होने पर मैंने अपने पिता को भोजन कक्ष में अपने हाथ में सुरापात्र से शराब पीते दूखा। मुझे देखने पर उन्होंने अपना हाथ हवा में थाम लिया। हमने थोड़ी देर तक एक दूसरे को देखा। तब उन्होंने अपना सिर हिलाया और उस हाथ को ऊपर उठाया जो सुरापात्र पकड़े था। टोटी से मदिरा बही और उनके खुले मुंह में जा गिरी।

मैंने उनकी बाँहों को देखा क्योंकि उन्होंने उन बाँहों से हवा में उड़ती चिड़िया को पकड़ने और उसके पंखों को बन्द कर उसकी उड़ान थामने की तरह मेरी माँ को लपेटने का आनन्द उठाया था। यह वही बांह थी जो कुछ घण्टों पूर्व मेरा माँ की ओर उठी थी और उसे तमाचा मारा था। वह तमाचा मेरे भाग्य में लिखा हुआ था। शायद यह उन के ध्यान में नहीं आया था कि उन्होंने माँ के चेहरे पर जो हस्त छाप छोड़ी थी। वह उनके शरीर में गहराई तक चली जायेगी और उसकी जान ले लेगी।

"मर गई बहुत अच्छा हैं।"

मैं काष्ठ गलियारे के किनारे निवास में अपनी माँ की छवि निहारते हुए चलती गयी।

"मर गई बहुत अच्छा हैं" मैंने अपनी माँ की छवि से कहा।

7

मैंने मैडम से अपनी माँ को दफनाने के लिए कहा। मुर्दे को शवाधान से दूर रखने का क्या तात्पर्य है जबकि तीन दिनों के पश्चात् यह सड़

जाता हैं। "तुम्हारी बात में अर्थ है" मैडम ने पहली बार मेरे कथन का समर्थन किया। उसे यह भी आशा थी कि मैं अपने पिता से अपनी माँ को दूसरे स्थान में हवांगों के पूर्वजों की समाधियों से और दूर तक बेहतर दफनाने की सलाह दूँ। लेकिन मैंने सोचा यह मेरे पिता को तय करना चाहिए। यदि मेरी माँ के प्रति उनका प्रेम उसके साथ मर गया होता तो मुझे अपना माँ को उनसे अलग करना अधिक पसन्द होता। लेकिन मेरे पिता ने आग्रह किया कि माँ को पैतृक कब्र में दफनाया जाना चाहिए और वह भी उस कब्र में जो उनकी अपनी के सब से निकट हो।

"तुम हद से ज्यादा बढ़ गयी हो।" मैंडम क्रोध से लाल हो गयी। पिता की दूसरी उप–पत्नियाँ भी खुश नहीं थी।

यदि तुम उससे ईर्ष्या करोगी तो तुम्हारे जल्दी मरने का अच्छा कारण होगा।" मेरे पिता ने धीरे से कहा।

वह अपना सुरापात्र कब्र पर लाये और शराब को छर्रियों में बिखेरने लगे। उनके चेहरे की भयावह छवि ने लोगों को भगा दिया। जब मेरी माँ की शवपेटिका कब्र में नीचे रखी गयी और नौकर गड्ढे में मिट्टी डालने लगे मेरे पिता एकाएक छलांग से कब्र में कूद गये। "मुझे उसके साथ दफनाओ" पिता की आवाज गड्ढे में सुनाई दी। नौकर अपने फावड़ों के हत्थों पर झुके हुए एक दूसरे को आश्चर्य से देखने लगे।

मैडम क्रोध से काँप रही थी फिर भी उसने अपने होंठ बन्द रखे। एक क्षण बाद मेरे पिता कब्र के गड्ढे में स्वयं खड़े हुए। उनके कपड़े मिट्टी से ढंक गये थे। अन्तिम छर्री बिखेरने के पश्चात् उन्होंने सुरापात्र कब्र में फेंक दिया। वह बड़े गन्दे तरीके से बाहर चढ़ आये। एक नौकर ने उन्हें सहायता देने की कोशिश की लेकिन उन्होंने उसके चेहरे पर थूक दिया। तुम अपने गन्दे कुत्ते का पंजा मुझसे दूर रखो।"

मेरे पिता बिना किसी को देखे हुए सीधे चले गये। दूसरे लोग भी उनके पीछे चल दिये। अन्त में कब्र के सामने अकेली मैं रह गयी और कब्र के पत्थर पर उत्कीर्ण दो शब्दों जुबानक्विन पर मुक्के पर मुक्के जमाने लगी।

गहरी घाटी की प्रचुर हरी घास में
क्या इसी जगह तुम शाश्वत नींद में बसती हो
हम तुम्हारे गुलाबी गाल कहाँ पा सकते हैं
सिवाय एक कंकाल के जो सफेद और विरंजित हैं
मुझे शराब पिलाने का आग्रह करने के लिए
कोई भी चषक नहीं लिये है
मैं तुम्हारे खोने पर दुखित हुए बिना नहीं रह सकता

यह सिजो (कोरिआई) कविता मेरी रचना नहीं थी। यह लिमटी नामक पुरुष द्वारा रची गयी थी। जो कि मेरी माँ के लिए नहीं बल्कि मेरे लिए थी। वह मेरे मरने के नौ वर्ष पश्चात् इस दुनिया में आया था और उसके जीवन का सबसे बड़ा दुःख यह था कि वह मेरे समकालीन नहीं पैदा हुआ था। जब उसने सोंगदो तक मेरे पद् चिन्हों का अनुसरण किया। वह मेरी कब्र के सामने अकेले लम्बे समय तक बैठा रहा।

8

नवयुवक के अवलम्बन के कारण मैं सोंगदो में काफी प्रसिद्ध हो गयी। हर रोज मेरी एक झलक पाने की आस लगाये लोगों को मैं अपने निवास के इर्द–गिर्द बाहर लटकते हुए देखा करती थी और मेरे पिता दो बार मुझे खाने पर और ख्यातिलब्ध मेहमानों के सामने प्रस्तुत कर चुके थे।

"बेशक...." उन्होंने मुस्कुराते हुए अपनी दाढ़ी सहलायी जिससे मैं थर–थरा गयी (मेरे शरीर पर चर्मांकुरण उभर आया।)

मुझे ताज्जुब हुआ कि उन्होंने मेरे चेहरे पर ऐसा क्या देखा और "बेशक...." कैसे लगा था।

मैंने अपने पिता की ओर देखा वह जब घबराये होते थे तो अपना मुँह बन्द रखते थे और उन्होंने चूंकि मेरी माँ मर गयी थी, मुझ पर एक झलक भी नहीं डाली थी जैसे मानो मैं कोई गैरत थी।

वही छवि निवास के अन्य लोगों के चेहरों से प्रकट होती थी। देखो वह आ रही है। इस पर भी शर्मनाक चीज इस प्रकार चलती है। देखो वह

खा और पी रही है। शर्मनाक चीज के पास खाने और पीने के लिए चेहरा क्यों है? देखो वह मातमी कपड़े पहने है लेकिन वह क्षुद्र लग रही है वास्तव में गैरत हैं।

मैं आक्रोशित नहीं होती थी। मैं उनसे अलग थी गैरत थी या नहीं कुछ भी बदला नहीं। मैडम के सबसे बड़े पुत्र के अलावा कोई मुझसे बात नहीं करता था तो क्या हुआ। उनसे कुछ भी कहने लिए मेरे पास कुछ था भी नहीं और उस दुश्चरित्र व्यक्ति से आदतन बहुत कम बात करती थी।

निवास में मेरी नापसन्दगी से मैडम काफी खुश मालूम पड़ती थी। मैं उसकी छवि से बता सकती थी। मुझे नहीं मालूम कि क्या वह मेरे मन को उसी तरह पढ़ सकती थी जैसे कि उसे समझती थी। मैं खुशी भी अनुभव करती थी। गैरत मेरे लिए मेरे सौन्दर्य को और आकर्षक बनाती हुई जगमगाती पोशाक की तरह थी जिसके वैभव से उनकी आँखें दुखती थी।

मेरे होने वाले पति के परिवार ने सगाई तोड़ दी।

अवश्य ही गैरत को कौन अपनी पत्नी बनाना चाहेगा? ''तुमने ही स्वयं फाँसी क्यों नही लगा ली?'' एक दिन पिता ने मुझसे कहा।

उनके शब्दों ने मुझे काष्ठ गलियारे में खड़े लकड़ी के खम्भे में बदल दिया। यद्यपि जब उन्होंने यह कहा तो उनसे शराब की बदबू आ रही थी फिर उन्होंने पूरी तरह से मदोत्मत्त बात नहीं कही थी।

चूंकि मेरी माँ गुजर चुकी थी इसलिए मेरे पिता मेरे लिए अजनबी हो गये। उनका शरीर सिर्फ एक शंख था जिसकी अन्तर्वस्तु उनके प्रिय सुरापात्र की तरह मेरी माँ के साथ ही मिट्टी में दफना दी गयी थी।

उन्होंने उस सुरापात्र की अनुपस्थिति में फिर कभी नहीं पिया। अब वह कभी भी घर पर महाभोज से आतिथ्य सत्कार नहीं करते थे और ना ही वह अक्सर इन जलसों के लिए समय निकालते थे। बल्कि जैसे ही अंधेरा होता था वह अपने कमरे के दरवाजे बन्द कर लेते थे। यद्यपि वह पहले की ही तरह सोते मेरी माँ के कमरे में ही थे हालांकि वह भी एक खाली शंख बन गया था।

9

जिस दिन मैंने किस्येंग घर के लिए हवांग निवास छोड़ा, वह सातवें महीने का पहला दिन था जब चन्द्रमा छोटी घुमावदार छुरी की तरह पतला दिखाई दे रहा था।

घटता हुआ चन्द्रमा बढ़ेगा।

इसलिए मैंने स्वयं को किस्येंग नाम चमकीला चन्द्रमा दिया। किस्येंग घर की देखभाल करने वाली और मैं एक बार मिल चुके थे। वह वही थी जिसने हवांग निवास के पीछे के बगीचे के द्वार पर रखी शव पेटिका के ऊपर मेरी पहनी भीतरी कोई चीज डालने के लिए कहा था। इसलिए उसे मेरी हर जरुरत कबूल थी। मैं घर में स्वतंत्र व्यक्ति होना चाहती थी। और केवल वही काम करती थी जो मुझे पसन्द थे और कोई मुझे किसी भी चीज के लिए मजबूर नहीं करता था।

हवांगों ने घोषित कर दिया कि जिन–यी एक तीव्र बीमारी से मर गयी और चमकीला चन्द्रमा या सूर्य नाम की प्रमोदिका से परिवार का कोई सम्बंन्ध नहीं हैं। हवांग उस किसी को नहीं छोड़ेंगे जो उनके परिवार को कलंकित करने की हिम्मत करेगा।

तब से वेश्यालयों या किस्येंग घरों में कभी पैर न रखते हुए मेरे पिता एक आदर्श पुरुष और बौद्धमत विश्वासी बन गये हैं जिन्होंने इस जीवन के ऐन्द्रिक सुखोपभोगों का त्याग अगले की समृद्धि के लिए कर दिया हैं।

जब से मैं प्रमोदिका बनी मैंने अपने पिता को सिर्फ एक बार बुद्ध को सुगन्धि अर्पित करने के लिए बादलों के पार मन्दिर जाते हुए देखा था। संकरी सड़क पर धीरे से दो गाड़ियां मिली और गुजर गयी। हमने खिड़कियों से एक दूसरे को देखा। वह मौन थे और मुझे ऐसे घूर रहे थे मानो मुझसे मिलने का पहला मौका हो।

उनके बगल में बैठी हुई मैडम वर्धित रुप से बदली हुई थी।

"हमें मिले काफी समय हो गया हैं।" मैंने मैंडम का स्वागत किया तुम कैसी हो?"

अपनी आँखों में विश्वासघाती की द्वेष और नफरत के साथ उसने उदासीनतापूर्वक मुझे देखा और मेरे चेहरे पर अपने मुंह से निचोड़े हुए दो शब्द थूके "तू गंदी औरत।"

मैं प्रत्युत्तर में मुस्कुरायी।

मैं हमेशा कहती हूँ पिता की तरह पुत्र की तरह...." मैंडम बहुत गंभीर दिखी और जैसे–जैसे गाड़ियाँ एक दूसरे से दूर होती गयी, उसकी आवाज तेज होती गयी और एक बदचलन औरत सिर्फ बदचलन औरत को जन्म दे सकती है.......।"

मैं वापस मुड़ी सड़क के किनारे सतालू की लाल मंजरियों से चका–चौंध हो रहे थे जिसके पीछे मेरी माँ की दौड़ती हुई आकृति छिपी थी। उसका लाल लंहगा ज्वाला की तरह स्पन्दित हो रहा था।

6

एक लाल परेशान व्यक्ति झूले पर झपटा

नामवन में अधिक से अधिक नये चेहरे प्रकट होते गये। इन नवयुवकों में से अधिकांश की शक्लो–सूरत शांत थी जो उनकी उम्र से मेल नहीं खाती थी। उनमें से एक तलवार लिये नवजवान महानिरीक्षक के कार्यालय के गोपनीय साम्राज्यीय निरीक्षक की तरह ज्यादा खास दिखायी देता था। शहर में घूम टहल करते हुए उन्होंने संकोचपूर्वक थैले से अपनी बिल्ली छोड़ने से पूर्व नामवन के लागों को हकीकत में बेहद उत्तेजित कर दिया था। वे पंसोरी गायिकाओं की कहानियों के जरिये मैडम हयांग से मिलने के लिए आकर्षित हुए थे।

"अरे क्या वह सब उसी को लेकर हैं?"

नामवन के लोगों ने छुटकारा अनुभव किया और उसी समय यह भी महसूस किया कि मैडम हयांग का आख्यान सुदूर उन स्थानों तक फैल गया था है जहाँ उनके पैर नहीं पड़े थे या उनकी कल्पना पता नहीं लगा सकी था। और इन अजनबियों की उपस्थिति ने निस्सन्देह स्थानीय पंसोरी गायिकाओं और विद्वानों द्वारा कहानियों की अन्तर्वस्तु समृद्ध की थी। इसलिए ऐसा कहा जाता था कि नामवन में सिर्फ दो चीजें प्रचलित हैं। एक तो मैडम हयांग की ख्यााति और दूसरी पुष्प सरिता की मधुशाला की शराब की सुगन्ध।

इन परिस्थितियों के वशीभूत दरबारी संगीतज्ञ नामवन लौट आये थे। यह वही था जिसने मैडम हयांग के बारे में बहु उल्लिखित सिजो (कविता) की रचना की थी।

औरत सतालू मंजरियों की तरह चन्द्रमा की रोशनी में सफेद चमकती है।

रात की शून्यता में आकाश गंगा द्वारा पुरुष का लुढ़काया गया रजत विलासिता और कामुक इच्छा से भरे हृदय के साथ सिर्फ कोयल दृश्य की साक्षी हैं

उसका पर्याप्त पोषित हरे कान का घोड़ा

वह सरिता में स्नान करेगा और समझ लेने में सफल हो जायेगा

धार धरी हुई अपनी लाँगक्वान

कमरबन्द कसेगा और लक्ष्य स्थान कार्य करायेगा

लोगों ने हमेशा मैडम हयांग का सम्मान किया। यद्यपि उसके औरत से एक बच्चा था और उसे एक कुलीन पुरुष ने पैदा किया था। और इससे अधिक क्या हो सकता था कि जब वह तिरस्कृत कर दी गयी तो वह दूसरी औरतों की तरह चीखी–चिल्लायी नहीं। वह तबसे प्रारब्धवश और भी सुन्दर और आकर्षक हो गयी थी। एक बार एक तीसरी श्रेणी का फुर्तीला आदमी सुगन्धि घर के बाहर आया था और शहर छोड़ने से पूर्व पुष्पसरिता को मधुशाला में शराब के कुछ प्याले पी चुका था। यद्यपि उसके बारे में मधुशाला में सभी लोगों द्वारा चुपके से दूल्हे की तरह राय कायम की गई तथापि उसने ऐसा अभिनय किया मानों उसने अपनी आंखों की विचित्र चमक और अपने चेहरे पर मुस्कुराहट के साथ किसी को देखा ही नहीं हो।

जब उसने पूरी शराब समाप्त कर ली, उसने अपना सिर हिलाया और हल्की ठण्डी साँस छोड़ी "समुद्री अप्सरायें।"

यह बात सीधे पूरे शहर में फैल गयी। पुष्प सरिता की मुधशाला के परिचारक ने दूसरों को विश्वास दिलाने की कोशिश की कि यह मैडम हयांग की नहीं बल्कि उसकी शराब थी जिसकी कि अधिकारी प्रशंसा कर

रहा था इसलिए उसकी शराब सर्वोत्कृष्ट थी जो आकर्षक स्त्री की तरह मैडम हयांग से भी ज्यादा प्रलोभक थी। परिणामस्वरुप वह नामवन में हंसी से करीब–करीब डुबो दिया गया।

"मैडम हयांग हकीकत में कोई सामान्य व्यक्ति नहीं है" नामवन में लोग प्रतिदिन करीब–करीब कई बार उनके लिए आहें भरते थे। सुगन्धि गृह में जिन लोगों का तांता लगा रहता था वे सभी अत्यन्त ताकतवर पृष्ठ भूमि के खास आदमी थे और वे सभी मैडम हयांग द्वारा मोहित कर लिये गये थे। यहाँ तक कि सम्पूर्ण नामवन अपना सामान्य बोध खो चुका था। इसलिए दरबारी संगीतज्ञों द्वारा रचित सिजो (कपिता) को धन्यवाद जिससे कि नामवन के लोगों ने अचानक अनुभव किया कि मैडम हयांग सब होने के बावजूद दूसरे प्रमोदकों से भिन्न नहीं थी। दोनों ही लोगों का खेल थी।

दरबारी संगीतज्ञ अपनी आँखों में मोतियाबिन्द हो जाने के कारण सेवानिवृत्त हो चुका था। यद्यपि वह बड़ा अहंमन्य था फिर भी उसने अपने घर लौटने पर पाया कि दरबार में किसी उसके बीस वर्षों के सेवा करने को गंभीरता से नहीं लिया। मैंडम हयांग ही सब कुछ थी जिसकी उन्होंने परवाह की।

एक दिन दरबारी संगीतज्ञ एक नवयुवक से मिला जो अपनी वेशभूषा से आँकने पर कुलीन वंशक्रम या धनाढ्य का वे पुत्र रहा होगा। यद्यपि उसकी नजर कमजोर हो रही थी फिर भी उसने रौबदार चकाचौंध प्रभा से बता दिया कि नवयुवक एक कीमती तलवार लिये हुए था।

एक हाथ में शराब का प्याला थामे हुए नवयुवक ने मेज पर दूसरे हाथ में धारण की हुई तलवार से उल्टा–सीधा लिखा। कोई उसे रोकने के लिए उसकी छानबीन करने नहीं गया। जब वह उल्टा–सीधा लिखते लिखते थक गया, उसने मेज की सतह को ऐसे काट दिया जैसे कि वह वृक्ष से छाल हटा रहा हो। तदुपरान्त उसने एक दर्जन नई मेजे खरीदने के लिए पर्याप्त चांदी छोड़कर अपना भुगतान करने के लिए आधिकारिक तौर पर बैरे को सहायता के लिए बुलाया।

मैडम हयांग ऐसा सोने का सन्दूक है जिसमें ऐसे अनुभवहीन लोग जिनकी जांघों के बाल अभी पूरी तरह नहीं उगे हैं, वे अपने पतलून फाड़ना

चाहते हैं और उसके अन्दर पेशाब करना चाहते हैं।" पूर्व दरबारी संगीतज्ञ ने अपने निकट बैठे सहकारी उपभोक्ता से संवेदनाओं के मिश्रण के साथ लम्बी सांस लेकर चिन्ता प्रकट की।

बिना एक शब्द कहे नवयुवक ने अपने दाहिने हाथ की तलवार से दरबारी संगीतज्ञ पर आघात किया।

यह सुबह का समय था जब मधुशाला अभी–अभी खुली थी और उपभोक्ता अभी स्थिरचित थे। कुछ एक छोकरे नवयुवक को उसके कार्य से रोकने के लिए उस जगह आ पड़े। जब बूढ़े आदमी ने शोर गुल सुना और देखने के लिए पीछे मुड़ा तो तलवार की नोक उसकी छाती से सिर्फ एक फुट की दूरी पर थी। जैसे ही नवयुवक से दृढ़तापूर्वक अनुरोध किया गया और सीढ़ियों के नीचे खींचा गया। उसने सीढ़ी की तली पर अपनी नीति बदल दी और अपने कन्धे से हाथ हटाया तथा दरबारी संगीतज्ञ की ओर अपनी तलवार दिखाते हुए कहा "अपनी जबान संभालो वरना देर–सवेर यह बगीचे की घास की तरह काट दी जायेगी।"

उसकी आँखों की पुतलियाँ काली स्वच्छ किन्तु जमी हुई थी।

दरबारी संगीतज्ञ देर तक कांपता रहा। किसे पता कि क्रोध से या भय से और ऐसा तब तक रहा जब तक कि उसने शान्त करने के लिए शराब के तीव्र प्याले पी नहीं लिये। तब कहीं उसे बोलने की सामर्थ्य मिली। "वस्त्राभूषित व्यक्ति कहाँ का है?" उसने एक संगीतज्ञ से इस तरह बात क्यों की जिसने बीस वर्षों तक दरबार की सेवा की है। उसने मेज पर बड़ी जोर से मुष्टि प्रहार किया। "अत्याचारपूर्ण!" वह वास्तव में अत्याचारपूर्ण हैं।"

उस दोपहर को दरबारी संगीतज्ञ ने अपने लिए और दूसरे ग्राहकों के लिए शराब के कई मर्तबान खोले। जब मर्तबान की मिट्टी की मुहर थपथपायी गयी उसने सजावट के तौर पर दीवार से लटकती ढोलक ले ली और सिओल में किस्येंग के बारे में कहानियाँ बताकर और वहाँ की कलाकारों को मैडम हयांग से संबोधित करते हुए पंसोरी गायक का नाटक खेलने और अभिनय करने लगा।

उसकी पंसोरी कहानियाँ काफी लोकप्रिय हो गयी और इसलिए यह पुष्पसरिता की मधुशाला में दोपहर में हर दिन एक या दो कहानियाँ सम्पन्न करना उसकी आदत में शुमार हो गया जहाँ कृषि श्रमिकों समेत लोगों की भीड़ जमा हो जाती थी जो खेतों में परिश्रम करते समय उस वक्त उसकी कहानियों से आकृष्ट हो जाते थे जिस समय वे चावल ठूस–ठूस कर खा रहे होते थे।

तदुपरान्त लगभग एक महीने बाद एक रात दरबारी संगीतज्ञ गायब हो गया। कई दिनों की खोज के बाद उसके परिवार ने अंततः उसे पर्वतों में देवदारु वृक्ष से बंधा पाया और उसके सिर के ऊपर उसकी जुबान जिसकी यदि सावधानीपूर्वक जांच–पड़ताल न की जाती तो उसे गलती से मुरझायी पाती समझ लिया जाता वह चांदी की छड़ से पेड़ में ठोक दी गयी थी।

उसके जीवन भर की गरिमा और सुन्दरता के बावजूद वह नंगा–धड़ंगा था और उसके पूरे शरीर पर शहद का लेप किया गया था जो अब चलन्त वस्त्र की तरह असंख्य चीटियों से ढंका हुआ था।

उसके परिवार ने चीटी खाये शरीर और रजत क्षण समेत वृक्ष से खीचें जाने के पश्चात् उसके मुँह की सूखी जबान को चौखटे पर रखा जो एक झलक में स्वयं दरबारी संगीतज्ञ द्वारा गन्दी शरारत में कुछ थूके जाने जैसा प्रतीत होता था।

दरबारी संगीतज्ञ का परिवार दोपहर को मेले से गुजरा जब व्यस्तता अपने चरम पर थी। चार चौखटावाहक प्रभावशाली दिखायी पड़ते थे सबके नथूनों में रुई ठुसी थी और महिला सबके पीछे चल रही थी। वे अपने सिर छातियों में दबाये थे और अपनी नाक पकड़े हुए थे जो उनकी चिल्लाहट के उतार–चढ़ाव परिवर्धित करता था।

खलिहान पर लोग सड़क के दोनों किनारों पर लहरों की तरह जमा हो गये। जब सबसे तेज लहर के लोग पूर्व दरवारी संगीतज्ञ के निकट पहुँचने पर वापस लौटने लगे तो उनके पीछे की मानव दीवार ने न केवल उनका रास्ता रोका बल्कि उन्हें शव के निकट भी पहुँचा दिया। मुर्दे की अप्रिय बदबू के कारण काफी लोग जमीन पर गिर गये और बिखर गये।

परिवार विराट जुलूस के साथ सड़क के दोनों ओर दर्शकों की बनी छोटी गली से होकर पूरे रास्ते से स्थानीय सरकार के द्वार तक पहुँचा। वहाँ दो लोगों ने कार्यालय संचालित करने के लिए क्रमवार ढोल बजाये। लेकिन नामवन का गवर्नर तब तक दृष्टिगत नहीं हुआ जब तक कि प्रघात का पाँचवां चरण नहीं हो गया और वह बहुत थका हुआ दिखायी दिया।

मृतक प्रमोदक के परिजनों ने शर्म और क्रोध के आँसू बहाये।

''यह अक्षम्य है कि एक प्रमोदक जिसने बीस साल तक दरबार में अपना कर्तव्य पूरा किया हो, उसके साथ ऐसा घटित हो। प्रमोदक के परिजनों ने निकटता से अपने हाथों से गवर्नर का मुख स्पर्श करते हुए कहा ''मेरे श्री पति तुम्हें स्वयं अनौपचारिक आगमन करना होगा और स्वयं देखना होगा कि प्रख्यात दरबारी संगीतज्ञ को क्या बना दिया गया है।''

''लोग जब जीवित होते हैं तो भिन्न होते हैं लेकिन जब वे मर जाते हैं तो एक अंश तक समान होते हैं। गवर्नर ने अपनी सरकारी कुर्सी पर नजर तिरछी की और अपने खड़े कारिन्दाओं को स्वयं के लिए पंखा करने का आदेश दिया। ''दुर्गन्ध उत्कट हैं।'' गवर्नर ने कहा

गन्दी औरत मैडम हयांग इस सबकी अपराधी है। परिवार ने उत्तर दिया।

''मैडम हयांग?'' गवर्नर कुछ देर के लिए रुका। ''ऐसा कुकृत्य एक औरत कैसे कर सकती हैं?'' यद्यपि वह हत्यारिनी नहीं तो अगुआ जरुर होगी। ''तब सह अपराधी कौन है? क्या तुम्हारे पास सबूत है?'' ''संगीतज्ञ महल में बीस साल काम कर चुका था...।'' प्रमोदक के परिजन के जनसमूह ने एक क्षण की व्यग्रता के पश्चात् कहा।

''मैं जानता हूँ'' गवर्नर ने मुस्कुराहट के साथ हस्तक्षेप किया ''प्रमोदक ने साम्राज्यीय महल में कार्य किया था। क्या तुम मुझसे उसके लिए निधनोत्तर सम्मान प्रदान करने के लिए सम्राट के समक्ष निवेदन प्रस्तुत कराना चाहते हो?''

''....हम हत्यारे को न्याय के अधीन लाने के लिए दबाव डालने के बनिस्बत और कुछ नहीं चाहते हैं ताकि दिवंगत आत्मा शान्ति प्राप्त कर सके।''

''स्वाभाविक बात'' गवर्नर मेज पर अपने हाथ रखे कुर्सी से उठा और अपने दायें और बायें खड़े कारिन्दाओं पर नजर डालते हुए उसने कहा ''तुम दोनों को छानबीन करने की मुसीबत उठानी पड़ेगी कि वह कौन था जिसने दरबारी संगीतज्ञ की हत्या करने का दुस्साहस किया।''

ज्यों ही कारिन्दाओं ने जवाब दिया त्यों ही मृतक आदमी का परिवार जोर से चिल्ला उठा।

''यह बिलकुल स्पष्ट है कि मैडम हयांग हत्यारिनी है। उसने प्रतिशोध के लिए अपराध कर डाला।''

''मैडम हयांग को संगीतज्ञ से प्रतिशोध करने की इच्छा क्यों होगी?''

संगीतज्ञ ने एक बार किस्येंग के बारे में कुछ कहानियाँ प्रस्तुत की थी जिसे मैडम हयांग ने स्वयं के विरुद्ध व्यंगोक्ति के तौर पर लिया होगा और इस प्रकार प्रतिशोध की इच्छा हुई।

साम्राज्यीय महल में अपने अनुभवों से संगीतज्ञ कैसे पंसोरी गायकों के व्यापार से जुड़ गया? और उसकी किस्येंग कहानियों का मैडम हयांग से भला क्या लेना देना था? वास्तव में मैंने स्वयं संगीतज्ञ और नवयुवक के बीच मधुशाला में तलवार समेत झगड़ा सुना था जिसने जबान के बारे में कुछ कहा था।'' कुछ याद करते हुए गवर्नर स्वयं मुस्कुराया। वह नवयुवक मैडम हयांग का महान प्रशंसक हैं। और मुझे डर लगता है कि यदि उसकी प्रेमिका का अपमान हुआ होगा तो उसने मामले को जाने कहीं दिया होगा।

दरबारी संगीतज्ञ के सबसे छोटे भतीजे ने उपहास से कहा ''मैं इस वजह से भयभीत हूँ कि आप के श्री पति निर्लज्ज गंदी औरत के पक्षपाती हैं।'' गवर्नर के चेहरे पर हँसी स्थिर हो गयी। नवयुवक को घूरते हुए जो उन्हें उकसाने के लिए काफी उजड्ड था उसने अपने हाथ मेज से खींच लिये और निर्जीव होकर अपनी कुर्सी में बैठ गये। तदुपरान्त उन्होंने कहना शुरु किया ''तुम्हारी ढिठायी तुम्हारी उम्र के मुताबिक नहीं है इसलिए तुम बताओ कि क्या कारण हैं।''

जब मेरे चाचा गायब हो गये हमने उनकी दिन रात तलाश की दिन की शाम से मेरे चाचा गायब हुए थे। मैडम हयांग की गाड़ी आपके निवास

के द्वार के किनारे देखी गयी थी। उसकी गाड़ी सबसे अच्छी कठोर लकड़ी की बनी हुई थी और साटन जैसे सफेद घोड़ों से खींची जाती थी। इसलिए इसे अंधेरे में थी पहचानना आसान था। मैंने स्वयं अपनी आँखों से देखा कि गाड़ी के वापस जाने से पूर्व एक बड़ा सन्दूक उसमें लाया गया था। तत्पश्चात् जब मैं सुबह होने पर बगली दरवाजे से पहले की ओर गुजरा मैंने पुनः गाड़ी को वहाँ खड़ी हुई देखा। और जब एक व्यक्ति चोगा पहने आपके निवास से बाहर बाया और गाड़ी पर बैठ गया तब वह चली गयी।

"तुमने दरबारी संगीतज्ञ से पंसोरी की कला अवश्य सीखी होगी।" गवर्नर मुस्कुराया। तुम्हारी कहानी अच्छी तरह पकायी गयी हैं।" लेकिन लोगों की जिंदगी के दांव पर मैं इसे फिलहाल नहीं सुन सकता हूँ। और यदि तुम अपने धागे कातते रहे मैं तुम्हें सरकारी कर्मचारियों पर झूठा कलंक लगाने के अभियोग में गिरफ्तार कर दूँगा। लेकिन अब "अपने निकट के कारिन्दाओं की ओर देखते हुए वह कहता रहा "सबसे संभावित संदिग्ध व्यक्ति वह नवयुवक प्रतीत होता है जो मधुशाला में संगीतज्ञ से झगड़ पड़ा था इस लिए पहले हमें उसे गिरफ्तार करना चाहिए।"

इसी के साथ नामवन के गवर्नर ने कार्यालय छोड़ दिया।

इसलिए सरकारी कारिन्दा लड़के की खोज करने लगे जिसकी लापरवाह बातचीत ने उसे ऐसी परेशानी में डाल दिया था। दरबारी संगीतज्ञ की चीटियों का भोजन बनने से पूर्व नामवन की गलियों में हर कोई उस नवयुवक के बारे में बता पाने में समर्थ था लेकिन कलाकार की मृत्यु होने के बाद से किसी को भी नवयुवक की मूल स्थिति की जानकारी नहीं थी।

स्थानीय सरकार से कोई संतोषजनक उत्तर करने में असफल होने पर मृतक का परिवार सड़ते हुए संगीतज्ञ को मैडम हयांग के घर के द्वार पर ले गया जहाँ उन्होंने एक पर एक खड़े तीन आदमियों की ऊँचाई के बराबर का लकड़ी का भाजन बनाया। उन्होंने संगीतज्ञ को खजूर के तने के टुकड़े पर रखा जिसे उन्होंने ढाँचे पर स्थापित किया था और लगभग एक दर्जन वाचाल औरतों को रात को सोने के लिए घर जाने से पूर्व अपने

नथुनों में रुई के फाहों के साथ सुगन्धि घर की ओर दुर्वचन चीखने के लिए किराये पर लिया।

तीसरी रात को संगीतज्ञ नामवन में गवर्नर के कार्यालय के सामने लाया गया जो ऐसी दुर्गन्ध विस्फुरित कर रहा था जिससे सारा शहर परेशान हो गया था। स्फुरण से बच्चे रात में जाग जाते और उल्टी करने लगते थे। और नामवन की गलियों के पार संभावित प्लेग की अफवाहें शहर में तहलका फैलाने लगी।

मृत संगीतज्ञ और उसके जीवित परिजनों की लोकप्रियता पूरे शहर की शिकायतों के आगे बहुत कम हो गयी। मैडम हयांग ने क्या अपराध किया था? अपने चेहरे से गुजारा चला रही औरत काफी गरीब है लेकिन संगीतज्ञ ने वे कहानियाँ गढ़कर चोट पहुँचाने के लिए अपमानित किया हैं। उसके परिवारी भावात्मक रूप से दबंग थे जिन्होंने तलवार लिये लड़के को परेशान करने की हिम्मत नहीं की लेकिन कि कमजोर महिला को परेशान किया। उनके लिए शर्म की बात है।

दरबारी संगीतज्ञ इसी के लायक था। उसकी लाश दिन की रोशनी में खुली छोड़ दी गयी और जो सड़े माँस का ढेर बन गयी। उसके लिए यह ठीक ही किया गया था। और अब प्लेग आने वाला था। देखो जो दुष्ट कार्य उसने किये। पूर्व दरबारी संगीतज्ञ के परिवार के लोग सबसे ज्यादा तिरस्कृत हो गये और उन्होंने दुबाराा लाश के निकट जाने की हिम्मत नहीं की और उसे गवर्नर कार्यालय के आदेश पर कुछ गरीब शराबियों द्वारा चौखटे पर ले जाते हुए देखना पड़ा और पर्वतों में फेंक दिया गया। कोई प्लेग नहीं फैला।

और नामवन के लोगों ने धीरे–धीरे अपने प्रसन्नचित्त गांव को दुबारा हासिल कर लिया।

कुछ महीनों के पश्चात् नामवन का गवर्नर सीओल में महानिरीक्षक के कार्यालय में आराम की नौकरी में स्थानान्तरित कर दिया गया। जब एक शराब पार्टी में लोग प्रेम प्रसंगों के बरारे में चर्चा कर रहे थे तो विषय का रुख नामवन की मैडम हयांग की ओर मुड़ गया और इस प्रकार नामवन के पूर्व गवर्नर ने दरबारी संगीतज्ञ की हत्या का सम्बन्ध ढूँढ़ निकाला।

''संगीतज्ञ के भतीजे ने जो कुछ कहा था क्या वह सच था?'' क्या मैडम हयांग ने वास्तव में उस दिन तुम्हारे निवास गयी थी?

एक आगन्तुक जरुर आया था लेकिन वह मैडम हयांग नहीं थी। वह जीओन्जु की प्रख्यात किस्येंग किम पार्क थी।

''मैंने उसके बारे में सुना है'' दूसरा थोड़ी देर रुका ''यह कहा जाता है कि वह एकल तश्तरी पर पूरा नृत्य प्रस्तुत कर सकती है।

''वह वास्तव में एक नाजुक औरत थी'' नामवन के पूर्व गवर्नर ने मानो नशे में कहा।

इस प्रकार मैडम हयांग ने आपको घूस देने के लिए स्वयं के बजाय एक किस्येंग भेभी? किम पार्क तो मुझे सिर्फ पुष्प सरिता की मघुशाला की घटनाओं और संगीतज्ञ के गायब होने के तीन बाद तक की मैडम हयांग के साथ की जानकारी देने आयी थी।

''तुम अवश्य की इन चालों से बेवकूफ नहीं बने।'' कोई हंसा। ''मूर्ख बन गया या नहीं'' दूसरे ने गलत बयान किया ''यह सब निर्भर करता हैं।'' वहाँ मौजूद सभी पुरुष ठहाका मारकर हंस पड़े।

''मुझे किम पार्क की टिप्पणी से काफी लगाव है। उस की पत्नी ने पुनः प्रसंग छेड़ा जब वह सोने से पहले उसका इंतजार कर रही थी।

''मुझे याद नहीं कि उसने क्या कहा जो किसी प्रकार उल्लेख करने योग्य नहीं हैं। किन्तु जब वह अगले दिन चली गयी मैंने वह सन्दूक पाया जिसमें हमारे निवास में लायी गयी थी।

''उसके चेहरे पर हल्की सी संदेहास्पद मुस्कुराहट उठी।'' पिछली रात जब किम पार्क उस सन्दूक में मेरे अन्दरुनी कक्ष में लायी गयी मुझे ताज्जुब हुआ कि कैसे एक सन्दूक ने चार मजबूत लोगों की सांसे फुला दी थी। और उसे हमारे निवास में लबादे में आँख बचाकर लोगों की निगाह में क्यों लाया गया?

''आपका मतलब सन्दूक में अन्य भी कोई तरकीबे थी।''

''सन्दूक स्वयं में तरकीब थी।'' पूर्व गवर्नर ने मुस्कुराहट के साथ कहा। ''जब सुबह हुई तो मुझे पता चला कि सन्दूक शुद्ध सोने का बना था।'' उसकी पत्नी आश्चर्यचकित हो गयी। ''ऐसी चालबाज औरत'' पत्नी ने त्योरी चढ़ायी ''तब तुम्हारे ,ख्याल से क्या वह जानती थी कि हत्यारा कौन था?''

''हत्यारा और कोई नहीं बल्कि स्वयं वह बेवकूफ बूढ़ा था वह इस की मांग कर रहा था।'' नामवन के पूर्व गवर्नर ने अपने कम की चाय पर धीरे से फूँकने के लिए अपने होंठ लटकाये और धीरे से कहा ''महल में कुछ वर्ष व्यतीत करना कौन–सी बड़ी बात हैं। एक शक्तिशाली ड्रैगन भी देशी सर्प को परानित कर सकता है। फिर ताकतवर बाहरी किसी साधारण स्थानीय को कैसे कर सकता हैं। उसे जाने दो।'' पत्नी खिससियायी ''उसे आँखों की बीमारी थी अतएव वह सहज ही देख नहीं सका।''

7

भिक्षु नृत्य

यह मालूम नहीं हो पाया कि ट्रेन कब रुक गयी थी। जब मास्टर संतुष्टि ध्यान में बैठे थे तो अच्छी बारिश हुई थी और इतनी घनी थी जैसे कि धरती और आसमान के बीच रेशम बुना जा रहा हो और पर्वत जंगल तथा मन्दिर उस रुपाकार पर आकृतियाँ हों। वह मौनपूर्वक सूत्रों का स्वयं को सिकुड़ते और सिकुड़ते अनुभव करते हुए मौनपूर्वक सूत्रों का जप कर रहा था जब तक कि वह रेशम का कीमा नहीं बन गया जहाँ उसकी आत्मा दूसरा संसार बुनने के लिए अनन्त गहराई और चौड़ाई के साथ पानी की एक बूंद थी।

वहाँ वृक्षों की सुगन्ध और घास की ताजी गन्ध रात में विलीन हो गयी। तभी शीतलता की स्फूर्तिदायक अप्रत्याशितताओं ने मौन तोड़ा जैसे सुगन्ध उस क्षण अचानक स्फुरित हुई एक कली खिल गयी थी लेकिन बदले में सुदूर वैसे निस्तब्ध हो गयी जैसे कि भौचक्का हो गई हो और तब झकोरे और फुत्कार से विस्फुरित हो गयी।

मास्टर संतुष्टि ने देखने के लिए आँखें खोली कि उन्हें निकटता से देखा जा रहा था। दरवाजे पर औरत अपने घुटनों के बल झुकी थी। उसके शरीर पर सराबोर और झुर्रीदार सुन्दर गर्मी के मौसम के परिधान में उसकी आकृति साफ दिखायी पड़ती थी। उसके कंधों पर लटकते खुले बालों के सिरों से पानी टपक रहा था। उसका चेहरा उसके काले बालों

के सम्मुख विलोपित कागज की तरह पीला था। उसने कंपकपाहट में ध्वनि निकालने से स्वयं को रोकने के लिए अपने दाँत कसकर दबा रखे थे।

मास्टर ने यह आश्चर्य करते हुए छत की ओर देखा कि वह पृथ्वी पर मन्दिर में कैसे प्रविष्ट हो गयी और ऐसे समय पर यहाँ आने के लिए बहुभागी आँगनों से गुजर गयी। यदि ऐसा नहीं है तो वह स्वर्ग से कैसे आ गिरी।

"अमिताभ!" मास्टर ने कहा।

स्त्री ने अपना मुँह खोला लेकिन अपने काँपते होठों से कोई शब्द नहीं बोल पा रही थी। उसकी आँखें काली और गहरी थी जैसे उन्हें पूरी रात और सारी दुनिया की ठंडक में बनाया गया हो।

मास्टर संतुष्टि बाँस की शय्या से नीचे उतर आये और स्त्री के पास पहुँचे। यद्यपि स्त्री एक पंख ने ज्यादा वजनी नहीं थी फिर भी मास्टर ने यह नहीं सोचा कि उसे अपनी बाहों में वहाँ लाना आसान या बिलकुल अच्छा होगा। उन्हें कई कंपकपियां देते हुए उसकी बाँहों में बल खाते हुए सराबोर और शीतल हो गयी। उसकी हल्की बन्द आँखें सघन बरौनियों ने उसे जंगल में लोमड़ी की याद दिलायी।

मास्टर संतुष्टि ने उसे बाँस की शैय्या पर रख दिया। मिट्टी की गड्ढे में कोयला पन्नों के ऊपर चिपके हुए लाल रेशमी पुस्तक चिह्नों की तरह मुलायम और हल्की लौ उत्सर्जित करते हुए लगभग जल कर राख हो गया था। उसने राख पर ईंधन डाल कर अग्नि शलाका से अग्नि को उद्दीप्त किया और उसमें लकड़ी की बाल्टी से निकाले गये कोयले के कुछ बड़े टुकड़ों को डाला। और तत्काल लोहे की केतली जिसमें झरने का पानी था, उसे गड्ढे के ऊपर रख दिया।

मास्टर ने उसके पास एक पोशाक का जोड़ा रख दिया और वस्त्रों को तह करने के पश्चात् कमरा छोड़ दिया।

बाहर स्फूर्ति दायक बल्कि ठण्डक थी। उसने महसूस किया जैसे वह एक झील पर हो। जिससे मृदुगन्ध निकलती हो। फूलों की सुगन्ध जो हवा

में सामान्यतया सर्वत्र थी उसे ईश्वर जाने किन कलियों को निचोड़कर बनाया गया था और खपरैल की संधों में रुका बरसाती पानी छज्जे के कोनों से टपक रहा था। स्त्री के जूते दरवाजे के बाहर थे किन्तु कीचड़ से सने नहीं थे। मास्टर सन्तुष्टि ने आकाश की ओर देखा सभी भारी बादल जा चुके थे और रजत तश्तरी की तरह चमकीले और गोल चन्द्रमा को किंचित हल्की उद्दीप्ति से व्यवस्थित करते हुए शांति और निर्दोषता की दूसरी दुनिया का धुधंला स्मरणकारी गहरा नीलाभ नभोमण्डल में अंधेरी रात से रिस रहा था।''

मास्टर किसी ने अन्दर से बड़ी मृदुता से पुकारा।

मास्टर ने उत्तर तो दिया फिर भी वह दरवाजा खोलने के लिए सिर्फ मुड़ा और कुछ समय तक चन्द्रमा को घूरने के बाद अन्दर प्रवेश किया।

स्त्री ने पोशाक बदल ली थी और अपने कन्धों पर उसका कषाय भी डाल लिया था। एलिजारिन लालरंग का वह कवाय सबसे अच्छी कपड़े की बनावट और सिलाई से बना था। कपड़े के कढ़े हुए हिस्से पक्षी पाद सिलाई में सुनहरे धागों समेत सिले गये थे। जब उसने इसे सबसे पहले पहना था तो उसने शुभ्र बादलों जिन्होंने उसके पैरों को कमजोर कर दिया था की तरह दिव्य गौरव में डूबा महसूस किया था। यह तो बहुत हाल की बात है जब वह उसे पहने होता था तो कषाय और गाम्भीर्थ को एक महसूस करना शुरु किया।

मास्टर सन्तुष्टि बाँस की शय्या पर बैठ गये और सरपत की तकिया पर धीरे से आराम करने लगे। ''चमकीला चन्द्रमा मास्टर का सम्मान करता है'' स्त्री के भीगे बाल साटन के दो टुकड़ों की तरह उसके गालों के बगल में थे। एक दूसरे पर दोहरे रखे हुए उसके हाथ सिर से ऊपर हो गये जैसे ही वह फर्श पर झुकी। जब वह नीचे हुई तो बालों की लट स्पष्टतया दिखायी देती थी।

''अमिताभ'' मास्टर ने एक हाथ से नमस्कार का जवाब दिया। ''रात में तुम किस वजह से यहाँ आयी हो स्त्री संरक्षिका?''

''मेरे मन में एक गांठ हैं।'' उसने अपनी आँखें झुका ली जैसे ही उसने कहा ''उसे मैं चाहती हूँ कि आप खोल दें।''

''इस समय....'' मास्टर आलम्ब पर एक नजर डालने के लिए मुड़ा जिस पर स्त्री की ग्रीष्म ॠतु के बढ़िया कपड़े की भीगी पोशाक लटकी हुई थी। तब वह उसकी ओर मुड़ा और हल्का सा अपना सिर हिला कर उसने कहा ''आगे बढ़ो स्त्री संरक्षिका।''

एक क्षण के मौन के पश्चात् उसने मास्टर की ओर देखा उसकी आँखें मोमबत्ती की रोशनी में बिल्ली की तरह कषाय की पृष्ठभूमि में टिमटिमा रही थी। ''मास्टर मैं जानना चाहती हूँ कि मुझे अपने नश्वर शरीर के साथ कैसा व्यवहार करना चाहिए।''

''मानव शरीर प्राप्त करना मुश्किल हैं।'' मास्टर ने कहा और ''इसके मेजबान को आदर दिया जाना चाहिए।''

जब कभी इसे प्यारा समझा जाता है तो आत्मा शरीर के बाहर उड़ने लगती है और तितली की तरह शरीर की प्रसन्नता, क्रोध और घृणा देखने के लिए कहीं इसके निकट उतरती है। उसी तरीके से।''

''ये सभी शून्य हैं'' मास्टर संतुष्टि ने कहा

''बौद्ध धर्म का अभ्यास आप के मन के स्वभाव से परिचित होने में सक्षम है। और इस प्रकार किसी को प्रपंच के बारे में चिन्ता नहीं होगी।''

''लेकिन मेरे जैसे नाशवान आपकी तरह गुण और ज्ञान कैसे प्राप्त कर सकते हैं।'' उसने हल्के से गहरी साँस ली। शरीर मेरे लिए सिर्फ प्रदर्शन सन्दूक है जो कि अधिकांशतया प्रेमान्धता और ऐन्द्रिक सुखोपभोग प्रस्तुत करता है जब भी इसे खोला जाता है। दुनिया में पुरुष मेरी ओर आकर्षित होते हैं और मैं भी उनके साथ मेरे सम्बन्धों से विभिन्न सुख अनुभव करती हूँ...।''

''अपने सपने में हर कोई भूल जाता है कि वह एक अस्पताल की छत के नीचे हैं।'' मास्टर ने कहा ''नश्वर संसार में अवतरित होने के पश्चात् हम त्रासद दुःख से भरी जिंदगी में समय से बंधे हैं। इसलिए स्वयं को कभी मनोविक्षिप्त मत होने दो।''

''फूल सिर्फ थोड़ी देर के लिए खिलते हैं और झड़ जाते हैं। स्त्री ने कहा ''ऐसे ही ऐन्द्रिक सुख भी होते हैं। यदि छोटे जीवन में सभी कडुवाहट में संघर्ष कर रहे हैं तब कोई वजह नहीं है कि जवानी व्यर्थ में व्यतीत हो जायेगी।''

''ऐन्द्रिक सुखोपभोग मिथ्याभास होते हैं। यदि कोई अपने जीवन में बौद्ध धर्म का अभ्यास करने में असफल होता है और ऐसे सुखों में लिप्त रहता है तो वह अगले जन्म में अवश्य कष्ट उठायेगा।''

''लेकिन मैं कैसे आयी? मैं कोई कष्ट नहीं अनुभव करती हूँ? वास्तव में मैं तो ऐन्द्रिक सुखोपभोगों से सराबोर हूँ।'' स्वयं को देखते हुए उसने पोशाक के भीतर से नयी कमल नाल के तोड़े हुए हिस्से से तुलनीय अग्रहस्त प्रदर्शित किया और उसके मृदु संचालन से हवा में तरंग भेजी। ''मैं अपने शरीर के लिए कृतज्ञता से परिपूर्ण हूँ। मेरी आँखें, कान, नाक, जीभ और शरीर के सभी अनुभव चमत्कारपूर्ण और वर्णन से परे हैं और इन्द्रियों द्वारा अनुभव की गयी रंग, ध्वनि स्वाद और स्पर्श की रहस्यात्मकतायें सभी मुझे आनन्द से भर देती हैं। यहाँ तक कि शोक और खिन्नता विचारणीय योग्य हैं।''

उसने अपनी बांह वापस पोशाक में खींच ली जिस के नीचे कुछ भी हो लेकिन कमल के फूल छिपे हुए प्रतीत होते थे और इसलिए निस्तब्धता अब और नहीं रही।

मास्टर संतुष्टि ने मामूली खखारते हुए कहा ''लोग इसलिए नहीं खो जाते हैं क्योंकि आगे रास्ते नहीं है बल्कि वे इसलिए खो जाते हैं क्योंकि उन्हें सही रास्ता नहीं मिल पाता है।''

''इसलिए चमकीला चन्द्रमा आप के द्वारा मार्गदर्शन प्राप्त करने के लिए आया हैं।'' वह दो कदम चलकर मास्टर के निकट गयी और सीधे उसकी आँखों में देखा। ''यदि जीवन एक स्वप्न है तब फिर नश्वर शरीर क्या हैं? स्वप्न का डिब्बा?''

लम्बे समय तक आत्म संवर्धन का अभ्यास करने के पश्चात् मास्टर संतुष्टि प्रतिबिम्बों की तरह उन चीजों को मूल चुके थे जो स्त्रियों के साथ की जाती थी कि स्त्रियां जंगल के जानवरों की तरह होती है जो लोगों को

तब अधीर और अत्यधिक उत्तेजित कर देती हैं यदि वे बहुत ज्यादा निकट होती हैं कि महिलाओं के पंख और पंजे होते हैं इसलिए जो उनके पंखों से ज्यादा मोहित होता है उस पर उतने ही ज्यादा पंजे चलने की संभावना रहती है। कि स्त्रियाँ पुरुषों द्वारा परिगृहित और वश में किये जाने का खेल होती हैं लेकिन वे भी कभी कभी शिकारी बन जाती हैं।

''नश्वर शरीर चिंतन, ध्यान और ज्ञान प्राप्त करने का आदी हैं।''

''आपका मतलब बोधिवृक्ष की तरह।''

मास्टर संतुष्टि थोड़ा रूके ''तुम काफी समझदार हो स्त्री संरक्षिका।''

''मेरी क्षुद्रता के लिए मुझे क्षमा करें।'' उसने घुटने पर अपने हाथ आर पार मोड़े जो शैय्या के सहारे टिके थे। ''किन्तु यदि शरीर बोधि की तरह है। तब इसका क्या यह मतलब होता है कि यदि कोई स्वयं को ध्यान में समर्पित कर देता हैं और अन्त में महसूस करता है कि बोधि कोई वृक्ष नहीं है?''

''तुम ऐसा कह सकती हो।''

आत्म संवर्धन के अभ्यास की प्रक्रिया प्रेम के मार्ग से ठीक विपरीत होती है। हवा में सुखद सुगन्ध भेजते हुए वह मुस्कुरायी। ''प्रेमाख्यान की शुरुआत में पुरुष यह भूल जाते हैं कि वे कौन हैं लेकिन समय के साथ वे अपनी पहचान धीरे–धीरे पुनः प्राप्त कर लेते हैं और उनके लिए आगे बढ़ने का भी यही समय होता है। इस प्रकार महिलाओं के लिए पुरुष मेहमान नहीं तो और क्या है?''

बातों में खोये युगल के ध्यान में आये बगैर कमरे से ठंडक बाहर निकालते हुए मिट्टी के गड्ढे का कोयला लपटों में रुपान्तरित हो गया और लोहे की केतली में रखा पानी उबलने लगा।

''पुरुष मेहमान होते हैं वैसे ही स्त्रियाँ भी होती हैं।'' महिला ने मृदुता से कहा ''शरीर निस्सन्देह एक धर्मशाला हैं।''

''मुझे सेवा करने दो'' उसने कहा जब जास्टर सन्तुष्टि खड़े होने वाले थे। तब उसने कषाय ले लिया लेकिन उसे सीधे मोड़ने के बजाय उसने उसे निकटता पूर्वक देखने के लिए अपने हाथों में ले लिया।

"यह कितना सुन्दर है?"

"इसके अन्दर रोशनी हैं।"

सलोनी मुस्कुराहट और अपनी कलाई के कुछ घुमाव और मोड़ों के साथ उसने बादल जैसे कषाय को चौपत किया और उसे आलमारी में रख दिया जैसे कि यह कोई किताब हो। तब उसने इधर–उधर देखा और मास्टर संतुष्टि के सामने छोटी चाय की मेज रख दी। मेज और चाय के प्याले दोनों काफी पुराने थे। लकड़ी दीप्तिमान और चीनी मिट्‌टी के बर्तन जेड जैसे चिकने थे।

स्त्री ने चाय के प्याले धोने के लिए केतली उठायी। इस प्रकार छोटी मेज बहते बादलों और दौड़ती धार से चमका दी गयी। मानों उसकी उंगली के पोरों पर अभी हाल में उगी चाय की पत्तियाँ सुविधापूर्वक कपों में जमा दी गयी हों। जहाँ से नई कलियाँ निकलने लगी और स्फूर्तिदायक सुगन्ध विस्फुरित करने लगी। "क्या आपने कभी प्यार किया है।" स्त्री ने ज्यों ही घूँट लिया तब पूछा। मेरा मतलब आप के यहाँ आने से पहले?

"प्रेम दया है।"

"मेरा मतलब आराधना है" स्त्री ने हस्तक्षेप किया या "स्त्री और पुरुष के बीच घनिष्ठता है।"

मास्टर ने उसकी ओर घूरा जिसने बहरहाल उसकी धृष्टता के लिए माफ नहीं किया।

"यह दर्पण में फूल है और जल में चन्द्रमा हैं।"

यह तीन जन्मों से पूर्व नियत भी होता हैं। क्या वह कहावत नहीं है कि एक ही नाव में यात्री बनने के लिए लोगों को प्रार्थना करने में सौ साल लगते हैं। और पति–पत्नी के रुप में जुड़ने के लिए प्रार्थना करने में एक हजार साल लगते हैं?"

"हर चीज का एक कर्म हैं।"

"तब यह कर्म प्राप्त करने में कितने वर्ष लगे हैं?" आज की रात इस ह्रदय से ह्रदय की बातचीत में अपने हाथ में लोहे की केतली समेत उसने मास्टर संतुष्टि की आँखों में विस्मय में विस्फारित नेत्रों से देखा।

''अमिताभ!''

''मैं भयभीत हूँ मैं एक बार बालू का कण था।'' स्त्री ने मास्टर का प्याला ऊपर तक भर दिया ''जो कि तुम्हारे शरीर में गिर गया। तुम तब एक सीप थी जिसने केवल मुझे रखा ही नहीं बल्कि मुझे पोषित फरते हुए मोती में रुपान्तरित कर दिया।

वास्तव में ऐसा ही हुआ। मास्टर में गोली जैसे कोई चीज द्वारा जोर मारते हुए अपने सीने में दर्द महसूस किया और जो जब तब धीमे और तेज आघात करता रहा।

यद्यपि दरवाजे बन्द थे मास्टर संतुष्टि को मालूम था कि रात और अंधेरी हो चुकी हैं इसलिए नभोमण्डल में चमकीला चन्द्रमा और अधिक चमत्कार हो गया होगा।

मास्टर! ''अपने अभी तक मेरे सवाल का जवाब नहीं दिया है स्त्री ने अपना प्याला भी भर लिया। हमें अपने भौतिक शरीर को कैसा समझना चाहिए।''

''मानव शरीर प्राप्त करना कठिन है इसलिए इसे अवश्य ही सावधानी पूर्वक लेना चाहिए।''

''कृपया मेरी उद्दण्डता को क्षमा कीजिए'' उसकी आँखें मोमबत्ती को प्रतिबिम्बित करती हुई गहरी और शान्त दिखी लेकिन मेरे गुरु क्या तुम केवल ऐसी तुच्छता पर बात कर सकते हो?''

''यदि मैं नहीं कर सकती हूँ?''

''मेरा मस्तिष्क परिपक्व होने से बहुत पहले मैंने वह अनुभव कर लिया था जो आपने मानव शरीर के बारे में बताया। नश्वर शरीर कैसी कृति है जो अपनी त्वचा और माँस, रक्त एवम् अस्थियों से मौसम की तरह जीवन की भिन्न अवस्थाओं जैसे कि पुष्पण के लिए बसन्त और फलोत्पादन के लिए पतझड़ की तरह कार्य करता है, उसने कहा। गुरु संतुष्टि के सामने बढ़ा हुआ हाथ तात्कालिक रुप से फूल बन गया लेकिन निकट से देखने पर ये उसकी सिर्फ उंगलियाँ थी। जोकि जो भी हो एक पलक में सन्तरा बन गयी।

''जैसे वर्षा के लिए गर्मी और सर्दी के लिए बर्फबारी देखने के लिए खिड़की और दरवाजे खुले जाते हैं वैसे ही शरीर आनन्द, क्रोध, प्रेम और घृणा के लिए होता है। उसने अपने शब्दों की अपने शरीर से बड़ी जीवन्तापूर्वक तुलता की।''

मैंने इस बात को समझने में बहुत समय व्यतीत किया कि तितलियाँ कैसे उतरती हैं और उससे भी ज्यादा समय इसमें लगाया कि बगुले पानी में कैसे खड़े रहते और नाचते हैं। यदि मुझे खड़े रहना हो तो मैं अपने पैरों पर वृक्ष की तरह हिलती शाखाओं और डालियों के साथ जड़वत खड़ी रह सकती हूँ। शरीर रक्त माँस और हड्डियों के आवरण से अधिक है। यह सपनों के सन्दूक से अधिक हैं। नश्वर शरीर सिर्फ कष्ट सहन के लिए नहीं है या आत्मसंवर्धन न ज्ञान प्राप्त करने के लिए अभ्यास करने का उपकरण हैं। यह बड़े सहस्त्राव्दवाद का चमत्कार है और स्वयं में बड़ा सहस्त्रान्दवाद है।

गुरु संतुष्टि लम्बे समय तक, खामोश रहे। तब उन्होंने कहा ''स्त्री संरक्षिका तुम जिसके लिए यहाँ आयी थी, उसे तुमने समझ से पहले ही प्राप्त कर लिया हैं।

''मैंने सोचा था कि हमें कष्ट सहन के सागर के ऊपर उठाने के लिए आप में कोई असाधारण समझ होगी।''

आपको कोई कष्ट सहन होता मालूम नहीं पड़ता हैं।''

''मुझे जिस बात से कष्ट होता हैं वह यह है कि मैं उन सभी चीजों को जिनसे मुझे प्रेम है वे क्षणिक हैं जैसे कि फूल झड़ जाते हैं फल सड़ जाते हैं, सौन्दर्य धीरे–धीरे गायब हो जाता है और प्रेम मर जाता है जैसे कि नदी का पानी कभी दौड़ना बन्द नहीं करता हैं।''

गंदगी से वे आते हैं और गंदगी ही वे बनेंगे भी। नाशवानों को मिलने वाली असफलताओं का यह मतलब नहीं कि वे गायब हो जायेंगे। गहराई में छिपे कर्म से बीज निश्चित समय में उग आयेंगे और नाशवानों के संसार में आ जायेंगे।''

''हो सकता है कि शरीर पुनः जन्म ले लेकिन मेरे नृत्य कि विषय में वह कैसे लागू हो सकता हैं।''

''नृत्य''

''आप देखते नहीं गुरू कि मैं नर्तकी हूँ।''

गुरु संतुष्टि ने अपना प्याला नीचे रखा और कहा

''सभी कुछ शुरु से ही निःसत्व है।''

''सिर्फ इसलिए क्योंकि तुम देख नहीं सकती हो इस प्रकार सभी कुछ निःसत्व है।''

''हाँ लेकिन जैसे यह निःसत्व है यह अनन्त का आलिंगन करता हैं। ऐसी अनन्तता जो सिर्फ तुम्हें और तुम्हारे भाग्य द्वारा देखी जा सकती हैं।''

''अमिताभ''

''अमित बुद्ध'' स्त्री ने छिः किया आपका कवच है'' क्या तुम नहीं सोचते हो कि हर एक चीज को अमिताभ के विस्मयोद्गार से नकारना उतना आसान नहीं है। जैसा कि मैं देखती हूँ गुरुदेव कि आपका भीतरी जगत आवश्यक रुप से सांसारिकता से अलग नहीं हैं।''

''इसलिए मैं यहाँ आत्मसंवर्धन का अभ्यास कर रहा हूँ।'' गुरु ने कहा ''मैं सांसारिकता को अपने मन से उखाड़ फेंकने का प्रयत्न करता हूँ जो कि जैसा कि आपने कहा स्त्री संरक्षिका कि सिर्फ अमिताभ के उच्चारण से दूर नहीं होगा। वास्तव में विपरीत सत्य है। आत्म संवर्धन के अभ्यास का मार्ग उतना चिरस्थायी है जितना कि चीटियों और मच्छरों का काटना। लोग केवल धीरे–धीरे आगे खिसक सकते है या कभी–कभार पश्चगमन कर सकते हैं।''

स्त्री शान्त हो गयी।

''इस प्रकार मैं कोई गुरु नहीं हूँ। मुझे भी वे सारे असमंजस और भ्रम हैं जो आपको हैं।''

''गुरुदेव आप ईमानदार और सरल हैं।'' उसने लम्बी साँस ली जैसे ही उसके मुख के कोनों से मुस्कुराहट उठी और उसका चेहरा मोमबत्ती

की रोशनी में चमक उठा और कोयले की आग सूर्यास्त की गर्मी की तरह प्रदीप्त हो उठी।

"यदि हम कहीं अन्यत्र मिले होते तो मैं आपके प्रेम–पाश में बंध गयी होती।"

उद्दीप्त होती अग्नि और मोमबत्ती की टिमटिमाती रोशनी से कमरा सवंर्धित तौर पर शुष्क और गर्म था। फुत्कार से कुंचिताकृति में चक्कर खाता कोहरा, स्त्री के पीछे आलमारी पर भीगे कपड़े हजार हाथों वाले अवलोकितेश्वर की याद दिलाने वाले थे।

भौचक्क गुरु संतुष्टि यह नहीं जान सके कि जवाब कैसे दिया जाये?

अमिताभ स्त्री ने कहा उसकी हथेलियां जुड़ गयी।

"कृपया मेरा अपराध क्षमा कीजिए गुरु देव"

"तुम में गहरी बुद्धिमत्ता हैं यदि तुम आत्मसंवर्धन करोगी तो तुम निश्चित गुण सम्पन्न हो जाओगी।

"यदि मैं बौद्ध धर्म में संपरिवर्तित होती हूँ तो गुरु देव क्या आप मेरा मार्ग दर्शन करेंगे।"

"अपनी नैसर्गिक सम्पति से" गुरु ने कहा "सारी चिन्तायें और फिक्र निश्चय रुप से जाने दो और सिर्फ अपने आभ्यन्तर की ओर उन्मुख होओ तो तुम्हें मार्ग दिखायी देगा।"

"तुमने सिर्फ कुछ शब्दों से मुझे सीधा रास्ता दिखाया है जो कि सूखी भूमि पर समयानुकूल वर्षा के समान है।" इसके साथ स्त्री फर्श पर आदर में झुक गयी। उसके बालों की लटें गुरु के घुटनों से परे बुहारी करने लगी। "मैं बौद्ध भिक्षुणी बनना चाहती हूँ। हे गुरुदेव! कृपया मुझे स्वीकार कीजिए।

"कृपया उठो, स्त्री संरक्षिका"

"मैं तब तक नहीं उठूंगी जब तक कि आप 'हाँ' नहीं कहेंगे।

"बौद्ध नीतिशास्त्र के अभ्यास के लिए जो जरुरी है, वह रीति के बजाय मन है गुरु ने कहा "इस प्रकार आग्रह के ऐसे कार्य पहले से ही सम्यक् मार्ग से विचलित कर चुके है।"

लम्बे मौन के पश्चात् स्त्री पुनः उठकर बैठ गयी। उसने अपनी आँखों में धुंधले प्रभासित आँसुओं के साथ गहरे संताप में अपना सिर उठाया गुरुदेव आपका एक–एक शब्द सही है। सब होने के बावजूद मैं एक साधारण नश्वर प्राणी हूँ जो इसे बिना जाने हुए भी स्वयं लोभ और आग्रह से दुबारा पकड़ी गयी है।

बौद्ध नीति शास्त्र के व्यवहार और ज्ञान प्राप्त करने के बारे में बातें करना बहुत आसान हैं।'' गुरु ने किंचित गहरी साँस ली। ''नाशवानों का संसार एक मकड़जाल की तरह है जो अपने जाल समेत हमसे चिपा जाता है और यद्यपि हमारे पास उसकी उभरी हुई रेखाओं को एक–एक कर तोड़ने का साहस होता है, फिर भी हमें अपने प्रयासों से स्वयं को मुक्त करने के लिए आत्यन्तिक पूर्णता हासिल करने की कोई प्रतिभूति नहीं होती है।

''क्या तुम्हें ऐसी यातनाओं पर खेद नहीं होता है।'' नर्तकी के तौर पर क्या तुम दूसरों की नजरों मे अज्ञात दुःखों के बावजूद आनन्द नहीं महसूस करती हो?''

''इस तरह'' स्त्री सुभीते और शिष्टता से अंधेरे में खिलते हुए अधिपर्णी फूल की तरह मुस्कुराहट के साथ सौम्यतापूर्वक ताली बजायी। ''हम इसे दूसरे रास्तों से कर रहे हैं गुरुदेव!''

''क्या मैं आपकी खिदमत में एक नृत्य प्रस्तुत कर सकती हूँ?'' स्त्री ने पूछा ''मुझे महसूस होता है कि आपसे मुझे बहुत कुछ कहना है और मेरा शरीर इस समय अन्य की बनिस्वत कहीं अधिक योग्य है।''

ध्यानकक्ष ऐंटन में उत्पादित दो ड्रैगन चित्रित भूसा चटाइयों एवम् अन्य कुछ जरुरतों को फर्श पर बिछाने के लिए अकेले काफी बड़ा था।

''मैं खाने की मेज और चक्की के पाट और यहाँ तक कि लोगों की बाँह पर भी नृत्य कर चुकी हूँ।'' उसने आकर्षक मुस्कुराहट के साथ कहा मानों वह गुरु का हृदय भाँप गई हो। ''यहाँ यह काफी बड़ा है।''

"वास्तव में" गुरु ने कहा "मौन एक हजार शब्द के बराबर होता है।

"क्या तुमने यह नहीं कहा कि आरम्भ से ही सब कुछ शून्य है?" स्त्री ने कहा "मैं आपको दिखाना चाहूँगी कि आरम्भ से अनन्त तक शूत्यता में क्या अन्तर्निहित हैं।

दोनों ने एक दूसरे को संक्षिप्त रुप में देखा और गुरु संतुष्टि में चाय की मेज दरवाजे के पास खिसका दी और स्वयं दीवार की तरफ पीछे हट गये। स्त्री मुड़ी और उसने चीनी मिट्टी की हौदी को देखा और ऐसा करने में उसका शरीर स्थिरतापूर्वक बैठ रहा। सिर्फ उसकी गर्दन हंस की तरह घूमी। इसलिए उसका डील–डौल कुछ बढ़ा हुआ मालूम हुआ और तदुपरान्त बड़े लोच के साथ अपनी सामान्य ऊँचाई पर आकर वापस सिकुड़ गया। तब उसने अपने हाथों से पुनः अपने बाल झाड़े, उन्हें कसकर पकड़ा और एक धागा और गुरु के हाथ से बोधि पर्ल रस्सी लेकर उसे अपने सिर के पीछे जूड़े के रुप में स्थिर कर दिया।

तत्पश्चात् उसने आलमारी से कषाय लिया और धीमे से जैसे कि वह चित्रकारी के कागज की तरह खोलते हुए उसे फैला दिया और तब वह उठी और कषाय को टिड्डे के पंखों की तरह अभी भी ढकी दिखायी दे रही बांस की शैय्या को छोड़ते हुए अपने सिर के ऊपर से लेकर पूरे शरीर पर लहराया।

उसका पैर उठा हुआ था और उसकी एड़ी अधुनापि अदृश्य रुप से साफ तौर पर वर्णों की लकीरें लिखते हुए लिखावट के ब्रश की तरह लहरायी। लग रहा था कि उसने कोई बहुत खास बात लिखी थी। जो कि उस क्षण बहरहाल गुरु संतुष्टि की समझ से परे था।

अन्त में वह धीरे से पीछे हटी, निश्चिन्त होकर बैठ गयी और अपने हाथ जोड़ने से पहले कम–लासन में अपने पैर मोड़ लिये।

वह गुस्से में है।

गुरु संतुष्टि ने उसकी ओर घूरकर देखा। वह उसकी ओर से आँखें हटाने में असमर्थ था जिस प्रकार वह यद्यपि यह जानते हुए भी कि उसे

ऐसा करना चाहिए था फिर भी रंगमंच से प्रस्थान करने और उसे यहाँ अकेला छोड़ने में असमर्थ था।

चूंकि गुरु संतुष्टि कषाय परिरक्षित थे इसलिए उन्होंने माड़–कठोरित बढ़िया ग्रीष्म वस्त्र को पर्दे की तरह देखा। जबकि बसन्त में उगती नई कलियों समेत शाखाओं और टहनियों की तरह मुड़ते और बढ़ते उसके हाथ और बाँहें ग्रीष्म में वनों और हरे घास के मैदानों से सम्बन्धित उसके पतले और रमणीय पैर जहाँ से से वे उछलने और उड़ने और मंजरियों की सुगन्ध में यात्रा के लिए तैयार हैं। उसके गोल मटोल और रसदार स्तनों, कमर और धड़ को प्रदर्शित करने के लिए उसके परिधानों की उतरन उसके हाथ और बाँहें बसन्त में उगती नई कलियों समेत शाखाओं और टहनियों की तरह मुड़ते और बढ़ते थे। उसके पतले और रमणीय पग ग्रीष्म के वनों और हरे घास के मैदानों जैसे थे जहाँ से वे उछलने, उड़ने और मंजरियों की सुगन्ध में यात्रा के लिए तैयार थे। परिधानों की बनावट उसके गोल–मटोल और रसदार, स्तनों, कमर और धड़ को दर्शाती थी। वह कोयले की आग की तरह उसके शरीर से विस्फुरित होती वासन्ती दोपहर जैसी सुगन्ध भी सूंघ सकता था। तत्पश्चात उसने पुनः कषाय धारण किया और उसका शरीर मोमबत्ती की रोशनी के सम्मुख हल्का सा छाया चित्रित होकर वर्तिका में बदलता प्रतीत हुआ जबकि आसमान में चन्द्रमा की याद दिलाने वाला उसका चेहरा अविक्षुब्ध और स्वच्छ था।

चमकीला चाँद गुरु को उसका नाम याद आ गया।

उन्हें पता ही नहीं चला कि उन्होंने कब लकड़ी की मछली पर आघात करना शुरु कर दिया जिसकी ध्वनि भावनाओं के सागरों को उत्तेजित करती हुई और उनके दर्शकों के आत्मसंवर्धन से प्राप्त आत्यन्तिक को डुबोते हुए उनके मस्तिष्क में प्रतिध्वनित होती रही। उन्होंने अपने शरीर के अन्दर उन चीजों को उड़ाते हुए तूफानों के आघात महसूस किये जो वर्षो से रद्दी में अनछुए थे और उन्होंने जो कुछ भी ध्यान किया था और मस्तिष्क में जो सूत्र थे वे उसके सराबोर वस्त्रों से वाष्पित वर्षा जल की तरह गायब हो गये।

उनकी आँखों के सामने उसका शरीर उतना ही वास्तविक था जितना कि वह काल्पनिक था। उसकी चमकीली आँखें मोमबत्ती की रोशनी की तरह जीवन्त थी और कषाय वैसे ही लाल था जैसे कि उसकी त्वचा पर जलती अग्निशिखा। वह उसे ढकेलना चाहता था लेकिन उसके शरीर का कषाय भी उतारना चाहता था। और जब उसके हाथों ने अंततः उसे स्पर्श किया वे तत्काल उसके अब और अपने नहीं बल्कि दानव के प्रभाव क्षेत्र में प्रवेश करते प्रतीत हुए। उसके गले को हाथों से घेरते हुए और उसके निकट खिंचते हुए उसने पूछा ''क्या माँस के शरीर के निकट आना आनन्द करना और मन में नहीं बिठाना चाहिए?''

अमिताभ उसके कांपते दांतों से छोटे छोटे टुकड़ों में कुचलने से पूर्व शब्द उसके ओठों पर आकर रुक गये और तदुपरान्त उसका मुँह उसके मुँह के निकट खिंच गया और उसके शरीर की गहराई से उठी गहरी साँस को अपने अंदर ले लिया।

''गुरु'' उसने उसकी बाँहों में बड़ी विनम्रतापूर्व धीरे से कहा ''मानव शरीर अद्‌भुत है और उसे प्रेम करना चाहिए।''

उसने उसे प्रगाढ़ आलिंगन में कस लिया और उसे गूदा और रस में कुचल देना चाहा था मानों कि वह जैसे रस भरी हो। तत्पश्चात् बोधि मनके उनसे गहरे चिपक गये और उन्हें दर्द देने लगे। उसके अंदर अंगूठे से सिर तक प्रकाश की एक किरण चमक उठी।

एक पंद्रह वर्षीय नवदीक्षित बौद्ध पहली भिक्षा माँगने की यात्रा पर है। सोंगदो की गलियों में वह लगभग एक दर्जन चमचमाती सुसज्जित स्त्रियों उल्लास पूर्वक गाते और नाचते देखता है। पुरुष अपने ही बीच झल्लाने लगे। उनके मुँह से शराब की गन्ध आ रही थी। कुछ पुरुष स्ट्रेचर ला रहे हैं। जिस पर एक स्त्री सफेद कपड़े में लिपटी पड़ी है।

''चमकीला चाँद जब मर जायेगा'' कोई जोर से गाता है ''सोंगदो की आत्मा खो जायेगी।''

कौए ऊपर उड़ते और वृक्षों पर बैठते जाते हैं। उनमें से दर्जनों नहीं तो सैकड़ों वृक्ष की शाखाओं को भर देते हैं और धैर्य के साथ मौन होकर

उस क्षण की प्रतीक्षा करते हैं जब चन्द्रकिरण चमकीली और स्वच्छ होगी तो वे अपनी दावत शुरु करेंगे।

जब वह सुबह उठी तब गुरु संतुष्टि प्रातः कालीन सूर्य की रोशनी में बैठे हुए थे उनकी आँखें हल्की–सी बन्द थी।

कमरा व्यवस्थित था सफाई से जह किया गया कषाय सूत्रों के निकट आलमारी पर था और चाय की मेज चाय के प्याले चीनी मिट्टी की हौदी और आलम्ब सभी अनछुए प्रतीत होते थे।

"जागो?" गुरु संतुष्टि ने अपनी आँखें खोली।

उसने समझा कि वह सब कुछ जानता था।

वह स्याही की एक बूंद जैसी थी जो उसके स्वच्छ जल से भरे भिक्षा पात्र में गिर गयी थी। उसने वास्तव में स्वयं को सोंगदो के उस व्यक्ति के साथ जोड़ लिया था जो अपने विश्वास को बचाने में असफल हो चुका था और अब वह उसकी उपलब्धि थी।

"मैं तुम्हारे प्रश्नों का उत्तर देने जा रहा हूँ" उसने कहा।

"तुम्हें अपने नश्वर शरीर के साथ कैसा व्यवहार करना चाहिए?" मानव शरीर प्राप्त करना दुर्लभ है इस लिए इस पर गंभीरता पूर्वक विचार करना चाहिए।"

तुम्हारे दूसरे प्रश्न का उत्तर देने के लिए गुरु ने कहा तुम्हारा नृत्य बौद्ध नीति शास्त्रों का अभ्यास हैं।

"अब स्त्री संरक्षिका कृपया चली जाओ।"

वह नहीं हटी

"सोंगदो का चमकीला चन्द्रमा मन्दिर में सुबह की घंटियाँ।"

वह शब्दों को एक एक करके मुश्किल से पढ़ पाया

उसकी शान्ति ने उसे किंचित आतंकित किया।

"गुरु"

"उतारो, छुटकारा पाओ और प्रस्थान करो।"

वह कमरे से बाहर निकल गयी और अपने पीछे सरकतां दरवाजा नजदीक खींचा।

दिन पूरी तरह नहीं खुला था और धरती एवम् आसमान को घेरे हुए सुबह का कुहासा सुदूर तक फैला हुआ था। सोलह वर्ष के पश्चात् वह अपने स्वप्न में वापस बौद्ध मन्दिर गयी। कुहासा धुएँ के उभार जैसा था और रात के नभोमण्डल में तैरता चन्द्रमा हल्का–सा गुरु संतुष्टि के चेहरे से मिलता था जिसने उससे मन्दिर छोड़ने का आग्रह किया। तितली की तरह उड़ जाओ।''

उसने अपने सीने में एक मंथन महसूस किया जब वह उठकर बैठी तो मुँह भर खून बढ़िया गर्मी के वस्त्र से बनी रजत भूरी पोशाक पर गिर गया और गुलदाउदी के अचानक खिलने की तरह फैल गया।

उसके बिस्तर के निकट की दूसरी किस्येंगे भय के मारे चिल्ला उठी।

''कोई हंगामा नहीं।'' उसने मुस्कुराहट के साथ उनकी ओर उड़ती नजर से देखा।

अपने शरीर में दुर्दान्त और विरेचित तीव्र बुखार के साथ वह हल्की से हल्की होते हुए बादलों से भी ज्यादा हल्की हो गयी।

अतीत धुएं के गुबार की तरह उसकी आँखों के सामने गुजर गया। नाशवानों के संसार में हम सभी मेहमान हैं और अब उसे नमस्कार करने का समय हैं। मुझे उम्मीद है कि तुम्हें अभी भी वह याद हैं जो मैंने आपसे कहा था।

दूसरी किस्येंगों ने एक दूसरे को देखा और सिर हिलाया।

''यदि तुम अपना वचन पूरा नहीं करोगी'' उसने कहा ''तुम्हारा शाश्वत सत्यानाश हो जायेगा।''

''बहन'' वे लगभग एक साथ चिल्लायी।

अगले दिन की दोपहर में चमकीले चाँद को सफेद कपड़े पहनाये गये और दर्जनों सुसज्जित किस्येंगों द्वारा नदी के किनारे ले जायी गयी जो चमकीले परिधान पहले हुए थी और सारे रास्ते गा और नाच रही थी।

सोंगदो के सारे लोग उस दृश्य का लुत्फ उठाने के लिए अपने घरों से बाहर निकल गये।

उसके चेहरे पर एक जीवन्त अभिव्यक्ति थी मानों जैसे कि वह दुबारा...।

''मरे होने पर भी उसकी सुन्दरता अभी भी दिल में दर्द पैदा करती हैं।'' पुरुषों ने कहा।

समय–समय पर जुलूस में और अधिक लोग जुड़ गये।

उन्होंने मर्तबान से कलछे से शराब निकाली और किस्येंगों के साथ गान और नृत्य किया। तदनुसार उनके पीछे कुछ महिलायें भी चलती रही।

''जब कभी चमकीला चाँद मर जायेगा'' किसी ने जोर से गाया ''सोंगदो की आत्मा खो जायेगी।''

कौए ऊपर आकाश में उड़ते और दर्जनों और सैकड़ों की असंख्य संख्या में वृक्ष पर बैठते रहे। वे उस क्षण का इंतिजार करते हुए खामोश और धैर्यवान थे कि जब चन्द्रकिरण चमकीली और स्वच्छ होगी।

चमकीली चाँद की अस्थियाँ नदी में तितर–बितर हो गयी और कई महीनों के पश्चात् पन्द्रह वर्षीय बौद्ध नवदीक्षित का ध्यान उस वक्त आकर्षित किया जो भिक्षा माँगने के पश्चात् वापस मन्दिर लौटते समय दृश्य पर रुक गया था।

''वह लोगों को उसे दफनाने नहीं देगा।'' बच्चों ने नवदीक्षित को उस समय याद दिलाया, जब उन्होंने एकत्रित की गई अस्थियों को ढकने के लिए उसे कपड़े उतारते देखा। ''जब वह जीवित थी तब उसने लोगों के हृदय तोड़े और वह इस प्रकार के अन्तिम हश्र के लायक थी।

नवदीक्षित बौद्ध खिसियाहट में बच्चों को दाँत दिखाने के लिए जैसे ही मुड़ा उसने अपने कपड़ों को कसकर बांध लिया और वृक्ष की ओर चला गया।

''अमिताभ!''

8

आमुख

मंगलाचरण

नामवन की याद में हैनलिन अकादमी का उप निगरानी आयुक्त एक बहुत सुन्दर नवयुवक था जो सफेद चोंगे पहनना पसन्द करता था। वह नामवन में नियमबद्ध क्रमिक अधिकार ग्रहण पर आया था जो प्रत्येक पांच वर्ष बाद कार्यान्वित होती थी।

अहंकारी उपायुक्त हमेशा स्वर्ण कीलक बाँस का बना मुडंवा पंखा रखता था और तब कभी उसकी दम्भी आँखें किसी आपत्तिजनक व्यक्ति से मिलती वह अपने मुख पर पंखा फैला लेता था। इस प्रकार जब बाद में लोग बाग उसे याद करने की कोशिश करते उसे अपनी विशेषताओं से नहीं बल्कि उसके पंखे के स्वर्ण प्रदीप्त सफेद आवरण पर स्वर्ण रेखांकित पियोनिया फूलों की झाड़ी से याद किया जाता था।

ड्रैगन नाव उत्सव के दिन जब उपायुक्त सादे कपड़रों में खलिहान गया। उससे एक स्त्री आकर्षित हो गयी जो अपने बारे में एक असाधारण सुगन्ध रखती थी।

उसका कोमल डील–डौल लोगों की भीड़ में लोच से नृत्य करता था। उपायुक्त उसका चेहरा तो नहीं बल्कि पीठ देख सका और पाया कि जो लोग उसके पीछे चले और अपनी आँखे उसके चेहरे पर केन्द्रित की,

वे सभी मानों प्रेरितों जैसे व्यवहार करने लगे। उन सभी ने अपनी आँखों से उसका पीछा करना बन्द कर दिया जब तक कि उनकी गर्दनें और आगे नहीं मुड़ती थी और कुछ तो कार्य में इतने ज्यादा खे गये थे कि वे अपना मुँह बन्द किये थे।

खलिहान के निकट एक निकुंज था जो स्त्रियों के झूला झूलने की प्रतियोगिता स्थल तक एक छोर से दूसरे छोर तक जाता था। वह एक बार भी अपना सिर पीछे किये बगैर सीधे निकुंज में चली गयी और उपायुक्त जिसने उसे वहाँ खोज निकाला था वह जंगल के किनारे खड़ा था और एक हल्की आकृति को उसके सर सब्ज हरे रंग में विसरित होने से पूर्व वृक्षों के बीच दूर और दूर जाते देखा।

उपायुक्त ने अपने पंखे को मोड़ा और अपनी हथेली के सम्मुख विनम्रतापूर्वक खड़खड़ाया। नामवन में वह लगभग दो महीनों से था और सिओल में उसने जो आनन्ददायक अच्छा जीवन जिया था वह उसकी याद्दाशत से मिटता जा रहा था। यद्यपि उसने मन में उस जीवन को बरकरार रखने की पूरी कोशिश की थी जैसे कि वह अपनी त्वचा पर में दिये गये प्रचुर चुम्बन और दुलार के लिए आकर्षित होता था ओ अभी भी उसके हृदय की धड़कनों को बढ़ा देता था। जब वह किस्येंग घर में एक रात व्यतीत करने के पश्चात् सुबह में अपने ससुर के निवास पर वापस गया था।

यद्यपि नामवन में लोगों के कोमल लहजे से आत्यन्तिक नफरत से भरा था फिर भी उसने इस कथन का कोई प्रतिवाद नहीं किया कि ''नामवन कमल का घर है'' जहाँ क्षिसुई नदी से पोषित महिलाओं की त्वचा और पतनी कमर वैसी ही नाजुक होती हैं जैसी कि चीनी मिट्टी। और उनके आकर्षण को बढ़ाने में उनके स्वाराघात कोमल और शिष्ट और आँखे झरने वाली नदी की तरह मनोहारी थी।

नवयुवती गिंगको वृक्ष के नीचे खड़ी थी। सुन्दरता के साथ ध्यान आकर्षित करती हुई उसकी आकृति जिसने उसके हृदय को दुःख पहुंचाया और यह महसूस करने को मजबूर किया कि यह मुकाबला पहले की तुलना से भिन्न होगा।

उसने दुबारा अपना पंखा खोला और उसे झलते हुए सिर्फ अग्नि से भड़कते हृदय को शान्त करने का प्रयत्न किया सिर्फ अपने हृदय की आग को और अधिक भड़काने के लिए उसे जलते इस प्रकार उसके पंखे के आवरण पर पिओनिया के फूल मानो हवा में पुर्नजीवित हो गये और दुबारा फिर उनके खिलने का समय आ गया।

उपायुक्त पीछे से स्त्री के निकट आया और बीमारी से कमजोर होकर वह उसके पहने हुए पतले कपड़े की तरह उसके शरीर और त्वचा से चिपकना चाहा था।

वह उसे देखने के लिए मुड़ी और मुस्कुराहट के साथ उससे कुछ कहा। उसकी कोमल हँसी ने उसमें पूरी तरह सिहरन संचारित कर दी और वह सिर्फ उसके चेहरे को मानो चौधिंआहट में घूरता रहा जब तक कि उसने किसी चीज पर अपनी उँगली से इशारा नहीं किया जिस पर अंततः उसकी आँखें मुड़ी।

उनके सामने सतालू का एक वृक्ष था जिसका आधा हिस्सा बिजली से गया था जबकि दूसरे आधे हिस्से पर मरकत हरी पत्तियाँ थी। सबसे मोटी शाखा पर एक कप जितना मोटा रंग–बिंरगा सर्प लाल रंग के पोल में कुण्डली जमाये था। उसका सिर पोल से बाहर निकला था और उसके गले पर जुड़वाँ फूल जैसा लाल धब्बा था।

ना तो सर्पहिल और ना ही सरके और समय उनके दिल की धड़कनों की तरह व्यतीत हो रहा था। सर्प की आँखें बिलकुल नहीं घूम रही थी लेकिन उसकी दुशाखी जबान उसके मुँह उस बोली मिलती ठिठोली से मिलती जुलती फुफकार की आवाज निकालते हुए शीघ्रता से लपलपा रही थी।

उपायुक्त ने अपने बर्फीले हाथों को किसी के द्वारा पकड़े गये अनुभूत किया। उसके हाथ गर्म थे।

एक व्यक्ति के अपने चाय का प्याला समाप्त करने के काफी समय पश्चात सर्प एक रंग–बिरंगी श्रृखंला की तरह हवा में उड़ा और एक क्षण तक शाखा के ऊपर चक्कर खाने के पश्चात उड़ गया। कुछ देर के लिए

पत्तियाँ खरखरायी लेकिन जल्दी ही दुबारा शान्त हो गयी। उपायुक्त ने महसूस किया कि उसकी आत्मा मांस का शरीर त्याग चुकी थी।

बाद में वह याद नहीं कर पाया कि वह कैसे निकुंज से खलिहान तक चलकर आया। लेकिन उसने याद करने में पूरा जोर लगाया।

सुखद गायन और नृत्य उसके सामने पुनः प्रकट हुआ। अविवाहित नवयुवक और नवयुवतियों ने दो घेरे बनाये थे और पारम्परिक नृत्य गंग गंग सु बोल ले प्रस्तुत कर रही थी। पुरुषों के घेरे के अन्दर स्त्रियाँ दूसरा घेरा बनाती थी और अपने पुरुषों प्रतिमूर्तियों की विपरीत दिशा में परिक्रमा करती थी। बीच–बीच की उछाल में पुरुष और स्त्रियाँ एक दूसरे के कंधें पर बाँहें रखते थे। तदुपरान्त वे गिरकर फिर सभंलते और स्त्रियों की लम्बी पोशाके घुमावदार पंखों में फैल जाती थी।

लेकिन स्त्री कहीं नहीं पायी गयी।

उपायुक्त ने काफी देर तक सारस की तरह अपनी गर्दन भीड़ में लटकायी लेकिन वह सब व्यर्थ था। उसने निराशा में अपना हाथ माथेपर रख लिया लेकिन भौचक्क रह गया। उसने अपनी हथेली को नथुनों के निकट रखा और अपने फेफड़ों तथा पूरे शरीर में एक अद्भुत सुगन्ध की सांस ली। चितकबरे सर्प ने उसकी नींद हराम करते हुए उपायुक्त का छाया की तरह पीछा किया क्योंकि वह जब कभी आँखें बन्द करता सर्प विभिन्न मोहक भंगिमाओं से उसे क्लेश देता था।

उपायुक्त रात दर रात अपनी आँखें नहीं बन्द कर सका। गहरे नीले आकाश को घूरते हुए जहाँ सितारे धुंधले फूलों की तरह संत्रास में चमकते थे। कुछ दिनों के पश्चात् स्वच्छता पसन्द उपायुक्त को पागल बनाते हुए उसकी आँखों में मल इकट्ठा होने लगा। इस प्रकार अंततः मुख्य व्यवस्थापक के निर्देशानुसार नामवन में प्रख्यात औषध निर्माता के पास गया।

"औषध निर्माता अमरत्व की गोलियाँ बनाने पर्वतों में गये हैं।" मुख्य व्यवस्थापक द्वारा संबोधित "यून ली" स्त्री ने उपायुक्त को बताया जिस समय वह लकड़ी की डोंगी में ताजे पके लसलसे चावल मल रही थी।

लसलसे चावल के दाने गोल और भरभरे थे। चमकीले सफेद ढेर के ऊपर धुंधली दीप्तिमान हरिताभ दमक समेत लसलसे चावल के दाने वतुलाकार और भरभरे थे। जो कि उस स्त्री जो नाराज प्रतीत होती थी के हाथों में पकड़े हुए लकड़ी के सोंटे के नीचे से थपथपाहट की आवाज उत्पन्न कर रहे थे।

औषधशाला के सामने टहलते और चारों और देखते हुए उपायुक्त ने दरवाजे पर सूखे फूलों के बड़े बूके और उसमें नागदौन के कुछ गुच्छों समेज पुआल की एक डलिया देखी जो ऐसी सुगन्ध विस्फुरित करती थी जिससे वह किसी हद तक परिचित था।

''क्या तुम्हीं अकेली यहाँ हो'' उसने स्त्री से पूछा। ''उसकी बेटी भी यहाँ हैं लेकिन मैं नहीं सोचती हूँ कि वह तुम्हारें किसी काम आ सकती हैं।''

''वह कहाँ है?'' उपायुक्त ने उसके बगैर जल्द बाजी के उत्तर को काट दिया।

उसने अपना मसलने का काम छोड़ दिया और उसकी ओर देखा। उसने उसकी खूनी आँखे देखी तो उसने लम्बी सांस भरी और सतालू वृक्ष के निकुंज में संकरा रास्ता बताने के लिए इधर–उधर देखा।

''सीधे जाओ। लेकिन मैं तुम्हें बता देती हूँ कि वह तुम्हारे किसी काम नहीं आयेगी।''

उपायुक्त औषध भण्डार के पीछे सतालू वृक्षों की ओर चौंधिआने वाली सतालू मंजरियों और देदीप्यमान सूर्य के सम्मुख दूर दूर तक अपनी आँखे फैलाते हुए आगे बढ़ गया। निकुंज के अन्त में वह रुक गया।

केले की कुछ चौड़ी पत्तियाँ इस तरह की हरियाली के साथ उस के सामने फैल गयी जैसे कि मानो उसे कि यह एहसास दिलाने के लिए कि जैसे ठण्डा जल कुंए की गहराई से निकाला गया हो और जमीन पर संगृहीत किया गया हो। सफेद पोशाक में सिर पर हरा रुमाल बांधे केले के पत्तों पर बैठी हुई एक नवयुवती तांबे के मूसल से तांबे की कटोरी में औषध चूर्ण बना रही थी। अपने सामने पुरुष को देखने पर उसने आश्चर्य में अपनी आँखें फैलाकर खोली।

''हम ड्रैगन नाव उत्सव के दौरान मिले थे'' उपायुक्त ने कहा।

उसने उसे शान्तिपूर्वक देखा। ''तब से मेरी आँखें पीड़ित हैं।''

''तो क्या तुम यहाँ दोषारोपण करने आये हों।''

''अवश्य नहीं''

उपायुक्त ने वैसे ही कहा जैसे ही वह उकड़ूँ बैठा और अपनी आँखें दिखाने के लिए औषध विक्रेता की बेटी की ओर अपना चेहरा आगे किया।

''लेकिन मैं कोई औषध विक्रेता नहीं हूँ'' शर्म से उसके चेहरे पर प्रफुल्लता दौड़ गयी जिसने उसकी भीनी–भीनी सुगन्ध और तीव्र कर दी।

हाँ तुम हो उपायुक्त ने कहा। ''जब तुम्हारी आँखें मुझे देख रही हैं। मुझे कोई दर्द नहीं महसूस होता है।''

तुम्हारे विचार से यहाँ कैसा स्थान हैं। जैसे ही मूसल उसके हाथ से उड़ा, उसका चेहरा अचानक बदल गया ''चोंच ले कही अन्यत्र करना।''

जैसी ही वह जाने को हुई उसकी पोशाक की लम्बी बेल्ट कोमलता से नखरेबाज किस्येंग द्वारा आदमी के चेहरे पर कोमल थप्पड़ की तरह उसके चेहरे से छू गयी।

''यहीं कहीं और है'' उसने कहा

औषध भण्डार से वापस आते समय उसकी आँखों पें पुनः दर्द होने लगा। उसने रास खींची और सतालू वृक्षों के जंगल में स्थापित भण्डार को पीछे मुड़कर देखा। यह उस छोटे घर की सुगन्धी थी जिसने सूर्य की चमक को कीमखाब बना दिया था और सतालू मंजरियाँ विकिरण से चमक उठी।

सुगन्धि का घर

वह एक विचार से बाग–बाग हो गया जो उसके दिमाग में कौंधा था। अगली सुबह जब यून–ही दरवाजे के बाहर कुछ आवाजों की वजह से घर के बाहर निकली। उसने धुंधलके में जो कुछ देखा उससे वह अवाक् रह गयी। ''मैं जानती थी कि यह परेशानी में परिणत होगा।''

औषध विक्रेता की बेटी कुछ देर से अपने कमरे के सामने दर्जनों मजदूरों को अपने घर का आँगन लकड़ी और अन्य सामान भरते आदमियों के बढ़ते रेले को खड़े हुए देख रही थी।

"उनसे नरकुल पौधों को नष्ट न करने को बता दो" उसके साथ ही वह अपने कमरे में चली गयी।

भण्डार के सामने नरकुल का छोटा टुकड़ा औषध विक्रेता द्वारा लगाया गया था जिसने नरकुल के एक प्रकार को उत्पन्न करने के लिए जिसके इस इंच के हिस्से में नौ गाँठें होती थी और वह प्रकार लोगों की अमर बनाने वाला माना जाता था, के लिए पर्वतों में जाने से पूर्व बहुत प्रयास किया था।

सभी कुशल विनिर्माता भर्ती किये गये थे और कुछ किसान भी जो मन्दी के समय व्यस्त नहीं थे वे मजदूरी पर रखे गये। इस प्रकार मात्र कुछ ही दिनों बाद औषध भण्डार के पीछे का निकुंज काटकर गिरा दिया गया।

"सतालू वृक्षों का इस तरीके से कटान के अपने ऊपर बुरे नतीजे होंगे।" यून ही ने चिंतित स्वर में कहा जिस समय वह औषध विक्रेता की बेटी के कमरे में भोजन पहुँचा रही थी और वृक्षों पर कुल्हाड़ियों की आवाज सुनी।

"क्या वह?" औषध विक्रेता की बेटी ने पूछा "अब बाहर हैं?"

"वह अपनी गाड़ी में से मजदूरों की देखभाल कर रहा हैं।" यून–ही ने उत्तर दिया "यह तो दिलचस्प व्यक्ति है जो कभी सीधे तौर पर नहीं आता है बल्कि इस तरीके के बहाने बनाता है कि पूरा नामवन या तो खाद्य और पेय या फिर तुम्हारे बारे में गप्पे उड़ाता हैं।"

औषध विक्रेता की बेटी हँसी

"तुम अभी भी कैसे हँस सकती हों?" यून ही ने कहा

"ऐसी हलचल तथा अपव्यय सिर्फ यह दर्शाने के लिए है कि वह किसी को प्रेम करता हैं।" औषध विक्रेता की बेटी ने ऐसा तब कहा जिस समय उसने खिड़की का सहारा लिये बाहर देखा।

"यह कहा जाता है कि वह किसी उच्च पदासीन न्यायिक अधिकारी का दामाद हैं।" यून ही रुक गयी। तदुपरान्त वह बाहर की आवाज सुनने के लिए मुड़ी और गहरी साँस लेकर कहा "ऐसी कटान पर मेरा दिल फड़फड़ाता हैं।"

बहुत जल्दी सफेद दीवारें काली खपरैलों और फैले पंखों जैसी छत के साथ नये घर ने पुराने औषध भण्डारण गृह को घेर लिया। एक दिन जब औषध विक्रेता की बेटी ने धक्का देकर अपना दरवाजा खोला। उसने अपने कमरे को लकड़ी के गलियारे द्वारा नये घर के एक कमरे से जुड़ा पाया।

उस कमरे का सरकतां किवाड़ यह दर्शाते हुए खुला था कि उपायुक्त अन्दर बैठा हुआ है। वह मुस्कुराहट से उसकी ओर ऐसी आँखों से देख रहा था जो लोगों के दिलों में उनके पैरों तक प्रविष्ट होने में समर्थ प्रतीत होती थी। वह अपने कमरे में वापस लौटी और खींचकर दरवाजा बन्द कर लिया।

सुगन्धि का घर पूरा हो जाने पर उपायुक्त ने अपनी आवश्यकताओं की वस्तुओं और चार नौकरों को उसकी देखभाल के लिए भेजा। वह लकड़ी के गलियारे में या तो पढ़ने के लिए सहजता से आँगन में सुबह खिलते और शाम को झड़ते गुलहर के वृक्ष को देखने के लिए बैठता था।

लेकिन औषध विक्रेता की बेटी की जिंदगी कभी एक जैसी नहीं थी। उसके ग्राहक नुस्खे के लिए दूसरे औषध भण्डारों पर जाने लगे और उसका भण्डार एक घर से घेर दिया गया—जहाँ उसे दिन—प्रतिदिन सांस लेने के लिए असमर्थ बनाते हुए उसके चारों और पारदर्शी डोरियों और रस्सियों से कस कर बांधी हुई आँखों का जोड़ा जड़ दिया गया था।

इस प्रकार एक ठण्डी और भीगी रात में वह लकड़ी के गलियारें से गुजरकर दूसरे छोर के कमरे में चली गयी।

सरकवां दरवाजा धीमें से खींचकर खोला गया था।

"मैं आ हूँ मैं आई हूँ" औषध विक्रेता की बेटी उपायुक्त के दरवाजे पर खड़ी हुई थी। उसकी आँखों में आँसू थे "तुम्हें यह बताने के लिए कि तुम जो चाहते थे वह पा चुके हो।"

उसे हाथ से पकड़कर ले चलते हुए उपायुक्त ने लकड़ी के गलियारें से उसे उसके कमरे में भेज दिया और इसके कान में धीरे से कहा "यदि तुम मुझे ठहरने दोगी तो मैं तुम्हारी सेवा करुँगा।"

सुगन्धि गृह के पूरा होने से बहुत पहले उपायुक्त और औषध विक्रेता की बेटी की कहानी सुदूर दूर तक फैल गयी थी। और ठीक दूसरे प्रेमाख्यानों की तरह उनकी कहानी निरंतरतापूर्वक अपने परिसंचरण के मार्ग पर समृद्ध और साधित हो चुकी थी। मामला लगभग वैसा ही था जैसा कि हम बसंत में देखते हैं कि पहले एक फूल तदुपरान्त एक गुच्छा और उसके बाद बसंत तब जगह फूलों से स्नेहालिंगित हो जाता हैं।

तत्पश्चात बसंत की अन्तिम स्थिति में गोधूलि वेला पर उपायुक्त ने वितरक के हाथ से पत्र प्राप्त किया जिस पर मास्टर किम वूरैंग की शासकीय मुहर अंकित थी।

मास्टर किम वूरैंग ने अपने पत्र में बहुत संक्षिप्त में उपायुक्त के सामने दो रास्ते इंगित किये कि या तो वह सीओल चला जाये और किम्स का दामाद बना रहे या फिर चाहे तो अपने सामने के ऐसे बढ़िया रास्ते को ठुकराने पर उसे कुछ ही दिनों में महानिरीक्षक के कार्यालय के अभियुक्त के रुप में अनुरक्षित कर सीओल ले जाया जायेगा।

मास्टर किम वू रैंग ने विस्तारपूर्वक उस कर्णांक और रकम को सूचीबद्ध करते हुए जिसे उन्होंने सुगन्धि गृह को बनवाने में व्यय किया था को भी पत्र के साथ कागज जोड़ने की तकलीफ उठाकर विचार के लिए प्रेषित किया।

औषध विक्रेता की बेटी लम्बे समय तक अवाक् रह गयी जब उसने मास्टर किम वूरैंग द्वारा लिखे गये पत्र का वाचन समाप्त किया।

उपायुक्त रोशनी की ओर अपनी पीठ किये बैठा था और उसके कठोरकृत कपड़ों के मोड़ प्रकाश और छाया को साफ–साफ दर्शा रहे थे। उसका आधा चेहरा छाया में छिपा हुआ था और दूसरा आधा सूर्यकिरण से स्वर्णाभ हो रहा था।

"मैं जहाँ कहीं जाता हूँ या जो कुछ भी करता हूँ मैं अवश्य ही मास्टर किम वूरैंग की आँखों से कभी बच नहीं सकता हूँ। वह थोड़ा मुस्कुराया मानों वह अपनी शरारत के लिए वयस्कों द्वारा पकड़ा गया बच्चा हों।"

"हम सुगन्धि गृह बेच सकते हैं और अदालत को पैसा वापस लौटा सकते हैं औषध विक्रेता की बेटी ने अपने प्रेमी के निकट आते हुए कहा।"

"तुम अपने चेहरे को देखो" प्रेमी ने धीरे से अपनी उँगली उसके चेहरे पर घुमायी।" तुम अच्छे घरों में रहने सर्वोत्तम वस्त्र पहनने और सबसे अच्छा भोजन खाने के लिए जन्मी हो।

"यह कहना बन्द करों" औषध विक्रेता की बेटी ने जैसे ही उसका हाथ खींचा वह सिसकने लगी। हम सुगन्धि गृह तुरन्त बेच सकते हैं। "घर लकड़ी और पत्थरों से नहीं बनाया गया था।" उसने छत की शहतीर की ओर देखा "हमारे प्रेम का तुय कितना मूल्य आँकती हो?

सब होने के बावजूद घर तो सिर्फ घर ही होता है। सुगन्धि गृह के अलावा हमें अपने प्रेम को घर देने के लिए कोई जगह नहीं है। उसने अपनी कमर से लिपटी बाँह खींची। इससे भी अधिक महत्वपूर्ण है कि मास्टर किम वूरैंग वास्तव में अदालती धन नहीं चाहते हैं। उन्हें जो चाहिए वह अपने तथा अपनी बेटी के लिए चेहरा है।

"तब मैं आपके साथ जाऊँगी" एक क्षण के मौन के पश्चात उसने कहा "मैं तुम्हारी उपपत्नी हो सकती हूँ....।"

"उसे आवश्यक रुप से मेरी उपपत्नी स्वीकार नहीं होगी। उनकी अपनी नौकरानी जिसने एक गुच्छा अंगूर चुराये थे उसे अचेत करने वाले प्रकार से अपने सारे दांत बाहर निकालने पड़े थे इस लिए तुम्हारा क्या होगा जब तुम उसके चंगुल में आ जाओगी जिसने उसका आदमी चुराया है।"

खुली खिड़की की किवाड़ से बाहर देखते हुए औषघ विक्रेता की बेटी ने प्रभावशाली काली गाड़ी को सुगन्धि गृह के सामने खड़ी किये जाते देखा। सीओल गाड़ी जो कि मास्टर किम वू रैंग के खत के मुताबिक तीन दिनों तक उसके लिए इंतजार करेगी।

उपायुक्त के सिओल जाने से पहले की रात को उसे औषध विक्रेता की बेटी ने जगाया। वह चीख रही थी और उसके चेहरे पर पड़ने वाली चन्द्र रोशनी भी काफी धारा प्रवाह हो गयी थी। उसने उसके सामने घुटने टेक दिये और धीमे स्वर में याचना की "मैं गर्भवती हो सकती हूँ।"

"मैं तुम्हें कितनी बार बता चुका हूँ।" वह उठ बैठा और उसे निकटता से उसे देखा। इतना निकट कि वह उसके चेहरे पर निराशा बिलकुल स्पष्ट तौर से देख सकती थी। इससे पहले कि वह उसे सान्त्वना देने के लिए अपना हाथ उठा पाती। वह ताकिये पर चित लेट गया। मास्टर किम वू रैंग को मुझे हासिल करने से कोई नहीं रोक सकता है यदि वह ऐसा चाहता हैं।"

तीसरे दिन की सुबह गाड़ी उपायुक्त के साथ चली गयी। औषध विक्रेता की बेटी उसे विदाई देने के लिए सुगन्धि गृह के द्वार पर खड़ी हो गई। वह गाड़ी में सवार हो गया और गाड़ी की खिड़की के परदे खींचकर खोल दिये और मुस्कुराहट के साथ उसे विदाई दी। ऐसी मुस्कुराहट जो बहुत अनोखी थी और जिसे उसने बलि अनुष्ठानों पर दूसरे लोगों द्वारा पहने जाने वाले सिर्फ पांगसन के मुखौटों पर देखा था। "सिर्फ यदि तुम यहा मरो" औषध विक्रेता की बेटी स्वयं से बुदबुदायी। उसने जो कुछ कहा उसे उपायुक्त सुन तो नहीं लेकिन जब गाड़ी चलने लगी उसने यून ही जो उसके पीछे खड़ी थी का चेहरा अचानक उदास हो गया, मानो काले बादलों ग्रहण लग गया हों।

अगले दिन झूले पर बैठी हुई औषध विक्रेता की बेटी ने झूलना शुरु करने के लिए अपना पैर कसकर जमीन पर दबाया। जब यून की लकड़ी के गलियारे से ऊपर उठी, उसके हाथ डूबते हुए आदमी की तरह आगे की ओर खिंच गये।

वह पूरी तरह से काँप रही थी और कुछ भी नहीं कह सकी जब तक कि वह झूले के सामने बड़ी देर तक खड़ी नहीं रही।

"बेचारा नवयुवक मर गया। जैसे कि तुमने कल उसे शापित कर दिया हो।"

"वह नामवन के सबसे उत्तरी जंगल में सर्प द्वारा डस लिया गया।" जब तक उसे ढूँढ़ा गया और गाड़ी पर रखा गया, तब तक उसकी मौत हो गयी थी। मैं हमेशा उसे सतालू के वृक्षों को न काट गिराने बल्कि उन्हें गंभीरता पूर्वक लेने के लिए राजी करने की कोशिश करती रही। तदुपरान्त जैसे कुछ याद आ गया हो, वह शीघ्रता से मुड़ी और जाते हुए कहा "हमें उसके लिए अर्थी बनानी है। उसकी आत्मा अभी भी नामवन में लग रही है और उसकी अनदेखी नहीं की जा सकती हैं।" यून ही औषधि विक्रेता की बेटी ने अट्टाहस किया और उसका चेहरा अचानक सिकुड़ी हुई चादर में बदल गया "क्या तुम मुझसे बाते कर रही हों।"

चारों और घूमते हुए यून ही ने उसकी ओर देखा और कुछ क्षणों के बाद कहा "मुझे अचानक यह सूझता है कि मुझे आपके लिए एक शोक कक्ष बनवाना है। इस पर औषधि विक्रेता की बेटी बगीचे में अकेली रह गयी।

एक वर्ष पश्चात ड्रैगन नाव उत्सव के दिन औषधि विक्रेता की बेटी को सुबह से पूर्व सविराम प्रसव पीड़ा हुई जो उस समय और तेज हो गयी जब खिड़की का कागज सूचीभेद्य अंधकार से धुंधल की सफेदी में रुपान्तरित हो गया। पूरा दिन निकल आने के पश्चात वह दर्द के दो दौरों के बीच उठी और अपने हाथों से अपना पेट थामे हुए दरवाजे के बाहर निकल गयी।

औषधि भण्डार के दरवाजे पर नरकुल खण्ड में फूल कटोरे के मुँह की तरह खिले हुए थे। पौधों की पत्तियाँ बहुत नुकीली थी और आकाश की ओर हरी तलवारों की संभावना की खबर दे रही थी जबकि फूल खून के समान अत्यन्त लाल सुर्ख रंग के थे।

"फूल पिछली रात के खिले थे।" यून ही ने औषधि विक्रेता की बेटी से उत्तेजित स्वर में कहा। "यह पहला अवसर है जब ये पौधे सात वर्ष पूर्व जब से लगाये गये थे तब से पहली बार खिले है। मेरे विचार में यह उपायुक्त होगा जो तुम्हें और तुम्हारे अनजाये बच्चे के बारे में चिंतित था और जिसकी आत्मा तुम्हें फूलों के रुप में देखने आयी हैं।"

औषधि व्यापारी की बेटी ने अपनी आँखें खलिहान की ओर घूमायी। अतीत उसके मन में ऐसे कौंध गया जैसे वह एक दिन पहले ही घटित हुआ हो लेकिन वह जानती थी कि खलिहान में आनन्ददायक गायन और नृत्य में सम्मिलित होने से पहले उसे तीन सौ पैसंठ पहाड़ियाँ चढ़नी होंगी।

यून ही ने आनुष्ठाानिक मेज रखी थी और अपने हाथ में तीन सुगन्धि बत्तियां पकड़े अपनी मालकिन को बुलाया। ''यहाँ आओ और उपायुक्त को कुछ बलि भेंट करो। समय आठ घोड़ों से खींची जाने वाली गाड़ी से भी तेज भागता जाता हैं। बेचारा आदमी उसे अपने बच्चे की एक झलक पाना भी नसीब नहीं था। औषधि व्यापारी की बेटी ने अपना सिर हिलाया। ''मैं उस आदमी को बलि भेंट नहीं कर सकती हूँ जिसने अपनी पत्नी और बच्चे को परित्याग कर दिया।

''वह मर चुका है और तुम्हें क्यों ..... चाहिए।''

''उसने मरने से पहले हमें छोड़ दिया था।''

उसने तुम्हारे लिए इतना बढ़िया घर बनवाया।

''घर में कोई ताजगी और भावनायें नहीं हैं। वह जैसे ही जोर से हांफने लगी, वह फर्श पर झुक गयी।

हाय! तुम्हारा हृदय कठोर है और अनाज पीसने वाली पत्थर की चक्की से भी कठोर है। यून ही ने अपनी बगल से रुमाल निकाला और उससे अपनी आँखें साफ की। ''तुमने जो कुछ कहा है वह सर्पदंश से मरे व्यक्ति को कब्र में हिला देगा।''

''बच्चा आ रहा है..... औषधि व्यापारी की बेटी कराह उठी।

मेज पर यादगार पट्टिका को देखते हुए वह जैसे ही चीखी यून ही ने उसे याद दिलाया। ''वह हमेशा आकर्षक था यद्यपि उसने कभी ज्यादा नहीं बोला। उसके शब्दों ने हमेशा मेरे हृदय में स्वर संघात किया।

''यून ही जब यून ही ने अपना सिर पीछे घुमाया उसने देखा कि उसकी मालकिन की पोशाक पहले की लाल खून से दूषित हो चुकी है

और उसने औषधि व्यापारी की बेटी की ओर जोर से फेंका। अपनी मालकिन की पोशाक उठाने पर यून ही चीख उठी। "हे भगवान! बच्चे का सिर पहले ही दिख रहा है। हमने अभी जो कुछ कहा है उसे उसने अवश्य सुन लिया होगा। और मेरी कहानी उसके अठारह वर्षों बाद शुरु हुई।

9

पहेली

जब रेक काल्स ने सुबह में खिड़की खोली फलती–फूलती लाल नाशपाती की मंजरियों से भरा एक वृक्ष उसकी आँखों के सामने प्रकट हो गया। मंजरियां बहुत मोटी और घनी थी। और कुछ जो हाल में फली फूली थी। वे मंजरियों मे प्रविष्ट हो जाती थी जो पहले से झरने के पत्थरों पर उन्हें झुकाते हुए गहरी हरी शाखाओं और टहनियों से पुष्पित हो चुकी थी। रेड काल्स ने दिमाग की अनुपस्थिति के क्षण में सोचा कि सुबह के सूर्य की दीप्ति से उत्पन्न यह कोई भ्रम होगा। केवल जब उसने अधिक निकटता से नाशपाती वृक्ष पर अपनी आँखें गड़ायी तब उसे विश्वास हुआ कि यह वास्तविकता थी। "यह क्या शकुन हैं?" नई विधवा स्त्री बुदबुदायी। उसने अपने गहरे काले बालों में अन्नानास की लकड़ी की बनी बढ़िया सफेद दांतों वाली कंघी गहराई से खोस रखी थी और कुछ देर तक इसी मुद्रा में बनी रही जैसे वह विचारों में खो गयी हो। लगभग तुरन्त विशालता का एक फैलाव अन्तहीनता से फैल गया जहाँ लाल नाशपाती की मंजरी को छोटी लाल पंखुड़ी की तरह उस का हल्का और दुबला शरीर तैरता प्रतीत हुआ और कहीं टिक नहीं सका। तदुपरान्त उसने अपनी राह से हटने के ऐसे विचारों में खो गयी और धीमे से अपनी कंघी के निचले इंगित दांतों को बालों की लट के एक छोर से दूसरे छोर पर चलाया।

जब उसने अपने बाल कंघी कर लिये रेड काल्स ने ऊपर से केश पाश उठाया और उसकी गांठ ढीली कर उसे लकड़ी की केशपिन जिसे वह

अकसर उपयोग करती थी। उसके सिर पर जमा दिया। उस पर एक तितली बनी थी। तदुपरान्त उसने उसके चेहरे को सजाने के लिए उसके कोनों पर दो लच्छे लगाये और बाकी उसके कन्धों पर लटका दिये। कपड़े पहनने से पहले उसने एक छोटा स्तन वस्त्र चुना और इससे माइनर ग्रीन से सहायता मांगे बगैर अपने वक्षस्थल को घेर दिया। पारिचारिका ने इरादतन उसके लिए सबसे लम्बा वक्षवस्त्र एक दिन पहले चुना था और उसके चारों ओर इतना कसकर घेर दिया कि उसे सारे समय अपनी रीढ़ सीधी रखनी पड़ती थी क्योंकि वह मुश्किल से सांस ले पाती थी। अगले दिन लगभग सुबह 8 बजे उसने अपने मृतक पति झुआंग झाओ को मुख्य प्रथम कमरे में शवपेटिका में रखने की रस्म आयोजित की थी और लोगों को अल्पभाषी एवं सावधान होकर प्रभावित किया था। वह पुरुषों के समूह में चुपचाप खड़ी थी लेकिन बढ़िया कपड़े में बेलनाकृति में ढके उसके ऊपरी शरीर के चलते वह जितने कदम चली थी, उसे तीव्र दर्द सहना करना पड़ा था। उसने यह आशा कैसे की थी कि वंश के लोग उसे मृत्यु शैय्या से शव पेटिका में रख देंगे और यह समाप्त हो जाऐगा। लेकिन वंश मुखिया ने वास्तव में पूरा एक घण्टा लगाकर लम्बे और घिसे–पिटे वक्तव्य को समाप्त करते हुए और उसकी सफेद दाढ़ी पर बुदबुदाती लार के साथ अनुष्ठान पर कुछ भाषण दिया था। उसने दांत इतनी जोर से कसकर दब गये थे कि उसे बड़ा कष्टदायक महसूस हुआ और उसकी रुआसी शक्ल ने मुख्य बाहरी कमरे के पुरुषों पर कुछ प्रभाव छोड़ा था जो समय समय पर उसकी ओर देखते रहे थे। लम्बे समय तक उसकी और उसके पति की जिंदगी झुआंग झाओ के गोत्र के सदस्यों के बीच एक रहस्य थी। लेकिन वे लोग जिन्होंने उसे देखा था उन्हें एक ओर गिना जा सकता था। इस प्रकार उस दिन जब रेड काल्स उनके शयन कक्ष की ओर जाते हुए गलियारे से होकर मुख्य कक्ष में आयी, तब मातमी वस्त्र पहने हुए अपने ऊपर आभूषण के एक अंश के बगैर उसने वास्तव में रस्म पर अपने व्यवहार से लोगों को चौंका दिया था।

जब उसने वस्त्र धारण कर लिये तब उसने अपनी नौकरानी को एक घड़ा पकड़े हुए जिसका जल छलक रहा था, के साथ झरने के रास्ते से

आते देखा। जल जमीन पर गिरता था और जल की मंजरियों में छिटक जाता था। माइनर ग्रीन के लहंगे की निचली गोट गृहकार्य के लिए जाती नौकरानी की बनिस्बत अपनी मालकिन को संतुष्ट करने के लिए पर्याप्त संकरी थी। इस प्रकार जब कभी यह नौकरानी घरेलू काम–काज में हीला–हवाली की बनिस्बत ऐसा पेटीकोट पहनकर आँगन में मटरगश्ती करती थी तो रेड काल्स क्रोध से आग बबूला हो जाती थी।

"यह अफरा–तफरी किसके बारे में है?" एक पुरुष या और कोई रेड काल्स ने अपनी नौकरानी पर लम्बा मुँह लटकाया लेकिन अपना स्वाराघात नियन्त्रित करने की कोशिश की क्योंकि वह इस बात से चिंतित थी कि यदि उसके शब्द बहुत ज्यादा कठोर हो जाते और नौकरानी को आहत करते तो उससे लाल बर्तन का घड़ा फूट सकता था जिसे वह घूर रही थी। जब कभी रेड काल्स अपना संतुलन खो बैठती तो नौकरानी अपनी मालकिन को आदरपूर्वक सुनने वाली की विनम्र शक्ल बना लेती थी। बहरहाल रेड काल्स ने मुश्किल से उस की ओर पीठ की थी कि उसे चीजें टूटने की आवाज सुनायी दी। यह लाल बर्तन का घड़ा उस व्यक्ति द्वारा बनाया और भेंट किया गया था जिससे वह प्रेम करती थी और उसे अपने पति के घर में दहेज के तौर पर लायी थी।

घड़े के अन्दर दो हरी तैरती हुई मछलियाँ भी उस आदमी द्वारा स्वयं चित्रित की गयी थी। वे उस जल में जीवित मछलियों की तरह तरंगायित और उछलती हुई मालूम पड़ती थी जो उसके धारक द्वारा लेकर चलने से हिल जाया करता था। जिस समय वह सांस के लेने लिए हाफ रही थी उस समय माइनर ग्रीन के चेहरे पर हल्की मुस्कान उठी "मैडम! एक बहुत सुन्दर नवयुवक तुमसे मिलना चाहता हैं।"

उसकी मुस्कुराहट के तल से माइनर ग्रीन के चेहरे पर कोई बहुत स्पष्ट अन्तर्वस्तु उभरकर नहीं आयी जो पच्चीस वर्षीय कुमारी की वीभत्स अभिव्यक्ति का हिस्सा होती है जब वह आदमियों के बारे में बातें करती है। झुआंग झाओ की मृत्यु से पूर्व माइनर ग्रीन अपने मालिक और मालकिन द्वारा अपने बिस्तर पर उत्पन्न की गई आवाजों से अनन्दित होने के लिए स्वयं को अपनी मालकिन की खिड़की के नीचे छिपा लिया करती थी।

रेड काल्स ने नौकरानी के छिपने के स्थान का निरीक्षण कर लिया था और दृढ़ विश्वास हो गया था कि उसने वहाँ कोई सारगर्भित वस्तु नहीं देखी है। बहरहाल हर सुबह माइनर ग्रीन की रेड काल्स पर पड़ने वाली निगाह अकथ कहानियों से भरी होती थी। कई बार रेड काल्स ने झुआंग झाओ से नौकरानी को पदच्युत करने के लिए कहा था जो रेड काल्स के बर्दाश्त के बाहर हो गयी थी। फिर भी मामले को छोड़ा जाता रहा क्योंकि माइनर ग्रीन का विकल्प ढूंढ़ पाना असंभव था जो घरेलू कामकाज की देखभाल करती थी लेकिन कभी वेतन नहीं चाहती थी।

रेड काल्स इस घटना से घबड़ायी अनुभव करती थी और झुआंग झाओ ने उसकी नाराजगी को बिस्तर पर शान्त कर दिया। ''प्रत्येक चीज का कारण होता है और सभी कार्यों का भुगतान किया जाना चाहिए। इस प्रकार माइनर ग्रीन का छिपकर बातें सुनना उसका भुगतान है। इसे सिर्फ वैसा होने दो।'' इस तरह जब वे संभोग कर रहे थे तो झुआंग झाओ अपनी नौकरानी को संतुष्ट करने के लिए रेड काल्स को चीखने पर मजबूर करने की भरपूर कोशिश करता प्रतीत होता था। और नौकरानी अपने काम–काज में वास्तव में काफी गंभीर थी। जब झुआंग झाओ ने इसके बारे में मजाक किया तो रेड काल्स यह महसूस कर और भी ज्यादा उत्तेजित हो गयी कि वह मास्टर और नौकर के बनाये जाल में फंस गयी हैं। झुआंग झाओ की मृत्यु पर रेड काल्स अपने एकाकीपन और अवसाद के बावजूद सामान्य कार्य यथावत करती रही जिस समय माइनर ग्रीन पर भरोसा करना मुश्किल था। मानो नुकसान से हिम्मत टूटने पर नौकरानी सार्वजनिक और निजी तौर पर खूब चिल्लायी और कई लोगों का ध्यान अपनी ओर आकर्षित किया।

रेड काल्स ने आदमी के बारे में माइनर ग्रीन की टिप्पणी का कोई उत्तर नहीं दिया। वह ऐसी घनिष्ठ चीजों के बारे में नौकरों से बात करने के लिए स्वयं कभी नहीं झुकी थी। जो आदमी के बारे में उसकी जिंदगी के सन्निकट के ऐसे विषयों में परिणत हो जाता था और उसे गंदगी की भावना से भर देता था। चूंकि विधवा होने के नाते वह आदमियों के बारे में बात करने की बहुत कम इच्छुक थी जो किसी भी प्रकार से उसकी

कल्पना में मौजूद रहते थे और जो उसें असुविधा की भावना देने के अतिरिक्त उसके लिए शर्मनाक भी होता था।

''सुबह के नाश्ते में हम क्या दलिया लेंगे?'' रेड काल्स ने दुबारा फिर अपनी आँखें घड़े के बर्तन पर टिकायी जिसमें जल धीरे–धीरे शान्त हो रहा था।

फिर भी माइनर ग्रीन घड़े के साथ भोजन पकाने नहीं गयी बल्कि उत्साह से समाचार अपनी जबान से हस्तांतरित करती रही। रेड काल्स की ओर देखते हुए उसने कहा ''नवयुवक कहता है कि उसने मास्टर झुआंग को सम्मान देने के लिए बड़ी दूर की यात्रा की है।''

''उसे बता दो कि मास्टर पहले ही गुजर चुका है। और उसे जो उचित जान पड़े करने दो। इन शब्दों के साथ रेड काल्स घर के पीछे अपने कक्ष में चली गयी क्योंकि माइनर ग्रीन जो काले चोगे में थी, ने उसे छज्जों पर कौओं की याद दिलायी जो इधर–उधर उड़ रहे थे और घोसले बनाने के अपने प्रयास में उपद्रवग्रस्त थे। उसके विपरीत वह स्वयं आंगन में सावधान और सकोंची चूजा बन गयी थी।

''जब मैंने उसे बताया कि मास्टर झुआंग को कल शवपेटिका में रख दिया गया, उसने जोरों से चीखना शुरु किया और तब तक नहीं रुका जब तक कि मैं राजी नहीं हो गया कि वह तुम्हें देख सकता हैं।'' माइनर ग्रीन ने ये टिप्पणियाँ इतनी सहजता और धैर्य के साथ कही कि रेड काल्स अचानक अपने रास्ते में रुक गयी।

रेड काल्स के हाथ अपनी चौड़ी आस्तीनों में झटक गये। उसने अपना बाया हाथ खींचा और अपना दाहिना हाथ दिखाने के लिए अपनी दाहिनी आस्तीन के सबसे निचले हिस्से को इस संकोच के साथ पकड़ा कि बूढ़ी कुतिया के मुँह पर थप्पड़ मारा जाये या नहीं। ठीक उसी समय उसका खाली पेट उसे कमजोरी का एहसास दिलाते हुए बड़ी जोर से गड़गड़ाया। माइनर ग्रीन की ओर पीठ किये उसने दो सफेद और पतली उँगलियों से इशारा किया जो उसकी आस्तीन के बाहर जुड़ी हुई थी और कहा ''हम नाश्ता करेंगे।''

"लेकिन वह नवयुवक जिसने कहीं से भी यहाँ की यात्रा की है वह भी इस समय बहुत भूखा होगा..." माइनर ग्रीन ने दरवाजे की ओर बिना एक इंच सरके धीरे से कहा। रेड काल्स अचानक पीछे मुड़ी और उठती भौहों के संकेत से डरावने स्वर में कहा "तो तुम क्या सोचते हो कि मुझे क्या करना चाहिए?" माइनर ग्रीन ने अशिष्टता से हंसते हुए कहा "अब तुम मेहमान का स्वागत क्यों नहीं करती हों?"

माइनर ग्रीन के अज्ञान और निष्कपट प्रदर्शन पर अपने आवेश को रोकने की कोशिश करते हुए रेड काल्स ने जोर से अपनी आस्तीन हिलायी और कहा "मैं वास्तव में ऐसे संवेदनशून्य व्यक्ति से मिलना चाहती हूँ। तत्पश्चात वह आगे बढ़ी और सीधे पीछे मुड़कर माइनर ग्रीन के सामने जल्दी से दरवाजे के बाहर चली गयी।

उपर्युक्त नवयुवक सफेद कपड़े पहने हुए और दुखित होकर अपनी आँखों में झिलमिलाते हुए आँसुओं के साथ वृक्ष के नीचे खड़ा था। वह नाशपाती की मंजरियों से भी बेखबर था जो उसके कंधों पर आ पड़ी थी। और रेड काल्स को भी दखल नहीं देने दिया जो उसे लम्बे समय से देख रही थी। इस प्रकार जब वह अचानक अपने पीछे खड़ी स्त्री को देखने के लिए मुड़ा तो वह बिलकुल घबड़ा गया। अपने माथे पर बड़े प्यार से हाथ फेरने के पश्चात् उसने झुके कंधों के साथ अपना चेहरा रेड काल्स की ओर किया। अब रेड काल्स के घबड़ाने की बारी थी अपनी लम्बी पतली और ऊपर की ओर उठी तिरछी आँखों और सफेद व कोमल त्वचा से युक्त नवयुवक उसके सामने काकी सुन्दर था और धनाढ्य एवं सुशिक्षित परिवार का वंशज प्रतीत होता था। यद्यपि वह बहुत उत्तेजित हो गयी थी लेकिन वह किसी तरह धैर्य धारण किये रही। जब वह नवयुवक से कुछ कहने के लिए तैयार हुई, उसने उसकी आँखे अपने चेहरे पर जकड़ी हुई देखी। वह उसकी वाहयाकृति से पूर्णतया भौचक्क होकर हिल नहीं सका मानो वह नशे में हो और जमीन पर कीलों से स्थिर कर दिया गया हो।

उसी छवि से मन बहलाकर रेड काल्स और अधिक आकर्षक और सुन्दर हो गयी। "मेरी नौकरानी माइनर ग्रीन ने मुझे बताया कि तुम मेरे दिवंगत पति से मिलने आये हो।"

मानो कि उसकी मीठी आवाज से जैसे जागे नवयुवक ने अनाड़ी ढंग से अपने कपड़े सीधे किये और कड़ाई के साथ सीधा खड़ा हो गया। तदुपरान्त उसने अपने जोड़े और रेड काल्स के सामने यह बुदबुदाते हुए अत्यन्त झुक गया ''मैडम'' वह रुका उसका शरीर और बिना यह जानते हुए कि कैसे जारी रखा जाये अभी भी नीचे झुक रहा था। ''मैडम''

रेड काल्स को यह हास्यास्पद लगा और चौड़ी आस्तीनों से ढकी अपनी हथेलियों से बनावटी ढंग से उसे मदद करने के लिए हाथ बढ़ाया। ''तुम बहुत ज्यादा विनम्र हो। मेरी जैसी स्त्री ऐसे आदर के योग्य कैसे हो सकती है?

इस तरह इस दिखावटी मदद से नवयुवक बहुत कमजोर होने के बावजूद दुबारा फिर सीधा खड़ा हो गया और नाजुक क्षण में जब उनकी आँखे मिली तो कई लाल फूल वृक्ष से झर गये और उनमें से एक रेड काल्स के गाल पर गिर गया। उसने अपनी चौड़ी आस्तीन से एक उंगली निकाली और अपने चेहरे से फूल उठा लिया जो कि उसके उसे सावधानी पूर्वक देखने और मुँह के सम्मुख कोमलता से दबाने के पश्चात उसके होठों के पीछे गायब हो गया। तत्पश्चात नवयुवक पर एक नजर डालते हुए और अपनी जुबान के मोड़ते कुछ छोटी पत्तियां अपने मुँह में छोड़ी और अंततोगत्वा अपने गले से निगलने से पहले उन्हें एक क्षण तक वहाँ रखा। उसने नवयुवक से पूछा ''क्या मैं तुम्हारा नाम जान सकती हूँ?''

''मैं वू हूँ....! नवयुवक इतना ही बुदबुदा सकता था। वह इस समय तक पूरी तरह प्रेम में पागल बनाया जा चुका था और रेड काल्स के चेहरे को भावशून्यता से घूर रहा था।

रेड काल्स ने एक सांस छोड़ी ''तुम मेरे पति को सम्मान देने आये हो लेकिन वह तो पहले की मर चुके हैं। इसलिए कृपया वापस घर जाइये।'' इसके और अपनी लम्बी आस्तीनों के हिलकोरे के साथ उसने अपनी पीठ वू की ओर घुमा दी और कुछ कदम आगे चली।

वू आश्चर्य से चिल्लाया जैसे कि वह किसी स्वप्न से जागा हो ''महोदया कृपया रुक जाइये।''

उसके कदम रुक गये और अपने ठमकने के पीछे से एक आवाज सुनी। मैंने मास्टर झुआंग की दीर्घकालीन प्रशंसा की और हमेशा उनसे व्यक्तिगत रुप से मिलना चाहता था। यह वास्तव में दुःखद है कि मुझे उनसे मिलने और उनके निर्देशों को सुनने का अवसर नहीं दिया गया है। फिर भी यह विचार करते हुए मैंने लम्बी दूरी की यात्रा तय की हैं। महोदया क्या आप मुझे घर में रहने देने की कृपा करेंगी ताकि मैं मास्टर झुआंग के शरीर को श्रद्धांजलि अर्पित कर सकूँ और उनकी शवपेटिका के निकट तीन रात्रि तक जागरण कर सकूँ।

रेड काल्स थोड़ा झुकी और नमस्कार के साथ कहा "वू ! मैं अपने पति की जगह पर तुम्हारे आदर भाव को स्वीकार करती हूँ। लेकिन मैं भयभीत हूँ कि तुम्हें जागरण के लिए उनकी शवपेटिका के निकट रखना अनुचित है। मैं नई नवेली विधवा हूँ और यद्यपि तुम्हें घर में रहने का कारण दिखला सकती थी लेकिन मैं डरती हूँ कि अफवाहें हमारी निर्दोषिता को मैला कर सकती हैं।

मैं हमेशा सुनता रहा हूँ कि जब मास्टर झुआंग जीवित थे। वह बहुत प्रतिभा सम्पन्न और रुढ़िमुक्त थे और उन चीजों को किया करते थे जिन्हें साधारण लोग अनोखा समझते थे। उनकी तितली कहानियाँ और मछली में रुपान्तरण घरेलू कहानियाँ हैं। और मैं हमेशा उनका प्रशंसक रहा हूँ। चूंकि अब जिस समय वह जीवित थे उन्हें देख पाना मेरी किस्मत में नहीं था इसलिए कृपया मुझे उनकी अर्थी की निगरानी करने दीजिए। क्या महोदया मेरी इच्छा की अनुमति नहीं प्रदान करना चाहिए। मैं यहाँ तब झुका रहूँगा जब तक कि आप मुझे अन्दर नहीं आने देंगी।" उलट–पलट की आवाज पर रेड काल्स ने सीधे खड़े ऊपरी आधे हिस्से और कुँए के जल से सिंचित पत्थर की सीढ़ियों पर घुटने टेके वू को देखने के लिए अपना सिर घुमाया। वह गहरी साँस लिये बगैर नहीं रह सकी "तुम मुझ पर क्यों इतना दबाव बनाते हों?"

"कृपया मेरी अशिष्टता को क्षमा कीजिए महोदया लेकिन कृपया मुझे उनकी निगरानी करने की अनुमति प्रदान करें। मैं ईमानदार हूँ।" उसका गंभीर चेहरा और चमकती आँखें देखकर रेड काल्स यह समझने में

असमर्थ थी कि उसे क्या करना चाहिए। वू के सिर से लेकर कुएँ के नजदीक नाशपाती के वृक्ष पर निगाह दौड़ाते हुए वह फूटकर निकलती छोटी और ताजी मंजरियों की अस्पष्ट ध्वनि सुन सकती थी। वे चटकती आवाजें उसके हृदय में बज उठी और उसे चौंका दिया। और उसकी बेचारगी बढ़ाते हुए उसका पेट भी गड़गड़ाने लगा। अंततोगत्वा उसने कमजोरी से वू से कहा "यदि तुम चाहते हो तो कृपया अंदर आ जाओ।" यद्यपि उसने रेड काल्स के शब्द स्पष्टतया सुन लिये थे फिर भी वू उसे घूरता रहा और तब तक नहीं उठा जब तक कि वह वापस उसके पास नहीं आयी और उसे उठाने के लिए तत्पर नहीं हूई। और सीधे खड़े होने में उसने थोड़ी अति कर दी। इस तरह वह करीब–करीब रेड काल्स से लड़खड़ा गया। सौभाग्य से उसके हाथों ने समय से उसके कंधे पकड़ लिये। उसकी आँखों की नजर तेजी से घूमी और जिस समय उसके वक्षस्थल के मोड़ पर पहुँची तो थोड़ी देर के लिए ठहर गयी। उसी समय मातमी परिधान जिसे वह पहने हुए थी, में चमक उत्पन्न करते हुए रेड काल्स के चेहरे पर संवेग के दो हिस्से उभर आये। प्रमुख बाहरी कक्ष के सामने खड़ी हुई और अपने गीले हाथों को हवा देते हुए माइनर ग्रीन ने रेड काल्स को वू के साथ पैदल आते देखा। "नाश्ता तैयार हैं" उसने कहा और अपनी मालकिन के जवाब का बिना इंतजार किये मेज लगाने के लिए अंन्दर चली गयी।

उस रात वू ने झुआंग की विधवा रेड काल्स के साथ कोयला आग की काली मिट्टी की भट्टी के उस पार झुआंग झाओ की शवपेटिका के निकट जागरण किया। काले कोयले के नीचे से पीताभ लाल लपटें झुलाती रोशनी से स्थान को जगमगाती हुई पीताभ लाल लपटें भट्टी के बाहर काले कोयले के नीचे से दमकती थी।

चूंकि वू मुख्य कक्ष में आ चुका था, माइनर ग्रीन वहाँ कमरे के चारों कोनो में लम्बी और पतली चीड़ की लकड़ी जलाते हुए लगातार टहल रही थी और तदुपरान्त बार–बार जले हुए कोयले को सलाई से खोदने और बांस के चिमटे से कुछ नया डालने के लिए मातमी लोगों की नजरों के सामने घुटनों के बल झुकती थी। जब उसने कोयला डाला तो उसकी

आँखे लोगों के रोंगटे खड़े करते हुए उसकी मालकिन और पुरुष मेहमान के बीच ठीक स्वाद ध्वनि की तरह जिसे वह भोजन करते वक्त निकालती थी फिरकी जैसी चली। मध्य रात्रि के निकट उसने पुनः कोयला डाला और घुटनों के बल झुकी और अपनी पीठ तानी।

इसे देखकर उसके दोनों किनारों के लोग उसकी ओर जरा भी ध्यान नहीं दे रहे थे। उसने घबराहट में माफी माँगी और अपने कमरे में चली गयी। जाने से पहले उसने मुख्य कमरे में शवपेटिका के निकट दो चीड़ की लकड़ियाँ रख दी।

माइनर ग्रीन की अनुपस्थिति में कमरा उजाड़ सा लगता था। मुख्य बाहरी कमरे के बीच में रखी शवपेटिका चीड़ मशालों की उड़ती रोशनी के नीचे घुटनों के बल बैठे जोड़े में संकुचन का भाव उत्पन्न करते हुए फर्श पर बड़ा अन्धकार कर रही थी। और जलती अग्नि की पटपटाती ध्वनि फूटकर खिलते नाशपाती के फूलों की तरह रेड काल्स के हृदय में चक्कर काटती और दर्द करती थी। रात्रि के सबसे घने अंधेरे और सबसे ठण्डे एवं दिन के सबसे थकाने वाले क्षण में वह करीब–करीब सिर चकराने से आक्रान्त अनुभव करती थी।

वू की आँखें जो नीचे की ओर देख रही थी धीरे–धीरे ऊपर उठती गयी और अपने से पार घुटनों के बल बैठी स्त्री पर दो डोरियों की तरह बंध गयी। उसने कोई उद्‌गार व्यक्त नहीं किया और उसने एक क्षण को भी नहीं देखा। फिर भी वह जानता था कि उसे उसके घूरने का पता हैं। वह उसके उठते और गिरते वक्षस्थल से बता सकता था कि उसकी शान्त आकृति के नीचे दुविधा बड़े जोर समूहों में उत्पन्न हो रही और उसकी आत्मा तथा मांस को चीर रही थी।

रेड काल्स को याद हो आया कि उसके उन्नीसवें जन्म दिवस पर जब वह स्नान के ठीक बाद बाहर निकली थी, झुआंग झुओ ने उसके चेहरे पर विस्मित होते हुए भावा वेग से उत्कृष्ट इच्छा की थी। "मेरी मृत्यु के बाद जैसे ही मेरी कब्र की मिट्‌टी सूखे तुम पुर्नविवाह कर सकती हों।"

यह मानते हुए कि उसका पति यूँ ही मजाक कर रहा है उसने अमर पक्षी के पंखों के आकार जैसे लम्बे नाखूनों से उसकी हथेली कोमलता से

खरोंच दी थी और पंखे की पत्ती की तरह उसकी उंगलियाँ सीधी खींचने से पहले उसने कहा "तब तुम्हें मुझे एक अच्छा पंखा देना चाहिए।"

झुआंग झाओ उसके शब्दों पर दिल खोलकर हंसा था और अपने हाथो में उसकी ठोड़ी लेकर उसे सावधानीपूर्वक ध्यान से देखा था। "रेड काल्स मैंने जो कुछ भी इस दुनिया में किया है वह तुम्हें जानने के उद्देश्य से है जो कि सारे संसार के सामान्य ज्ञान में परिणत होगा।"

रेड काल्स मुस्कुरायी लेकिन अपने पति से कुछ नहीं कहा जिसकी पागलों की सी धुन से वह भली–भांति परिचित थी। एक बार वह एक बड़े कुण्ड पें प्रायः डूब गया था जो कि जल से भरा हुआ था। उसने अपनी आँखे बन्द कर ली और सतह पर कुछ बुलबुले छोड़े। वह अपना भोजन छोड़कर दूसरे काम में लग जाता था। उसके बारे में चिंतित होकर रेड काल्स बड़े कुंड के चारों ओर समय–समय पर जाती थी। जब वह परेशान को गई और बुलबुलों जो पानी के नीचे से उठे थे, के चारों ओर घेरे खींचे। तब एक दिन झुआंग झुओ अचानक जल में से खड़ा हो गया और अपनी पत्नी से वाहियात मुस्कान के साथ कहा "मैंने पा लिया है मैंने पा लिया हैं" लेकिन जब उसकी पत्नी ने पूछा कि उसने क्या पा लिया है तब वह केवल भयावह ढंग से मुस्कुराया था। उस रात जब उन्होंने संभोग किया तो उसका शरीर अत्यन्त स्वच्छ और चिकना था। रेड काल्स को यह धारणा प्रदान करते हुए कि उसके शरीर में जो प्रविष्ट हुआ था वह झुआंग झुओ नहीं था बल्कि एक हिलती मछली थी और वह स्वयं कुण्ड मेंजल बन गयी थी जो उठते बुलबुलों से भरा था। जब वह अपने काम में काफी व्यस्त हो गयी झुआंग झुओ ने उसके कान में धीरे से कहा "क्या मैं उस हरी मछली से तुलना कर सकता हूँ फिर भी विशेष कथन का उस पर कोई प्रभाव नहीं पड़ा क्योंकि उसका ध्यान सिर्फ उठते और गिरते शरीरों और खिड़की के नीचे छिपकर बातें सुनने वाली नौकरानी पर केन्द्रित था।

अगले दिन झुआंग झुओ अपनी पत्नी को स्वयं श्रृंगार करते देखते हुए बिस्तर घर पाल थी मारकर बैठा था। जब रेड काल्स लकड़ी की बालपिन से अपने बाल बांधने वाली थी। उसने अचानक उससे कहा था पिछली रात मैं तुम्हारे बालपिन की तितली बन गया और तुम्हारें अतीत में प्रवेश

कर गया था।'' रेड काल्स अपने पति के हास्यास्पद विशेष कथन पर स्वयं हँसी थी। फिर भी जब उसने पिन को हल्का झटका दिया तो तितली ने उसके हाथ को किसी जीवित चीज का चिकना और मुलायम स्पर्श दिया। यह उसे इतना चौंकाने वाला था कि वह बड़ी जोर से चिल्ला उठी और बालपिन को दूर फेंका दिया। झुआंग झाओ अपनी कमर पर धीरे–धीरे हाथ फेरते हुए बिस्तर से खड़ा हो गया और मुस्कुराहट के साथ कहा इससे चोट मुझे लगी लेकिन तुम मुझसे ज्यादा जोर से चिल्लायी उसने तत्पश्चात कंघी उठायी और रेड काल्स को वापस दे दी। उसे यह जानकर आश्चर्य हुआ कि पिन वहीं थी जिसमें गतिहीन तितली उत्कीर्णित थी। यह मानते हुए कि झुआंग झुओ उसका मजाक उड़ा रहा था, रेड काल्स ने उसकी ओर क्रुद्ध दृष्टि से देखा और तदुपरान्त कपड़े पहनकर छोटे मटके में ओस की बूँदें एकत्रित करने के लिए बगीचे में चली गयी।

अब इस नवयुवक वू की उस पर आक्रामक टकटकी ने एक बार फिर पिछले दिनों को उत्तेजित कर दिया और अतीत जिसने झुआंग झुओ की शवपेटिका का अनुगमन किया था, वह मातमी भवन में भयानकता से नृत्य कर रहा था। टिमटिमाहट उस पर स्थिर हो गयी और उसे तड़पाने लगी। उसकी लाचार आँखें व्यग्रता मे चारों ओर देखने लगी और अन्त में वू की ओर आकर्षित हो गयी जो उससे पार में खड़ा हुआ था।

वे एक दूसरे को टकटकी लगाकर देखते रहे। शवपेटिका में लेटे बूढ़े आदमी की तुलना में जो अधोलोक में पहले ही पंजीकृत हो चुका था। वू के सुन्दर रुप और आकर्षक अन्दांज ने रेड काल्स को अवास्तविक रुप से प्रभावित किया। क्या वह जो हमेशा अपनी स्त्रैण सत्यनिष्ठा और वफादारी को लेकर विश्वस्त थी वह वास्तव में अपने पति की मृत्यु के बाद इतनी जल्दी धोखा दे देगी और दूसरे के साथ उससे एक दिन की मुलाकात के अन्दर प्रेम संबंध शुरु कर देगी ? उसने बड़े जोर से अपने मन में आह भरी। एक कमजोर स्त्री ऐसे सुखद नवयुवक का प्रतिरोध कैसे कर सकती है जब वह एक समय पर अपराध करने की तैयारी में हैं ?

वू धीरे से उसकी ओर आ गया और उसकी चौड़ी आस्तीन में उसका हाथ पता करने के लिए अपना हाथ डाल दिया। उनके हाथ गुंथ गये।

रेड काल्स ने उसके हाथ द्वारा मजबूती से पकड़े गये उंगलियों के अग्रभाग की वजह से उसकी सारी ताकत उड़ती महसूस हुई। और वह उसके शरीर के टेक की ओर झुक गयी। वू की शक्ति ने शीघ्रता से उसके कमजोर प्रतिरोध को समाप्त कर दिया। जब वह फर्श पर हाथों से खींची गयी और अपरिचित आलिंगन में जकड़ी गयी तब उसने स्वयं को गिरती हुई पत्ती की तरह एक खतरनाक कुएँ में बिना किसी आवाज के गिरते महसूस किया। उसने थोड़े में किसी छिपे स्थान से माइनर ग्रीन की समृद्ध बल्कि तीक्षण शान्त झलक से चमकती टकटकी को मन के अन्दर देखा। वू ने रात के 1 बजे पुनरावर्तन किया। उसकी चेहरा अचानक भयानक रुप से पीला पड़ गया और उसकी छवि एक क्षण में उसके शरीर के भ्रामक सुख से विमुख हो गयी। मुँह बाए उसने अपना सीना जोर से जकड़ लिया। अपने गले को आश्चर्य जनक मोड़ में खींचा और एकाएक पीछे गिर गया। रेड काल्स ने उसका सिर संभालने के लिए अपनी बाँह फैलायी और तत्पश्चात उसे अपने वक्षस्थल की ओर खींचा। "वू क्या मामला हैं?"

अपनी पांचों उंगलियों को बड़े मकड़े की तरह अपने सीने पर ठहराते हुए वू ने कमजोरी से कहा "मुझे यह सीने का दर्द तब से है जब मैं छोटा बच्चा था। हो सकता हैं हम अपने कार्य में ठीक अभी अतिरेक कर गये हों ऐसे वैसे...."

हे परामात्मा रेड काल्स क्या करे वह हक्की–बक्की हो गयी और ताज्जुब से धीमे से चिल्लायी। उसने नवयुवक का सिर अपने वक्षस्थल के सम्मुख कसकर पकड़ लिया और उसकी कमजोर सांस उसके हृदय को टीस और पीड़ा देने लगी। उसने असहाय होकर चारों तरफ देखा और उसे केवल बिस्तर के सामने खिड़की से होकर आती स्वच्छ और चमकीला चन्द्र प्रकाश ही दिखाई पड़ा। वह लड़खड़ाती आवाज में यह कहे बिना नहीं रह सकी। झुआंग झुओ मुझे दोष दो और इस आदमी को छोड़ दो।

खिड़की के बाहर छोटे किन्तु जल्दी चलते कदम नजदीक आते गये और उस वक्त ऐसा प्रतीत हुआ कि माइनर ग्रीन अन्दर आने के लिए पूछना चाहती है। केवल जब वह दरवाजे पर आ चुकी थी। क्या कोई चीज है जो ममोदया को जरुरत है। यदि नहीं तो मैं सोने जा रही हूँ।

रेड काल्स ने अपना सिर नीचा कर लिया और वह चेहरा जिसे वह अपने वक्षस्थल में लिये थी कोहरे की तरह और भी ज्यादा भ्रामक मुर्झाया और पश्चगामी होता गया जब तक कि झुआंग झुओ की छवि उभर नहीं आयी। हाथ उसकी आस्तीन में सुरक्षित रुप से ढंके हुए उसने बड़ी शान्ति से रेड काल्स की ओर देखा जिसका चेहरा भयाकुलता से पीला पड़ गया था।

''तुम मेरे लिए इस संसार में सबसे कठिन पहेली हो'' उसने मरने से पहले कहा था। रेड काल्स के हाथ को फंसाती उसकी मुर्दा शाखा जैसी उंगलियां जो कि सफेद तितली की तरह फुर्तीली थी उसने कहा था ''जब मुझे दफन किया जाये और मेरी कब्र की मिट्‌टी सूख जाये तो तुम दुबारा विवाह कर लेना।''

''रेड काल्स''

उसने अपना सिर नीचाकर लिया और वू के पीले और अवास्तविक चेहरे से आती कर्कश आवाज सुनी यदि मैं इस रात मर जाता हूँ तब आप इस सबकी कैसे व्याख्या करेंगे।

रेड काल्स हल्के से मुस्कुरायी और आँसुओं की दो धारायें तत्काल बनी ओस की बूदों की तरह उसके गालों पर लुढ़क गयी ''मृत्यु मेरी व्याख्या होगी। वू के चेहरे से आँसू लुढ़क गये और रेड काल्स के वक्षस्थल पर फैल गये। उसने आह के साथ कहा ''यह मैं हूँ जिसने तुम्हारी हत्या की हैं।'' वह मुस्कुरायी ''यह सत्य नहीं हैं। यह मैं हूँ जिसने पहले तुम्हारी हत्या की हैं'' उसने लम्बे समय के पश्चात अपने चेहरे पर जबर्दस्ती मुस्कान लाते हुए कहा ''मानव का दिल खा रहा है'' और तदुपरान्त रेड काल्स की ओर देखते हुए उसने धीमे से आगे कहा ''जीवित व्यक्ति का हृदय नहीं बल्कि मृतात्या का हृदय।''

उसने अपने हृदय से उठती और सारे शरीर में दौड़ती थर–थरी अनुभव की और उसकी नजर चकरा गयी। वू और वह चन्द्रमा से रंजित चाँदी जैसे थे। मानो कि उसके स्थान पर चन्द्रमा की किरणों को ढाला गया हो वह मृत्युवत निस्तब्ध हो गयी।

''इसके बारे में भूल जाओ'' उसने सांस के बीच में उसके रुकने पर संघर्ष किया। जब उसने अंततः अपने सीने से पतली और कमजोर सांस ली। उसने कोमलता से उसके हाथ को थपथपाया और कहा ''मृत्यु ही मात्र रास्ता हैं।''

रेड काल्स के गले से एक लम्बी आह निकली और उसे अनम्यता से राहत दिलायी। उसने चमकती आँखों से वू को टकटक देखा जो उसके दिमाग में किसी चमत्कारी मदद से फैलती हुई चमक के साथ चमक रही थी।

वू ने उसे पकड़ने के लिए, अपना हाथ फैलाया और सिसकियाँ लेते हुए कहा। ''इसे मत करो।''

उसने उसके हाथ एक तरफ हटा दिये और स्वयं को उससे छुड़ा लिया। तदुपरान्त बिस्तर के किनारे से अपना गाउन झपट कर उसे झटके से खोलते हुए पहन लिया। वह चन्द्र किरणों में खड़ी हो गयी और तन्मयता में अनुभव किया मानों उसकी बाँहों के नीचे से दो पंख उग आयें हों। उसके हाथ ऊपर उठे होने से उसकी आस्तीनें कोहनी के नीचे सरक गयी। इसलिए उसने अपने बाल कसकर पकड़े और कुछ एक ऐंठनों से उसे ढीले जूड़े में समेट लिया जिसे उसने तितली वाली बालपिन से नत्थी कर दिया और दरवाजे की ओर चली गयी। केवल तब वह एकाएक रुकी और धीमी आवाज में कहा ''प्यार और जीवन में से ज्यादा महत्वपूर्ण कौन हैं?'' इससे पहले कि वू जवाज दे पाता वह शान से कमरे के बाहर चली गयी। उसने पहले उपयोगितार्थ कोने से चिड़िया की तरह हल्की छोटे हत्थे की एक कुल्हाड़ी उठायी जिससे माइनर ग्रीन मांस काटा करती थी और तब वह तेजी से और दृढ़तापूर्वक मुख्य बाहरी कमरे की ओर आगे बढ़ी।

वहाँ नीरवता बड़ी भयावट थी। चीड़ की मशालें पहले ही जल चुकी थी। लेकिन उनकी गन्ध रहस्य का भाव जोड़ने हुए हवा में मंडरा रही थी जिसने किसी के दिमाग से सब कुछ निकाल फेंका हों। यह करीब–करीब सुबह का वक्त था और कमरे में अंधेरा पहले ही भूरी किरणों से छंट युका था और जब दिन निकलेगा तो वू दुनिया से विदा हो जाएगा।

रेड काल्स ने अपने बाल बहुत अच्छी तरह से नहीं संवारे थे क्योंकि वह जल्दी में थी। अब उसकी आँखों के सामने एक लच्छा गिर गया। उस पर प्रहार करने के पश्चात उसने उसे मुँह में रख लिया। और तदुपरान्त उसने धीमे से अपने हाथ में बंधी कुल्हाड़ी उठायी और अपने गले में हल्की चीख के हाथ कुल्हाड़ी को शवपेटिका की ओर झुलाया। कुल्हाड़ी का किनारा शवपेटिका में लगा रह गया जिससे बड़े जोर की आवाज हुई क्योंकि लाल चित्रित तख्ते पर कटे का सफेद निशान बन गया था। जब उसने देखा और पाया कि ढक्कन केवल थोड़ा सरका हैं तो वह अपने दांतों के बीच बालों का लच्छा कसकर दबाते हुए दुबारा खड़ी हुई और कुल्हाड़ी दुबारा फिर उठायी। इस बार उसने गर्जक धमाका सुना और कुल्हाड़ी की काट के किनारे गाज के आकार से मिलती–जुलती दरार दिखायी पड़ी जो धीरे धीरे एक तरफ बढ़ती गयी। जब तक कि झुआंग झुओ अपने जकड़े हाथों समेत शवपेटिका में शान्तिपूर्वक लेटे हुए प्रकट नहीं हुआ।

रेड काल्स शवपेटिका पर झुकी और उसके अन्दर देखा। मुख्य बाहर कमरा धुंधला प्रकाशित था लेकिन वह झुआंग झुओ को बहुत स्पष्टता से देख सकती थी। और वह डरी नहीं थी। "झुआंग झुओ तुमने संसार में बहुत विस्तीर्णता से यात्रा की है और अब तुम्हारी जीवन यात्रा की समाप्ति पर तुम दूसरा जीवन पाने का बुरा नहीं मानोगे?"

झुआंग झुओ ने कोई जवाब नहीं दिया। उसकी आँखे बन्द थी जैसे कि वह ध्यान कर रहा हो।

रेड काल्स ने अपनी कुल्हाड़ी उठायी और उसे झुआंग झुओ के सीने में घुसा दी जहाँ यह चिपकी प्रतीत हुई और दुबारा कभी नहीं खिंचने के लायक थी। वह कुछ नहीं कर सकी बल्कि उसे समाप्त होने दिया। परिश्रम से उसकी बाहें कठोर और कसक वाली हो गयी थी लेकिन उसकी उसे कोई परवाह होती मालूम नहीं पड़ी। वह भौचक्क होकर शवपेटिका के अन्दर सिर्फ चेहरे को घूरती रही।

धीरे धीरे उस स्थान से जहाँ झुआंग झुओ के सीने में कुल्हाड़ी घुस गयी थी वहाँ से बहुत काफी ज्यादा से ज्यादा खून रिसने लगा और

धीरे–धीरे वह जब जगह फैल गया। रेड काल्स ने अनुभव किया कि नाशपाती के उस वृक्ष की सभी मंजरियां झुआंग झुओ पर बरस रही थी। लाल मंजरियों ने उसके शरीर को ढंक लिया और तदुपरान्त ज्वार भाटा की तरह पीछे हट गयी और पुनः उसका चेहरा प्रकट कर दिया।

उसका चेहरा दो टुकड़ों में विभाजित हो गया था एक झुआंग झुओ का था और दूसरा वू का था।

10

जब बसंत ऋतु का समय आता है तो घास चढ़ती हैं

किम–ये–आन जब व्हाइट पीयर के महल पर पहुँचा तो दो महल की दासियाँ द्वार पर उसका इंतजार कर रही थी। वे उसे आँगन से होकर अंततः एक दरवाजे के सामने रुकने से पहले लकड़ी के एक गलियारे के किनारे चलते गये थे। किम–ये–आन भी रुक गया। उन्हें देखकर वहाँ चार अन्य नौकरानियों ने धक्का देकर दरवाजा खोला और हाथ जोड़कर उसके आगे झुकी "महारानी आपका इंतजार कर रही हैं।"

किम–ये–आन ने सिर हिलाकर उनसे सहमति प्रकट की और कमरे में चला गया। कमरा सूर्य के प्रकाश से जगमगाया था और शाही राजकुमारी चुन–मी खिड़की के निकट मेज के सम्मुख उसे अपनी ओर आते देख रही थी। "मैं नया समारोह निर्देशक हूँ। किम–ये–आन को स्वयं अपनी आवाज सूखी और कर्कश लगी जैसे कि वह धुएं से रुंध गया हों।

यह पहला अवसर था कि जब वह शाही राजकुमारी से मिला था जो महारानी डोवागर की अपना रक्त और मांस थी।

यह कहा जाता था कि पहले समारोह निदोशक ने सेवानिवृत्त होने के लिए इस्तीफा दे दिया था और अपने देश चला गया था क्योंकि वह राजकुमारी से बहुत आजिज हो चुका था। और यह वास्तव में कुछ ऐसा

था जो राजदरबार में भी नहीं सुना गया था कि किम–ये–आन के राज्य की परीक्षा में बैठे बगैर रिक्त स्थान भर दिया जायेगा।

"तो आप किम–ये–लिम के भाई हैं?" राजकुमारी चुन–मी ने पूछा।

"हाँ महारानी"

"तुम भी एक ही प्रकार से दिखते हो।" राजकुमारी को थोड़ा आश्चर्य हुआ और उस पर केवल एक नजदीकी नजर डालने के बाद उसने कहा "तुम्हारे पास सिर्फ उसके लक्षण है लेकिन तुम्हारा रुप–रंग और आचरण पूर्णतया भिन्न है।"

आदमियों के प्रति उसके सुन्दर तौर–तरीके काफी प्रभावशाली होते थे न कि ठीक उन राजकुमारियों की तरह जो एकान्त में रहती थी और फिर भी उन किस्येंगों से अलग होती थी। जिनकी आँखें सम्मोहक होती थी और जिन्हें महत्वपूर्ण संदेशों को अभिव्यक्त करने और पुरुषों के हृदय में हलचल मचाने के लिए उपयोग किया जाता था। उसकी आँखें स्वच्छ और लज्जाहीन थी। इसलिए कोई कारण नहीं था कि जिस व्यक्ति को वह देखे वह शर्मिन्दगी महसूस करे।

किम–ये–आन ने उनके बीच शतरंज का फलक रखा और उसे शतरंज खेलना सिखाने जा रहा था।

तुम्हारा भाई अंहकारी है फिर भी गुप्त रुप से काफी स्त्रियाँ उसकी प्रशंसा करती थी। मैं कभी समय नहीं पायी कि पहले कौन आया क्या वह महिलाओं की प्रशंसा से अहंकारी हो गया था या इसके विपरीत? इससे पहले कि किम–ये–आन कोई निर्देश प्रस्तुत कर सके राजकुमारी चुन मी ने अचानक एक मोहरा उठाया और मानों अपने से कहते हुए फलक पर रख दिया "लेकिन युवराज सहचरी भी उससे कुछ कुछ जुड़ी हैं क्या तुम उससे कभी मिले हो?"

किम–ये–आन जिस समय अपना सिर हिला रहा था उसने भी एक मोहरा उठाया और उसे फलक पर चांप दिया।

"सभी लोग कहते हैं कि वह सारे संसार में सबसे ज्यादा खूबसूरत है ठीक मेरी माँ सम्राज्ञी दोवागर की तरह जब वह युवती थी। यहाँ तक कि

युवराज भी जो स्त्रियों को कभी गौर से नहीं देखते हैं वह भी जब कभी उससे मिलते थे उसके सौंदर्य से आश्चर्यचकित हो जाते थे। राजकुमारी चुन–मी ने उसकी ओर सहानुभूति से देखा मानो कि उसने उसे कभी देखा न हो बल्कि अगाध मुस्कुराहट के लिए अफसोस हो। ''यद्यपि युवराज की सुन्दर पत्नी ने तुम्हारे भाई की प्रशंसा की है और जब से वह महल में प्रविष्ट हुई तब से दिन प्रतिदिन अद्‌भुत ढंग से व्यवहार किया गया। युवराज ने बदले में किसी की भर्त्सना नहीं की जब से वह किम–ये–लिम का सबसे बढ़िया मित्र बना है। तुमने शाही राजकुमार के बारे में सीओल के हास्य भण्डार होने की गप्प तो सुनी होगी.... और अब किम–ये–लिम का भाई समारोह निदेशक बन चुका हैं। क्या तुम जानते हो कि तुमने कैसे स्थान प्राप्त किया?'' किम–ये–आन ने अपनी आँखें नीचे कर ली और शतरंज फलक की ओर देखने लगी।

मैं जवाब का इंतजार कर रही हूँ राजकुमारी चुन–मी ने जोर से कहा मैं धर्म कर्म मंत्रालय द्वारा नियुक्त किये जाने से अधिक कुछ नहीं जानता हूँ। ''हकीकत में तुम नहीं जानते हों'' राजकुमारी चुन मी ने मोहरों को किम ये आन से भी तेजी से चल दिया। ''तुम तो फलों का मजा लेने के लिए हो। यदि तुम्हें सारे मामले के मरोड़ और घुमाव की जानकारी भी होगी तो भी तुम उनसे अनभिज्ञ होने का बहाना करोगे।''

''यदि महारानी मुझसे संतुष्ट नहीं हैं तो आप किसी अन्य को चुन सकती हैं।'' किम–ये–आन सीधे बैठ गया और पहली बार सीधे राजकुमारी की आँखों में देखने के लिए अपनी आँखें उठायी।

जाहिर तौर पर ऊपर कथित ने उसकी ओर आश्चर्य में घूर कर देखा। उसकी आँखें निर्दोष थी। किम–ये–आन के गुस्से की यह लपक अंततोगत्वा शान्त होने से पहले कई बार उसके सीने में उठी।

''तुम अब ठीक किम–ये–लिम की तरह दिखते हो।'' राजकुमारी चुन–मी उसे फलक पर मोहरों के रखने का इशारा करते हुए मुस्कुरायी। ''तुम्हें बदलने के लिए किसी दूसरे को पाना अनावश्यक है। तुम्हारे पूर्वज बगल की दुर्गन्ध से मुझे घुमरी से पीड़ित करते थे। तुम में तीव्र दुर्गन्ध नहीं

हैं और चेहरा किम–ये–लिम जैसा है। अभी भी बेहतर है कि वह तुमसे मिलने यहाँ आ सकता हैं।

राजकुमारी चुन–सी की उदारता ने किम–ये–आन को चौंका दिया। उसका विवाह प्रधान सभापद के पुत्र से होने वाला था इसलिए वैवाहिक समारोह से और शतंरज खेलने तथा चाय अनुष्ठान के निष्पादन जैसे कौशलों जिनसे वैवाहिक जीवन के बढ़ने की संभावना हो सकती थी। से परिचित कराने के लिए समारोह निदेशक की व्यवस्था की गयी थी। किम–ये–आन को कोई ख्याल नहीं कि क्या वह पिछले निर्देशक के साथ इतनी हृदयहीन होगी या क्या उसने सीधे तौर से उससे इसलिए बात की क्योंकि वह किम–ये–आन लिम का भाई था। अथवा हो सकता हैं कि वह किम–ये–आन तक बात पहुँचाना चाहती हो?

''आपके ख्याल में'', राजकुमारी चुन–मी ने पूछा क्या किम–ये–लिम तुम्हें यहाँ देखने आयेगा?

''मैं नहीं समझता'' किम–ये–आन ने जवाब दिया।

यदि नहीं तो मैं उसे आमन्त्रित करती हूँ।

''विवाह की अपेक्षा रखने वाली राजकुमारी के लिए ऐसा करना उचित नहीं है।'' किम–ये–आन ने दो टूक प्रत्युत्तर दिया।

आपका मतलब महिलायें विवाह के पश्चात जो चाहें वह कर सकती हैं? उसने वार्तालाप को मुस्तैदी के साथ लिया और अपने चेहरे पर शरारती मुस्कान प्रदर्शित की।''

किम–ये–आन ने उसका रास्ता देखना बन्द कर दिया। लेकिन जब उसने एक मोहरा उठाया और अगली चाल का विचार किया तो वह यह देखकर बिलकुल भौचक्क रह गया कि राजकुमारी चुन–मी ने लापरवाही के तौर से आसाधारण चाल चली थी।

''क्या तुम विकटाकृति मुनष्य को जानते हो?''

कौन ? किम–ये–आन ने राजकुमारी की ओर देखा ''जिस पुरुष से मैं विवाह करने जा रही हूँ। क्या तुम उससे मिले हों?''

''नहीं''

पिछले महीने मुझे उसे पर्दे के पीछे से देखने का गौरव प्राप्त हुआ था। जब जब प्रधान सभासद विवाह की तारीख का प्रस्ताव रखने के लिए महल आये थे। उसकी आँखे सड़े आलू बुखारा की तरह सूजी थी। जैसे कि वह पन्द्रह दिनों से सोया ही नहीं हों। वह पूरी तरह कंकाल बन गया था और जब उसने जम्हाई ली तो अपने मुँह को अपनी आस्तीन से ढकने की भी परवाह नहीं की।'' राजकुमारी चुन–मी ने कहा जैसे ही उसने पात्र में से मोहरे निकाले जैसे कि वह छोटे बक्से से मिश्री निकाल रही हो और उन्हें एक–एक कर करीब–करीब बिना रुके फलक पर रख दिया।

''मुझे कुछ रोचक बात सुनाओ। महल के एकान्त जीवन ने गप्पें मारने की आदत को उत्सहित किया हैं।''

किम–ये–आन ने कुछ देर बाद कहा। आज सुबह यहाँ आते वक्त मेरी गाड़ी को एक पागल आदमी ने रोका जिसने दावा किया कि गाड़ी सोने की बनी थी और निराशावश एक टुकड़ा घर ले जाने के लिए कोशिश करने लगा।

चुन–मी गड़गड़ायी ''वास्तव में''

''हाँ'' किम–ये–आन स्थिति का निर्णय करने के लिए नीचे फलक को देखने लगा और कहा ''महारानी ऐसी कुशलतापूर्वक शंतरंज खेलती हैं कि आपको शिक्षक की आवश्यकता नहीं हैं।''

राजकुमारी चुन–मी ने भी यह पूछते हुए नीचे की ओर फलक देखा। क्या मैं जीत चुकी हूँ?

यकीनन नहीं किम–ये–आन ने जवाब दिया

''फिर तुमने क्यों मेरे कौशल की प्रशंसा की?''

''मेरे विचार से सुंक्युक्वांग विश्वविद्यालय के दस से कम खिलाड़ी महारानी के जोड़ीदार हो सकते हैं।''

''तब तो तुम्हें देश का सबसे अच्छा खिलाड़ी होना चाहिए?''

राजकुमारी चुन–मी ने अपने स्वर में उपहास के पुट के साथ पूछा ''क्या तुम मुझे प्रसन्न करना चाह रहे हो या अपने मुँह मियाँ–मिट्ठू बनना चाहते हो? जब वह लौटते वक्त महल के द्वार पर पहुँचा तो वह पीछे

मुड़ा। महल की छत पक्षी के पंखो की तरह फैल गयी और उन लकड़ी के गलियारों को ढक लिया जो अपनी छाया से कमरों को जोड़ते थे। राजकुमारी चुन–मी उसका रास्ता देखते हुए गलियारे में खड़ी थी। यद्यपि उसका चेहरा दूरी के चलते धुंधला हो गया था। फिर भी सफेद कपड़ों में उसका डीलडौल काफी प्रभावशाली था। ''सफेद मोहरे की तरह'' किम–ये–आन ने सोचा। जब वह पीछे मुड़ा तो उसने महल के फाटक पर गुडहर का एक वृक्ष देखा। गुडहर के फूल शाम की ठण्डी हवा में नये समारोह निदेशक के सिर चेहरे और कपड़ों पर हल्की और पतली पंखुड़ियों की वर्षा करते हुए शाखाओं से झड़ गये। उसके सिर के इस घुमाव से उसका हृदय भयानक तरह से धड़कने लगा और उसने महसूस किया कि मानो वह काले मोहरे में बदल गया हो जिसे असंख्य सफेद मोहरों ने घेर दिया हो।

2

जिस दिन युवराज राजकुमार चाय पर आया, उस दिन वर्षा की फुहार सुबह से पड़ती रही जिससे ऐसा लगता था कि जैसे उसे हाथों से कपड़े में बुना जा सकता था। किम–ये–आन को राजकुमारी चुन–मी की उंगलियों की छाप का ख्याल आ गया और तदुपरान्त उसका मन बांस की पत्तियों के पोरों पर चला गया। आँगन में ताजी हरी पत्तियों के तीखे बाँसों का फैलाव था जो कि वर्षा में तर–बतर मोतियों के जीवन और रंग की तरह चौंकाने वाली प्रतीत होती थी।

किम–ये–आन के सामने एक किताब खोली गयी। फिर भी उसने उसका एक पन्ना भी नहीं उलटा क्योंकि वह जहाँ तक सोच सकता था वह सिर्फ राजकुमारी चुन–मी थी। उसकी काली आँखें बिना पलक झपकाये और उसे बिना घबराहट दिलाये बगैर भी जड़वत उसे घूरते हुए उसके शरीर में कहीं छिपी थी।

''व्हाइट पीअर्स के महल में चीजें कैसी हैं'' जब वह महल से बाहर आया तो किम–ये–लिम ने उससे पूछा, ''राजकुमारी चुन–मी चंचलता और दुराग्रहता के लिए विख्यात हैं।''

''बुरी नहीं हैं'' किम–ये–आन मुस्कुराया और एक सोच के पश्चात आगे कहा ''वह शतरंज की एक महान खिलाड़ी हैं।''

''वास्तव में'' किम–ये–लिम ने पूछा उसने ज्यों ही पतली चाँदी की छुरी से काली शफरी मछली का गोश्त उठाया। वह जब कभी मछली खाता था वह हमेशा मछली के सिर हड्डियों और पूंछ को प्लेट में इस क्रम में रखता था मानो उसे पकवान उसी तरह परोसा गया हो।

''मैं उससे एक बार युवराज राजकुमार के महल में मिला था। वह उसकी पत्नी की सुन्दरता से काफी अनम्य थी और उसके साथ नुक्ता चीनी करती रही थी।'' किम–ये–लिम ने ज्यों ही जब मछली समाप्त कर ली तब अपनी प्लेट को ठीक ढंग से रखते हुए कहा। ''यद्यपि वह विवाह करने जा रही है फिर भी वह बच्चे जैसा व्यवहार करती है।''

''वह शतरंज अच्छा खेलती हैं'' किम–ये–आन ने कहा। किम–ये–लिम ने उस पर एक नजर डाली और एक बहुत अप्रिय टिप्पणी की जो काफी कुछ संकोच के पश्चात उसके होठों पर आयी थी। किम–ये–लिम ऐसी कलात्मक प्रवीणता जैसे कि संगीत, शतरंज या चित्रकला की तरफ ध्यान नही देता था। और कई बार उसे सुखों मे डूबने और ऊँची महत्वाकांक्षाओं को भूलने के लिए झिड़का था। किम–ये–आन ने समझदारी से अपना मुँह बन्द रखा लेकिन स्वयं विचार किया कि यदि यह उसकी शतरंज में शानदार कुशलता न होती तो वह समारोह निदेशक का पद हासिल नहीं कर पाता।

3

बारिश के दिनों में अंधेरा जल्दी हो गया। संध्या समय धीरे धीरे होती बारिश तेज हो गयी और बांस की पत्तियों पर पटपटाने लगी। नौकरों ने लकड़ी के गलियारे में लटकती लालटेनें जलायी। वहाँ ऐसी हवा थी जिससे लालटेंने धीरे–धीरे हिल रही थी।

जब पूरी तरह अंधेरा हो गया तो रिहायश के पूर्वी हिस्से से आती कदमों की आहट सुनायी पड़ी। एक नौकर लालटेन लिये सामने था। किम–ये–लिम ने अनुसरण किया लेकिन किम–ये–आन को अपने बीच में

किसी के चलने का ख्याल नहीं था। "तुम्हारी चाय का जायका लेना चाहता हूँ इसलिए मैं यहाँ हूँ" किम–ये–लिम ने वर्षा की गन्ध लेते हुए लकड़ी के गलियारे से चला गया और किम–ये–आन पर हँसा "मैं तुम्हें परेशान नहीं कर रहा हूँ क्या मैं?"

"यकीनन नहीं" मेरे पास सुंगधित कमल चाय की कुछ नई पत्तियाँ हैं।

किम–ये–लिम के पीछे आदमी ने अपना लबादा उतारा जिसने उसका सिर भी ढंका था उससे, लालटेन की रोशनी में स्पष्ट मुस्कान के साथ उसका चेहरा चमक उठा। किम–ये–आन ने अचानक अपने हृदय की धड़कन रुकी महसूस की।

"क्या तुम्हें युवराज राजकुमार को नमस्कार नहीं करना चाहिए।" किम–ये–लिम ने कहा।

तब कहीं किम–ये–आन को आघात से राहत मिली और झुकने के लिए एक कदम पीछे हटा।

"ऐसा न करो" राजकुमार ने अपने हाथ बढ़ाये और किम–ये–आन को पकड़ लिया। उसकी आवाज राजकुमारी चुन–मी की तरह ध्वनित होती थी। फर्क केवल इतना था कि उसने वह भारी स्वर और अधिक धीमी गति में बोला था जैसे कि उसके द्वारा बोला गया प्रत्येक शब्द सावधानीपूर्वक सोच समझकर बोला गया हो।" "मुझे आशा है किम ये–आन मेरे देर से आने का बुरा नहीं मानेगा।"

"यकीनन नहीं" किम–ये–आन झुका और उन्हें अध्ययन के लिए आमंत्रित किया। जहाँ दिन भर से आग जल रही थी। और कमरे को गर्म तथा सुखद बना दिया था। "मेरा विनम्र कमरा आपकी उपस्थिति से सम्मानित हुआ है।

किम–ये–आन का हृदय बड़ी जोर से धड़कने लगा और उसके हाथ धीरे से हिलने लगे। जब उसने चाय की मेज लगा दी, तब उसने अपने धोये और चाय के बर्तनों को गर्म पानी से धोया। वह शान्त होने लगा और अधिक आराम से काम करने लगा। उसने युवराज राजकुमार को केवल

दरबार में दूर बैठे हुए और अधिकारियों को देखते हुए देखा था। किम–ये–आन ने स्वयं से कहा कि ''लोगों में कुलीनता युवराज राजकुमार के पोर्सलीन जैसे चेहरे और हल्की अभिव्यक्ति जैसी होनी चाहिए।'' युवराज राजकुमार ने किम–ये–आन की निपुण चेष्टाओं पर आश्चर्य व्यक्त करते हुए अचानक किम–ये–लिम से बातचीत की।

''सभी लोग जानते हैं कि किम ये–आन शतरंज में अच्छा है। वास्तव में उसके पास अन्य कौन शक्तियाँ थी उनके बारे में मुझे भी जो उसका भाई हूँ कम जानकारी है। किम–ये–लिम युवराज राजकुमार के पास अपने छोटे भाई की ओर मुस्कुराकर देखते हुए चित्रित चटाई पर बैठा।

सुगन्धित कमल की चाय जिसे किम–ये–आन ने अपने मेहमानों के लिए तैयार किया था वह उस साल बोस्योंग प्रमण्डल में उत्पादित चाय से बनायी गई थी। उसने नई चाय को रखा था जो उनकी रिहाइश के पीछे तालाब में ताजे खिले कमल के फूल की पंखुड़ियों के बीच में एक कागज में लिपटी थी और तदुपरान्त पंखुड़ियों को पतले धागे से बांध दिया गया था। और जब चाय सुगन्ध के आत्म–सात हो गयी तो उसने चाय के पुलिन्दों को निकाल लिया। किम–ये–आन प्रतिवर्ष सुगन्धित चाय की आजमाइश के लिए अपने भाई को आमंत्रित करता था इसलिए उसे जरा भी आशा नहीं थी कि वह युवराज राजकुमार इस समय किम–ये–लिम के साथ आ जायेगा।

जब चाय के प्यालों में पानी डाला गया तो ताजी चाय ने ताजे खिले कमल के फूलों की सुगन्ध से कमरे को भर दिया जैसे कि उनके सामने असंख्य कमल के फूल खिल गये हों और उन्हें ताजा कर दिया हो।

युवराज राजकुमार के साथ किम–ये–लिम दोनों सीधे बैठे हुए थे। किम–ये–आन ने उन्हें संक्षिप्त में चाय की उत्पति के बारे में बताया और तदुपरान्त हर एक को सुगन्धित चाय परोसी।

''मैं महल में कितना अज्ञानी हूँ कि मैंने कभी ऐसी बढ़िया चाय के बारे में नहीं सुना'' युवराज राजकुमार ने प्याले से एक घूँट लेने के बाद आश्चर्य में कहा।

"चाय अच्छी है और पानी भी असाधारण है। यह ओस है जिसे ये–आन ने सुबह से पहले कमल की पत्तियों से इकट्ठा किया था" किम–ये–लिम ने आगे कहा। "आपकी जीभें संवेदनशील हैं। किम–ये–आन ने कहा "सब चीज का जायका जीभ से लिया जाता है चाय हो या पानी।"

युवराज राजकुमार ने प्याले की परिधि से अपनी आँखें ऊपर उठायी और एक झलक किम–ये–आन की ओर देखा। किम बन्धुओं के नाक नक्शें काफी मिलते–जुलते थे लेकिन लोगों पर भिन्न प्रभाव पड़ता था। एक सोने की तरह उत्कट था और दूसरा चाँदी की तरह विनम्र।

जब उन्होंने अपने प्यालों की चाय समाप्त कर ली तो किम–ये–आन ने उन्हें फिर लबालब भर दिया।

"क्या हमें अपनी प्रतिभा की तुलना करनी चाहिए?" भरोसा रखो मैं अप्रिय नहीं हूँ। मैं भी चाय की सुगन्ध जैसा हूँ जोकि प्रचुर है और उसी क्षण छलक जाता है। जिस क्षण उसमें पानी डाल जाता हैं।" किम–ये–लिम ने सेलाडान का हल्का प्याला ऊपर उठाया जिसे पकड़े हुए उसने उसकी सजावटी छाप जोकि डेनिंग फूल में बनायी गयी थी को युवराज राजकुमार को दिखाया। हालांकि किम–ये–आन भी इस चाय के प्याले जैसा है जिसकी जेड जैसी पालिश तभी पता चलती हैं जब इसमें पानी तीन मर्तवे उड़ेला जाता है।"

अपने बड़े भाई की टिप्पणी से चकित होकर किम–ये–आन ने किम–ये–लिम की ओर देखा जिसने अपनी याददाश्त में दैनिक सतहीपन से परे सुदूर और आगे देखा था। जब उनके माता–पिता जीवित थे तब उन्होंने जो कुछ भी विचार–विमर्श किया था, उन बहुत कम बेतरतीब की बातों का ताल्लुक अपने वंश को सम्मान दिलाने से था। किम–ये–आन हमेशा एक ऐसे दर्शक की तरह जो समूह में शामिल होने में असमर्थ था हमेशा भविष्य के उत्कट वाद–विवाद और जोश पूर्ण स्थिति से दूर रहा करता था।

उसे इसका पता नहीं चला कि किम–ये–लिम ने कब और क्यों उसका परीक्षण और समझना शुरु किया ? और उसका भाई ऐसे संक्रामक

शब्दों का उपयोग करेगा। कि ऐसी चित्रित छाप का सेलाडान कटोरा है जिसे डी–निंग फू में बनाया गया है।

"यह वास्तव में सुखदायक है" युवराज राजकुमार ने थोड़ी सी प्रशंसा की "भाई ये लिम के साथ शराब पीना और चाय भाई ये लिम के साथ लेना।"

4

किम–ये–आन छह वर्ष की उम्र में पूर्वी सभागार के स्कुल में जाने लगा था। वहाँ अपने पहले दिन किम–ये–लिम जो तब से वहाँ दो सालों से पढ़ रहा था उसे स्कूल मास्टर द्वारा बुला कर खड़े होने और सूक्ति संग्रह का एक अंश सुनाने के लिए कहा गया।

किम–ये–लिम को आठ वर्ष की अवस्था में पहले से ही कुछ साहित्यिक प्रतिभा और रुचि थी जो एक बार अगर प्रवर्तित हो जाये तो ठीक जैसे कताई ढक्कन की जरह एक बार तुरप दिया जाए तो तेजी से कातता है वैसे ही वह चीन की प्राचीन सूक्तियों को स्वयं जीवन्तता से संगीतबद्ध गायन में अच्छे ढंग से अभिव्यक्त कर सकता हैं। वह ऐसी चकाचौंध आभा में प्रतिभाशाली दिखायी पड़ा कि उसके छोटे भाई किम–ये–आन ने उस क्षण महसूस किया कि वह अपने बड़े भाई की ऊँचाई के नजदीक भी नहीं जा सकता हैं।

तब से लेकर वह हर चीज जिसमें बड़ा भाई निपुण था, वह छोटे को हतोत्साहित करती थी। किम–ये–आन ने जैसे–तैसे फोर बुक्स और फाइव क्लासिक्स की। य़द्यपि उसने कुछ प्रयास किया लेकिन देश को चलाने और लोगों को शासित करने के वे वाक्य हमेशा उसकी याद्दाश्त और जुनाँ से गायब होते लगते थे। बल्कि वह संगीत, शतरंज, लेखन कला और चित्रकला जैसे फुर्सत के कामों में प्रवीण था और बिना प्रयास किये सामान्य से बेहतर रहता था। सौभाग्यवश उसके माता–पिता ने अपना विश्वास बड़े पुत्र पर कर लिया और उससे कोई माँग नहीं की।

माता पिता के देहावसान के पश्चात् किम–ये–लिम ने सुंकिंग क्वान विश्वविद्यालय में मार्शल आर्ट्स अध्ययन और अभ्यास करता था और हस दस दिनों बाद घर जाता था।

किम–ये–आन दिन में तो चाय पीने के दौरान कुछ लोक ध्वनियाँ लिखता था और कुछ स्याही एवं तरल चित्रण कला चित्रित करना तथा शतरंज खेलता था और रात में किस्येंग घरों में ऐन्द्रिक सुखोपयोग की कामना करता था। वह पुष्प विहीन घर की नर्तकी किस्येंग के प्रेम में पागल हो गया था जिस का शरीर ऐसा कोमल प्रतीत होता था जैसे कि उसे सृष्टा द्वारा गीले कपड़ों की तरह निचोड़ दिया गया हो जो गुंथे हुए आटे से ज्यादा मुलायम था।

एक दिन जब किम–ये–आन प्रातः काल पुष्प विहीन घर की एक रात के पश्चात् घर लौटा, उसने किम–ये–लिम को अध्ययनरत पाया। उसके बड़े भाई के सामने तांबे की हौदी रखी थी जिसमें वह सर्दियों में कमरे को गर्म रखने के लिए कोयला जलाया करता था और उसमें लकड़ी के हत्थे के साथ तांबे की चिमटियों का एक जोड़ा जड़ा हुआ था। किम–ये–लिम का चेहरा भी धातु के रंग और गुणवत्ता को प्रस्तुत करता था और उसकी आँखें किम ये आन को हड्डियों की उस टूटन की याद दिलाती थी जिन्हें उसने मार्शल आर्ट्स के अभ्यास के दौरान सौंपी थी।

किम–ये–आन ने देखा कि पत्रावली चित्रों की एक बड़ी गहरी उसके अपने बक्सों और अलमारियों के पासे अपनी वर्तमान स्थिति में किम–ये–लिम के पास पहुँचा दी गयी है।

उन्होंने पूरा दिन अध्ययन में व्यतीत किया। लाल और नीली लपटें चित्रों पर नृत्य करती थी। एक ऐसा दृश्य जो चित्रों पर किस्येंग के नृत्यों जैसा आकर्षक था। ताम्र हौदी में राख बढ़ती गयी जब तक कि वह अंततः हौदी के किनारे के ऊपर मुर्झायी पत्तियों की तरह चित्रित तैरने नहीं लगी।

किम–ये–आन ने महसूस किया कि जैसे उसका हृदय भी तांबे की चिमटियों में जकड़ गया हो और जलकर राख होने के लिए आग में रख दिया गया हो। पैर मुड़ गये और वह निष्क्रिय होकर बैठ गया। उसके पाँव, टाँगे, धड़, बाँहे और अंततः उसका दिमाग सब कुछ सुन्न हो गया।

''क्या तुम इन सामग्रियों से हमारे माता–पिता की आत्मा को शान्ति प्रदान करते हो?'' किम–ये–लिम इस टिप्पणी के साथ चित्रजल जाने के बाद चला गया।

उसे कुछ भी नहीं मालूम था कि उसके बड़े भाई को उसके क्रिया कलापों के बारे में पता चल गया है। सुंगक्कयुक्वान विश्वविद्यालय के लड़कों के लिए किस्येंग घरों को संरक्षण प्रदान करना कोई असाधारण बात नहीं थी। चढ़ती जवानी में हर किसी के एक या दो रम्याख्यान होते ही थे। वे लोग जिन्होंने कभी किस्येंग घर में पैर नहीं रखा होता था, उनकी हंसी उड़ायी जाती थी। यद्यपि किम–ये–आन उत्तेजना के पश्चात् धीरे–धीरे शान्त हो गया था लेकिन उसके भाई ने जो कुछ किया था उसे उसने पसन्द नहीं किया। उन दानों ने अन्छिापूर्वक या तो यश और धन के क्षेत्र या सदयता के क्षेत्र को स्वीकार कर लिया था। उसके बड़े भाई ये लिम ने इन तुच्छताओं पर इतना अधिक प्रयास सिर्फ अधिकार के प्रदर्शन का दिखावा करने के लिए किया था।

उनके माता–पिता की आत्माओं को सुख पहुँचाना?

उसे इससे क्या लेना देना है?

उनके माता–पिता की मृत्यु से पूर्व पिता ने अपनी निगाह हमेशा शराब के मर्तबान और किम–ये–लिम पर रखी जब कि माँ ने हमेशा उनके पिता और किम–ये–लिम पर रखी। वे अपने छोटे बेटे को यहाँ अपराध के रास्ते पर चलने से पहले यहाँ तक भूल चुके थे कि अब उसकी चर्चा भी नहीं की जा सकती थी। उसे उनके माता–पिता की मृत्यु पर दुःख भी था लेकिन वह निराश नहीं था। उसने स्वयं को किसी भी उस भावुकता से अलग कर लिया था जो ''भावप्रवण थी।

अपने पिता की अन्त्येष्टि पर उसने मातमी लिबास पहना था और कठोर चेहरे के साथ ये लिम को मेहमानों और अतिथियों की आवभगत एवं विदाई करते देखते हुए अपने बड़े भाई के पीछे खड़ा था। सुस्ती के ऊबे हुए उसने किम–ये–लिम को आलोचनात्मक नजरों से देखा था और उसे लगा कि उसके बड़े भाई का दुःख प्रसन्नता से ज्यादा वजनी प्रतीत हुआ।

चूंकि किम–ये–लिम जो चेहरे को जीवन से अधिक प्यार करता था, को गुलछर्रे के पश्चात् उनके पिता की बेवकूफियों के बारे में अब और बेचैन नहीं होना पड़ा जो परिवार के लिए खर्च का एक श्रोत भी था.... और अधिक क्या होना था। उसका बड़ा भाई किम का स्तम्भ बन चुका था और उन सभी के द्वारा उसके बारे में अंदाजा लगाया गया था जो संवेदना प्रकट करने आये थे।

"तुम्हारे जैसा पुत्र पाकर तुम्हारे पिता शान्ति में होंगे?" उसके मुँह से हल्की हंसी लगभग फूट पड़ी।

किम–ये–आन ने अपनी सुन्न टांगों और पैरों को ठोका और खड़ा हो गया और अपने कपड़ों से कागज की राख झाड़ी। उसने भाग्यशाली अनुभव किया। वह निश्चय ही उससे आमने–सामने महत्वाकांक्षाओं और संतानीय जिम्मेदारियों का वर्णन करने की बनिस्बत अपने चित्रों को जला डालेगा।

वह अभी भी बिना फूलों के घर बारंबार जाता था तथापि किस्येंग के लिए उसका शौक दिन प्रतिदिन कुछ–कुछ कम हो गया था। वह अभी भी उस पर अत्यधिक प्रेम जताने के लिए उपस्थित होता था और जब वह दूसरे पुरुषों के साथ हाव–भाव दिखाती थी तो वह तब भी सामान्यतः हंसी में टाल देता था लेकिन वह उससे दिल से अलग हो गया था जैसे कि वह स्त्री जिससे उसने प्रेम किया था, वह जलकर राख हो गयी हो और जो उसके सामने सजीव थी वह एक धोखे से ज्यादा नहीं थी। उसे मालूम था कि उसका विचार अनोखा था लेकिन वह अपने मन के घोड़े को उस दिशा में जाने से नहीं रोक सका। किस्येंग ने उसके परिवर्तन को संज्ञान में लिया था और कई मर्तबे सिसकियाँ ले लेकर शिकायत भी की लेकिन सब व्यर्थ रहा। उसने अपमानित महसूस किया होगा।

और विमुख हो गया। पुष्प विहीन घर का उत्तेजकशील पिंडक बन जाने के नाते उसके प्रशंसकों की कभी कमी नहीं हुई। यद्यपि किम ये आन कुलीन वंशज था फिर भी सिवाय इसके लिए उसके चेहरा सुन्दर था वह दूसरे की बनिस्वत अच्छा नहीं था।

6

किम ये आन ने लम्बे समय से किस्येंग घरों की यात्रा नहीं की थी। उसने अधिकांश समय शतरंज के निमय की पुस्तिकाओं का अध्ययन करने में बिताया था। उसकी प्रवीणतायें उसे दूसरे निपुण खिलाड़ियों के साथ प्रतियोगिताओं में ले जाकर या प्रतियोगियों को उसके दरवाजे पर लाकर अधिकाधिक प्रसिद्ध होती गयी। जब वह अठारह वर्ष का था तब किम ये लिम ने वंसत में इम्पीरियल लिटरेरी एक्जामिनेशन और शरद में इम्पीरियल मार्शल आर्ट्स एक्जामिनेशन उतीर्ण किया था ओर सीओल में प्रसिद्ध हो गया था। दो साल के बाद उसने संवाद नियंत्रक के कार्यालय में तीसरे दर्जे के निगरानी आयुक्त का पदभार ग्रहण किया। किम को प्रदान किया गया यह दर्जा पिछले छह दशकों में सबसे ऊँचा था।

साम्राज्यिक दरबार में बड़ी सफलता से किम ये लिम का अपने भाई के साथ रवैया कम सख्त रहा था या शायद परवर्ती पर उसका विश्वास नहीं रहा था। किम ये आन ने गुप्त रुप से अंदाजा लगाया।

किम ये लिम अपने बैंगनी रंग के सरकारी लिबास ऊर्जा तथा ओजस्विता से जगमगाता था। साम्राज्यिक दरबार का नया सितारा होने के नाते वह प्रतिदिन रात्रि भोज के लिए निमंत्रण प्राप्त करता था। जबकि किम ये आन अवमानित साम्राज्यिक उप पत्नी की तरह था जिसे नौकरों द्वारा भी तिरस्कृत किया गया प्रतीत होता था। वे कभी–कभार मिलते थे। जब ये आन बिस्तर से उठता और नाश्ता कर लेता था तब ये लिम सुबह के दरबार में जाता था और उसने घर पर कभी रात्रि का भोजन नहीं किया।

किम ये आन ने इसे इस तरह पसन्द किया। जो कुछ परेशानी की बात थी वह यह कि उसे कोई प्रतिस्पर्धी नहीं मिलता था। इसलिए उसने सीओल से डेढ़ सौ किमी दूर तलाक के मन्दिर में मास्टर वाटर हार्ट को पत्र भेजना शुरु किया। मास्टर शतरंज का शानदार खिलाड़ी था और ऐसा कहा जाता था कि खेल में उसके साथ कोई तीन सौ चालें नहीं चल सकता था। मास्टर वाटर हार्ट सभी पत्रों का जवाब सादे सफेद कागज

पर निश्चित दिया। उसने जो कुछ कहा वह असाधारण लगा फिर भी रहस्यमय सत्य से भरा था।

आँगन का पश्चिमी भाग जहाँ कि किम ये आन रहता था वह किम्स के निवास में लगभग तलाक का मन्दिर बन गया था। निवास में बदलाव देखने वाला वह हमेशा अन्तिम होता था। जैसे कि बदली छत और छज्जे की खपरैलें नई चित्रित दीवारें और जोड़े गये स्वर्ण अलंकारिक अवलम्ब से युक्त साज सामग्री। उसे यह भी पता नहीं था कि निवास का पुराना द्वार कब ध्वस्त करके नये से विस्थापित कर दिया गया तो वह जब घर से एक दिन दूर रहने के बाद वापस लौटा और द्वार को देखा तो उसने स्वयं को दूसरे घर मे प्रवेश करते हुए अनुभव किया।

निवास का मुख्य द्वार मूल से दो गुना चौड़ा था और चौखट से अभी भी ताजी लकड़ी की गंध आती थी। धूल से ढँके खजाने की तरह किम निवास की साफ सफाई चमकायी और नई अन्तर्वस्तुओं को संयुक्त किया गया था और चमकदार और भड़कीला हो गया था ताकि समय–समय पर किम ये लिम सह सरकारी अधिकारियों का घर पर स्वागत कर सके।

7

जब वह राजकुमारी चुन–मी से दूसरी बार मिला। किम ये आन ने उसे सावधानीपूर्वक देखा उसके तरह से उतना स्वतंत्र और आसानी से नहीं। अवश्य ही यह देखने के लिए कि वह युवराज राजकुमार से कितनी मिलती जुलती थी।

"क्या तुमने आज पागल को देखा था?" वे ज्यों ही मिले उसने त्यों ही प्रश्न किया "विलक्षण व्यक्ति जो तुम्हारी गाड़ी से सोने का एक टुकड़ा निकालना चाहता था?"

नहीं किम ये आन उस आदमी के बारे में सब कुछ भूल चुका होगा क्योंकि उसने उसका जिक्र ही नहीं किया था।

"मैं जानता हूँ कि वह कैसे पागल हो गया था" राजकुमारी चुन–मी ने एक रहस्यात्मक भाव धारण किया और सुविचारित रुकावट के बाद कहा "इसका आपसे संबंध है।"

"मेरे से?" किम ये आन मुस्कुराया।

यदि किम्स इसमें शामिल हैं तो निश्चित ही इसका संबन्ध आप से होगा।

किम ये आन ने मुस्कुराना बन्द किया।

वह एक कलाकृति व्यापारी का बेटा है और ठीक साम्राज्यिक महल में लोगों की तरह दूसरों की निगरानी करना पसन्द करता था। अब तुम्हारे निवास के बाहर प्रायः एक गाड़ी खड़ी करता है जो एक काले आवरण से ऊपर से नीचे तक ढँकी रहती है और हमेशा रात्रि होने के बाद आती है और सुबह होने से पहले चली जाती हैं।

निगरानी किम दरबार में एक सुन्दर और परिष्कृत उच्च पद पाने वाला है इसलिए सह स्वाभाविक है कि लोग इसके यात्रियों के बारे में उत्सुक हैं।

उसने देखा कि वह कहानी कहने वाले कथक पर आसक्त हो गयी थी। उसकी आँखें अपने श्रोताओं पर टिकी थी और उसके शान्त स्वर में स्पष्टतः आनन्द और उत्तेजना छिपी हुई थी जिस का वह बड़ी कठिनाई से दमन कर पाती थी। वह जिस विषय में बात कर रही होती थी उस मामले पर केन्द्रित रहने के लिए किम ये आन को स्वयं पर नियंत्रण रखना पड़ता था।

"मैंने तो कभी गाड़ी नहीं देखी हैं"

"लेकिन तुमने और दूसरे लोगों ने जब इसे देखा है तो वह गोपनीय कैसे रह सकता है? राजकुमारी चुन–मी ने इस बात से बेहद अप्रसन्न होकर उसकी बात बीच में काट दी गई और उस पर क्रोधपूर्ण दृष्टि डाली।

किम ये आन मौन हो गया।

राजकुमारी चुन–मी कुछ देर तक मौन रही और तदुपरान्त दुबारा बात किये बगैर नहीं रह सकी। "कलाकृति व्यापारी के बेटे की एक शर्त थी इसलिए वह सारी रात तुम्हारे निवास के बाहर ठहरता था और जब अगली सुबह मेहमान तुम्हारे निवास से बाहर आते थे। वह गाड़ी आधे सीओल के

पार खींच ले जाता था और अपनी जबान निकाले हुए कुत्ते की तरह थक जाता था। जब वह अब और आगे नहीं चल पाता था तब यह होता था कि गाड़ी भी रुक जाया करती थी। क्या तुम अनुमान लगा सकते हो कि यह कहाँ रुकती थी?''

किम ये आन ने अपना सिर हिलाया।

थोड़ी सी निराश राजकुमारी चुन–मी ने किम ये आन को घूरा। यह एक ऐसे जंगल में रुकी जो साम्राज्यिक महल से दूर नहीं था और काले वस्त्रों में ढंके कई आदमियों ने ठीक जैसे ही सूर्य निकला गाड़ी के काले आवरण को फाड़ा डाला जो कि कलाकृति व्यापारी के बेटे की निगाह में अचानक चमकीला और चकाचौंध करने वाला हो गया जैसे कि वह सोने का बना हो। गाड़ी उसी साहस से जैसे कि सोना था महल के अन्दर चली गयी और उसे रोकने कोई नहीं आया।

''उसने इसके बारे में दूसरों को बताया और अफवाहें जब जगह फैल गयीं लेकिन ईश्वर ही जानता है कि वे सत्य हैं या गलत क्योंकि कलाकृति व्यापारी का बेटा पागल हो गया था जिससे तुम मिले थे।''

तुमने इसके बारे में कैसे जाने लिया? किम ये आन ने पूछा।

''महल में काले कपड़ों में पहरेदारों की खेपें हैं। उनमें से किसी को भेज दो और जो कुछ जानना चाहता हूँ उसे जान जाऊँगा। राजकुमारी चुन–मी ने गहरी साँस ली जैसे कि वह ज्यादा जानना चाहती हो। ''बड़े दुःख की बात है कि हमें यह नहीं पता है कि गाड़ी में कौन बैठा हुआ था। कहीं वह युवराज राजकुमार की पत्नी तो नहीं थी?'' उस बारिश की रात में उन्हें सुस्पष्टता से चाय का ख्याल आया। जिस क्षण राजकुमार ने अपना चोगा उतारा उस वक्त क्या वह स्वयं युवराज राजकुमार को राजकुमारी चुन–मी नहीं समझ बैठा था। जिस ढंग से राजकुमार ने अपने बड़े भाई को देखा था वह एक आदमी के लिए अनुचित था। महामहिम युवराज राजकुमार को रहने दो और उनके कपड़ों की सुगन्ध भी अनोखी थी.... किम ये आन का हृदय जोरों से उछलने लगा। उसके कपड़ों की सुगन्ध जो कुछ दिनों बाद खत्म हो गयी थी वह वापस घनीभूत हो गयी

और वह राजकुमारी चुन–मी के कपड़ों से आने लगी और उसके हाथ की तरह गले से पकड़ लिया।

क्या एक पुरुष किसी दूसरे पुरुष पर आसक्त हो सकता है ? क्या तुम बिलकुल ठीक हो? राजकुमारी चुन–मी ने पूछा.... मैं बिलकुल ठीक हूँ।''

''क्या तुम ठीक हो?'' राजकुमारी चुन–मी की आँखें उसके चेहरे पर ठहर गयी।

तुम्हारा चेहरा कागज की तरह सफेद है।

वास्तव में किम ये आन घबराहट में मुस्कुराया। राजकुमारी चुन–मी की भौंहे तन गयी मानों उसने उसकी मुस्कुराहट को बेढंगा महसूस किया हो।

''इसका मतलब तुम गाड़ी के आदमी को जानते हो?'' नहीं उसने दृढ़तापूर्वक जवाब दिया। विचार के टुकड़े अदृश्य युक्ति के जरिये उसके मस्तिष्क के वातायन में प्रवेश कर गये और उसने पूछा, ''कलाकृति व्यापारी का बेटा कैसे पागल हो गया था?''

''यह वास्तविक रहस्य है। राजकुमारी चुन–मी ने ये शब्द एक–एक कर उच्चारित किये।'' लोगबाग सिर्फ यह जानते हैं कि वह पागल है लेकिन उन्हें कोई ख्याल नहीं हैं कि वह पागल हो कैसे गया, इसलिए कोई नहीं बता सकता है कि क्या वह उन शब्दों के कारण पागल हो गया था जो उसने कहे थे या उसने वे चीजें इसलिए कही क्योंकि वह पागल था।

चुन–मी के विवाह की तारीख के सिर्फ दस दिन रह गये थे जब यह खबर फैली कि उसका होने वाला पति अचानक बीमारी से मर गया।

अगले दिन जब महापार्षद अपने हाथ में सरकारी टोप के साथ दरबार में गया, लोगों ने देखा कि उसके बाल एक ही रात में सफेद हो गये थे। वह दरबार में झुका रहा और इतनी तेजी से झुका कि उसने अपना सिर फोड़ दिया। उसका चेहरा खून से ढंक गया। उसने बहते आँसुओं से सभी लोगों को परिवर्तित करते हुए सम्राट से इस्तीफे से अनुमोदन का कारण पूछा।

सम्राट भी करुणा से पिघल गया। महामहिम ने न केवल उसका इस्तीफा स्वीकार किया बल्कि साम्राज्यिक दामाद की मृत्यु के कारण की जाँच न कराने का भी निश्चय किया।

पूरा दरबार महापार्षद और साम्राज्यिक दामाद के रिक्त पदों से हिल गया। यद्यपि किम ये आन उदासीन था, फिर भी वह अशान्त अन्त प्रवाहों को अनुभव कर सकता था। दिन की तरह साफ अपनी महत्वाकांक्षाओं और युवराज राजकुमार के साथ असाधारण सम्बन्धों से किम ये लिम अपरिहार्यतया ध्यान का केन्द्र बिन्दु बन गया था।

एक रात किम ये लिम और युवराज राजकुमार दुबारा फिर ये आन के अध्ययन कक्ष में चाय पीने गये। रात की हवा में आँगन के कठोर बांस खरखराहट पैदा करते थे।

''महल में स्त्रियों के कुंकुम और पाउडर की गंध बहुत ज्यादा होती है।'' युवराज राजकुमार ने कई साँसे ली और मुस्कुराते हुए कहा ''तुम्हारे निवास की ताजी हवा वास्तव में सुखद हैं।''

युवराज राजकुमार जब बातचीत करते थे तो बात करने वाले व्यक्ति की केवल अप्रासंगिक झलक के साथ नीचे देखना ही पसन्द करते थे। किम ये आन दरबार में युवराज राजकुमार से दूर खड़ा होता था और कभी–कभी राजकुमार को बौद्ध मन्दिर की मिट्टी की मूर्ति की तरह महसूस करता था। ''महल नौ सुन्दर राजकुमारियों और तुम्हारी पत्नी जो कि सुन्दरता में और भी चकाचौंध करने वाली है और तीन सौ साम्राज्यिक उपपत्नियों समेत सौन्दर्य से भरपूर हैं। तुम दिव्य सुगन्ध की भूमि में दैवीय सौन्दर्यों से घिरे हो। इसलिए मुझे डर लगता है कि अपने जो ताजी हवा का उल्लेख किया वह सिर्फ गरीबी और पण्डित्य प्रदर्शन के लिए है।'' किम ये लिम संभवतया अच्छे मनोभाव में था और वह दिल खोलकर हँसा।

''ऐसा कुछ नहीं है'' युवराज राजकुमार ने बिना ऊपर देखते हुए हल्की आवाज में कठोरता से प्रत्युत्तर दिया। ''स्त्रियाँ स्त्रियाँ होती हैं जिनके साथ सांपों की तरह झगड़ना कठिन होता हैं।''

"झगड़ने के लिए औरतों को रखना क्या यह आदमियों के लिए सम्मान की बात नहीं हैं?"

"स्त्रियाँ फूलों के सुगन्ध की तरह होती हैं जो कि ज्यादा हो जाने पर दमघोटूं हो सकता है।"

तुम्हारा ऐसा कहना ठीक है स्त्रियाँ चिपकने की ओर अभिमुख होती हैं और उनसे निपट पाना मुशिकल होता है।

युवराज राजकुमार ने धीरे के कहा "इसी कारण साम्राज्यिक दामाद गाने वाली किस्येंग के शरीर पर मर मिटा।"

किम ये आन के हाथ काँपने लगे और गर्म पानी उसकी पीठ पर फैल गया। युवराज राजकुमार और किम ये लिम दोनों ने बात करना बन्द कर दिया और उसकी ओर देखा।

मुझे अफसोस है किम ये आन ने सिर नीचा करके माफी मांगी जबकि उसने गर्म पानी से साफ होने में हजारों सुइयों के चुमने का अनुभव किया। "क्या तुम ठीक हो?" युवराज राजकुमार ने उसके हाथ पर टकटकी लगाकर देखा।

"मैं ठीक हूँ" किम ये आन क्षमा याचना के लिए झुक गया। उन्मत्त हड़बड़ी के लिए मुझे अन्यन्त खेद है। "ये आन अभी भी इसके बारे में अंधेरे में है...." कि ये लिम ने उसे अपने हाथ के पीछे का पानी साफ करने के लिए तौलिया पकड़ते देखा और युवराज राजकुमार को बताने के लिए मुड़ा।

"क्या तुम वाकई बिलकुल ठीक हो।" युवराज राजकुमार ने उसे बीच में टोका और किम ये आन से पूछा।

हाँ और हड़बड़ी के लिए अफसोस है किम ये लिम शान्त हो गया।

यह तो वाकई कुछ अजीब सा है कि सीओल में ऐसे लोग हैं जो नहीं जानते हैं कि साम्राज्यिक दामाद कैसे मर गया युवराज राजकुमार मि ये लिम की ओर मुड़ा और कहा "पिछली रात व्हाइट पीयर्स के महल में चुन–मी ने अपनी अनुष्ठानिक पोशाक रखी जिसे उसने अपने विवाह के

लिए तैयार किया और उसमें आग लगा दी। लपटें और धुआं देखकर पहरेदार दौड़े और मेरे पिता सम्राट और मेरी माता महारानी को भी सचेत कर दिया।

''राजकुमारी चुन–मी को साम्राज्यिक महल में सबसे विलक्षण पात्र नहीं माना जाना चाहिए।'' मि ये लिम हँसा।

''सिर्फ क्योंकि वह मेरी माता महारानी से पैदा हुई थी इसलिए उसने हमेशा स्वयं को ठीक समझा। वह यह भी घोषित करती है कि वह स्वयं नया साम्राज्यिक दामाद चुनने जा रही हैं।'' युवराज राजकुमार ने चाय का प्याला उठाया जिसे किम ये आन ने अभी–अभी उसके सामने रखा था और अधखुली आँखों से मिम ये लिम को देखा। ''चुन–मी तुम्हारे प्रेम में फंस गई प्रतीत होती है ये लिम''

''मेरे प्रेम में फंस गई'' किम ये लिम हँसा। यह यकीनन कुछ नया है। ''ये लिम प्रशंसा का आदी रहा होगा और इसलिए दूसरों के स्नेह को वह व्यर्थ समझता है।''

''तुम्हारी उक्ति मुझे काँटों पर रख देगी'' किम ये लिम ने कहा लेकिन उसकी आसान चेष्टा ने कुछ और ही दर्शाया। उसने चाय का प्याला अपने हाथ में उठा लिया और यह कहते हुए सुगन्ध को सूंघा ''तत्काल मेरी आलोचना करना यदि मैं अनादरपूर्ण हो जाऊँ।''

एक क्षण के मौन के पश्चात् युवराज राजकुमार किम ये लिम को बिना देखकर पुनः बोला ''प्रथम और द्वितीय श्रेणी के सरकारी कर्मचारियों के परिवारों में जो शाही परिवार के निकट हैं, उनके सभी नवयुवकों की दूसरी राजकुमारियों से मंगनी हो चुकी है और चौथी श्रेणी के सरकारी कर्मचारियों और उसके नीचे के परिवारों के नवयुवक अयोग्य हैं। इसलिए सभी ने विचार किया कि तुम नये साम्राज्यिक दामाद के लिए सबसे योग्य हो ये लिम मेरी माता महारानी ने भी तुम्हारी परिवारिक पृष्ठभूमि के बारे में मुझसे पूछा है।''

किम ये आन ने नीचे की ओर स्टोव पर केतली को देखा। ''यदि मुझे पता होता कि महामहिम इसके बारे में बात करने वाले थे तो मैं आज की

राज थोड़ी शराब पी लेता।'' किम ये लिम हँसा और कहा ख्यान तब सबसे ज्यादा रोचक होते हैं जब कोई आधा नशे में होता है।

तुम इसे रक्या ख्यान समझते हो? युवराज राजकुमार किम ये लिम को देखने के लिए मुड़ा। ''स्त्रियों के साथ शामिल होना क्या है अगर यह रम्याख्यान नहीं हैं?'' यद्यपि किम ये लिम नशें में धुत नहीं था फिर भी वह धुत प्रतीत हुआ और असावधानी से बोलने लगा।

किम ये आन का हृदय उसके मुँह में था।

अरे हाँ, मैं प्रायः भूल जाता हूँ कि ''तुम सीओल में सर्वाधिक विख्यात भावुक और प्रतिभाशाली विद्वान हो'' युवराज राजकुमार ने कहा और भाव शून्य मुस्कुराहट से उसका चेहरा नीला पड़ गया।

''इसका मतलब मैं दरबारियों के अमले में चंचल प्रेमी हूँ?'' किम ये लिम हँसा जैसे कि वह अपने शाही मित्र की अप्रसन्नता से वाकिफ न हो।

''तब तक हमें पीना चाहिए'' युवराज राजकुमार ने अपना चाय का प्याला मेज पर रख दिया। ''मैं शराब लाऊँगा'' किम ये आन उठा और इससे पहले कि वे जवाब दे पाते वह दरवाजे की ओर चला गया।

किम ये आन कुछ समय तक रसोई घर में रहा क्यों कि नौकर को शराब भण्डार से शराब लाना पड़ा था। जब वह अध्ययन के लिए वापस आया तो उसने जो कुछ देखा, उससे वह भौचक्क रह गया। किताब की एक आलमारी गिरा दी गयी थी और केतली की टोटी उसकी ओर झुकी थी। केतली की टोटी से पानी बह रहा था और चित्रित चटाई समेत उस पर रखी किताबों को भिगो रहा था। और जल छिड़का हुआ स्टोव धुऐं और गर्म कोयले की अवरुद्ध मिश्रित गंध छोड़ रहा था।

किम ये लिम का चेहरा ये आन को उनके पिता की याद दिलाते हुए कठोर हो गया था जो कि जब दोनों भाई छोटे थे और उसने स्वयं शराब के सुख का परित्याग नहीं किया था और तब वह वैसी ही छवि बना लेता था जब उसे समय–समय पर किसी चीज के लिए खींझना पड़ता था।

युवराज राजकुमार दीवार के सहारे टिका था। उसका चेहरा कागज की तरह सफेद था लेकिन उसकी आंखे लाल और भीगी हुई थी।

किम ये आन को शराब का मर्तबान पकड़े हुए देखकर ये लिम ने उसे अपने छोटे भाई से छीन लिया। मिट्टी की सील थपथपायी और बड़े घूंटों में मर्तबान से शराब पीना शुरु किया। वह शराब जो उसके मुंह में नहीं गयी थी उसने उसके कपड़े भिगो दिये।

किम ये आन आँगन में चला गया। उसका दिल धड़क रहा था। वह लगभग एक घण्टे तक बगीचे में रहा। जब वह वापस आया तो किम ये लिम और युवराज राजकुमार पहले ही जा चुके थे। दो नौकर सफाई कर रहे थे और चटाई बदल रहे थे जो कि पानी और शराब से भीग गयी थी। लेकिन शराब की गंध कमरे को मीठी और पकी सुगन्ध से भरते हुए ठहरी थी।

किम ये आन अध्ययन के अगले कक्ष में सो गया और उसे शराब की गंध अभी भी सूंघने में आ रही थी। वह गहरी नींद नहीं सोया और रात में कई बार जागता रहा।

अगली सुबह जब किम ये आन किम ये लिम से आँगन के पूर्वी हिस्से में मिला तो छोटे भाई की कल्पना के विपरीत किम ये लिम बिलकुल निराश नहीं दिखायी पड़ा। वह लकड़ी के गलियारें में ढीले–ढाले कपड़ों में और प्रफुल्लता के साथ मार्शल आर्ट्स के अभ्यास से स्पष्टतः क्रोधित और अपने हाथ में गर्म चाय का प्याला पकड़े हुए था। जब उसने किम ये आन को देखा तो वह छोटे भाई से मुस्कुराया "क्या तुम आज राजमहल जा रहे हो?"

"हाँ," किम ये आन ने सिर हिलाया।

राजमहल से एक दुतवाहक अन्दर ले जाया गया और उसकी ओर बढ़ा। किम ये लिम ने दुतवाहक से पत्र ले लिया और किम ये आन की ओर हाथ हिलाया।

10

"मुख्य पोशाक उसी वस्तु से बनी थी जैसे कि मैं पहने हुए हूँ लेकिन इस पर कढ़ाई शानदार थी। सुबह के उगते सूर्य में नौ फीनिक्स की अभिरचना लम्बे घाघरे पर चाँदी के तारों से काढ़ी गयी थी और ओछे

ऊपरी वस्त्र की पेटी पर Osmenthus के फूल और पत्तियाँ क्रमशः सोने और चाँदी के धागों से कढ़ी हुई थी। लेकिन सबसे उत्कृष्ट हिस्सा रेशमी परिधान था जो कि ड्रैगन और फीनिक्स द्वारा उत्पन्न समृद्धि की अभिरचना में काढ़ी गयी थी।'' अपनी उंगलियों के पोर से मेज पर विभिन्न वक्र रेखायें बनाते हुए राजकुमारी चुन–मी ने कहना जारी रखा ''राजमहल में नौ सर्वोत्कृष्ट कढ़ाई कर्मी इस पर आधे साल से अधिक समय तक कार्य करते रहे। तुमने वास्तव में उन्हें कार्य करते देखा होगा। पिछले साल जब युवराज राजकुमार की पत्नी का विवाह हुआ था तो उसका आनुष्ठानिक परिधान ऐसा हास्यास्पद था जिसने हमें पागल बना दिया था। लेकिन वह सुन्दर थी इसलिए लोगों ने सिर्फ उसके चेहरे को देखा। शायद ही हम लोगों की तरह किसी की इस बात में दिलचस्पी थी कि वह क्या पहने हुए है।''

राजकुमारी चुन–मी उस दिन सफेद चोली और हरा लहंगा पहने हुए थी। वह खिड़की के सामने खड़ी हुई, उसके ताजे धुले बाल उसके गालों के किनारे काले साटन की दो सिटकनियों की तरह नीचे लटके हुए थे। केवल कुछ ही दिनों में उसका वजन कम हो गया था। उसकी ठोड़ी पतली और आँखें बड़ी हो गयी थी।

''मैंने स्वयं आग लगा ली। यह कैसी चमक थी जब कपड़ों ने आग पकड़ी ली। मेरा मानना है कि उस विलक्षण व्यक्ति ने भी भव्यता का क्षण अनुभव किया होगा जब वह मरने से पहले किसी एक किस्येंग के शरीर का सुख प्राप्त कर रहा था.... ।''

''मेरी महामहिम राजकुमारी चुन–मी किम ये आन ने अपने चेहरे पर जलन महसूस की। उसने कमरे के बाहर एक नजर दौड़ायी और राजमहल की परिचारिकाओं को लकड़ी के गलियारे में खड़े देखा। उनकी परछाईयाँ दरवाजों और खिड़कियों पर चिपके काई के कागज पर झूलते वृक्षों की तरह पड़ रही थी।

''आनुष्ठानिक निदेशक का चेहरा लाल पड़ चुका हैं राजकुमारी चुन–मी ने मेज की ओर मुड़ते हुए कहा और किम ये आन की ओर देखते हुए नीचे बैठ गयी। उसके हाथ मेज पर थे और उसके हाथों में।

''कृपया ऐसा मत करो मेरी महामहिम....।'' वे एक दूसरे के निकट थे। उसके बालों में कैलेमस फूलों की सुगन्ध घनीभूत हो गयी। उसने जैसे ही उसके बालों में उंगली डालने की इच्छा का विरोध किया तो उसका हृदय हिला और गुंथ गया।

''जब तुम शर्माते हो तो स्त्री जैसे दिखते हो।'' जब उसने कहा तो उसकी चंचल छवि उन किस्येंग स्त्रियों की तरह थी जहाँ लोग सुख की कामना करते थे और ऐसी स्त्रियों से इश्कबाजी करते थे जो पुरुषों के सामने बातें करती थी। उसकी आवाज पतली और कोमल थी और उसकी सांस घास के अग्रभाग की तरह उसके गाल गुदगुदाती थी।

किम ये आन ने थोड़ी नाराजगी अनुभव की कि वह हास्यास्पद शैतानी का विषय बना गया था। वह नहीं समझ पाया कि उसे दीर्घकालीन मोहिनी की तरह स्वयं खेलने का क्यों शौक था?

''क्या मेरी महामहिम इसे अत्युत्तम समझती हैं कि साम्राज्यिक दामाद गायिका किस्येंग के शरीर पर मर मिटा'' उससे विनम्रता से पूछा। उसके चेहरे का रंग बदल गया और उसका शरीर धीरे से पीछे की ओर झुका और सीधा बैठ गया।

''मेरी महामहिम को ऐसा नहीं कहना चाहिए था यदि तुमने शहर में फैली अफवाहों को सुन लिया था।'' जैसे एक ऐसे व्यक्ति के बारे में बताते हुए जिसका राजकुमारी चुनमी से कुछ भी लेना देना नहीं था किम ये आन ने कहना जारी रखा। ''विवाह की आशा रखने वाला साम्राज्यिक दामाद सुख खरीदने के लिए किस्येंग घरों में जाता था। मेरी महामहिम के बारे में लोग क्या कहते? कि क्या तुम्हारी महामहिम उन गन्दी अफवाहों के बीच अभी भी शुद्ध और निर्दोष है? तुम्हारी महामहिम गाने वाली किस्येंग से भी नीचे दर्जे की है। मैं शर्त लगाता हूँ कि वह उस वक्त अत्यन्त लोकप्रिय होगी जब गड़ियों की कतारों में ग्राहक आते होंगे। कोई कैसे अपने को एक ऐसी स्त्री के बारे में जिज्ञासु हुए बिना रह सकता हैं जो राजकुमारी से भी बढ़कर हो। सच कहूँ तो मैं भी उसे देखना चाहता हूँ।'' इसलिए भव्यता की बात करें तो गाने वाली किस्येंग जिस ढंग से उस क्षण स्वयं के बारे में महसूस करती है वह वास्तव में भव्यता के योग्य है।''

राजकुमारी चुन–मी ने अपने होंठ इतने कसकर दबा लिये कि उनका रंग ही गायब हो गया।

''तुम क्यों नहीं जाते और उससे मिलते हो?'' ''साम्राज्यिक दामाद का विचार आने पर सारी रुचि खत्म हो जाती है।'' राजकुमारी चुन–मी ने अपना हाथ उठाया और इससे पहले कि वह प्रतिक्रिया कर पाता उसके गाल पर एक तमाचा जड़ दिया। ''तुम्हें मुझसे इतनी बद्‌तमीजी करने की हिम्मत कैसे हुई?''

''किसी को पहले स्वयं को तुच्छ समझना चाहिए और तदुपरान्त दूसरे उसे तुच्छ समझेंगे।'' किम ये आन ने कहा।

राजकुमारी चुन–मी ने दूसरा हाथ उठाया और उसके दूसरे गाल पर तमाचा जड़ दिया।

किम ये आन मुस्कुराया।

यद्यपि मेरी महामहिम जो कर रही हैं, वह असभ्य है लेकिन मेरी महामहिम के तुच्छ कार्य के बनिस्बत ज्यादा अनुकूल है।''

''तुमने कहा कि मैं तुच्छ हूँ।''

''हाँ, तुम हो।''

राजकुमारी चुन–मी ने अपना हाथ दुबारा फिर उठाया। उसके बाल भी यह कहने के दौरान खड़े और झूल गये। तुम्हें मुझे अपनी तरह संबोधित करने की हिम्मत कैसे हुई?''

''हाँ''

राजकुमारी चुन–मी का हाथ हवा में ठहर गया। उसकी आँखों के किनारे लाल हो गये और उसकी आँखों में आँसू छलछला आये। पहले तो हल्के से फिर कुछ कठोर और बड़ी बूंदों में बदल गये और उसके गालों पर झोंके से फूट पड़े। उसने अपना उठा हाथ मोड़ा और उसके पृष्ठ भाग से अपनी आँखे पोछी।

उसके हृदय को सोखते और मुलायम करते हुए उसकी आँखों में आँसू बह चले।

जब वह खींझ के दौरे में होती थी तो वह उसे पसन्द करता था और तब और अच्छी तरह करता था जब उसके चेहरे पर आँसू लुढ़क जाते थे। विवाह की आशा रखने वाली वह ऐसी लड़की थी जो लाल पोस्त फूल की तरह नाजुक और कोमल थी और प्रेम तथा ह्रदय एवं मस्तिष्क में रखने योग्य थी। उसने निराशाक्श अपने बीच से मेज न हटाने की कोशिश की और उसे अपनी बाँहों में थाम लिया और आराम दिया।

11

किम–ये–आन रात में सो नहीं सका। उसने लैम्प जलाया और वोर्नियो कपूर की सुगन्ध जलायी। तत्पश्चात् उसने सफेद शतरंज पात्र से एक एक कर टुकड़े उठाये और उन्हें सावधानीपूर्वक रेशम से पोछने के पश्चात वापस रखा। उसने कमरे के बाहर लकड़ी के गलियारे में खड़े किम ये लिम पर ध्यान नहीं दिया।

"मैंने तुम्हारे कमरे में लैम्प का प्रकाश देखा और यहाँ चला आया किम ये किम लैम्प के प्रकाश में खड़ा हो गया मानो फुहार में नहाया हो।

किम–ये–आन जल्दी से उठा और कहा "अन्दर आओ और बैठों।"

"मेरे लिए एक प्याला चाय लाओ।" किम–ये–लिम ने अपने लबादे का निचला हिस्सा उठाया और बैठ गया। "कोई हड़बड़ी नहीं कोई भी चाय चलेगी।"

किम ये आन ने चाय के प्यालों को धोया और कुछ पानी उबाला। उसने पहले कुछ गर्म पानी कप में डाला तदुपरान्त एक चम्मच गौरेया के जबान जैसी चाय के कुछ टुकड़े डाले। पानी कल–कल करता प्रतीत हुआ और परछाईयुक्त अभिरचना के सफेद पोर्सलीन के कप में लहराया। जब चाय डुबोयी गयी तो एक लम्बी और एक छोटी कली की पत्ती अपने नाम को चरितार्थ करते हुए धीमे से खुली।

"एक द्रुतवाहक राजमहल से भेजा गया था।" किम–ये–लिम ने प्याला उठाया और एक घूंट पिया "साम्राज्यिक दामाद की अनुग्रह प्राप्त किस्येंग की हत्या कर दी गयी।"

किम ये आन हाथ में केतली लिये जमीन पर बैठ गया।

"राजकुमारी चुन–मी ने रानी के नाम से काले लिबास में पहरेदारों को भेजा था जो उसे वक्त डर के मारे बेहोश हो गयी जब उसे लकड़ी के सन्दूक में रखा किस्येंग का सिर भेंट किया गया। सम्राट क्रोधित हो गया और राजकुमारी चुन–मी को गृह कैद में रख दिया है।" किम ये लिम ने अपने छोटे भाई की ओर देखा और पूछा तुमने आज राजकुमारी चुन–मी से क्या कहा था?"

किम ये आन एक शब्द कहने में असमर्थ था।

"राजमहल की परिचारिकाओं ने कहा कि आनुष्ठाानिक निदेशक के जाने के पश्चात राजकुमारी ने गुस्से में काले लिबास में पहरेदारों को बुलाया था। "....सौभाग्य से युवराज राजकुमार ने स्थिति को शान्त किया वरना....." किम ये लिम की आँखें क्रोध से जल उठी और उसका स्वर भी कठोर हो गया। आनुष्ठाानिक निदेशक के तौर पर साम्राज्यिक महल में किसकी पहुँच है। क्या तुम्हें सावधानीपूर्वक बात करने और काम करने के लिए दूसरों को याद दिलाना होगा।"

"मुझे दुःख है...." किम ये लिम ने अपना सिर नीचा कर लिया।

किम ये लिम ने एक गहरी साँस छोड़ी। मुझे अफसोस है कि मेरी असावधानी से आपको तकलीफ हुई। स्वयं को दोष देने से कोई हल नहीं निकलेगा किम ये लिम ने अपने छोटे भाई की ओर क्रोध से देखा तुम केतली को किसलिए पकड़े हो?"

किम ये आन ने केतली को स्टोव पर रख दिया।

ऐसी बातें दोबारा नहीं घटनी चाहिए।" किम ये लिम ने कहा। "सौभाग्य से राजकुमारी चुन–मी महारानी का अपना रक्त और मांस थी इसलिए महारानी ने उसके लिए ज्यादा मुश्किलें नहीं खड़ी की।

".....मुझे अत्यन्त खेद है। "जल्दी आराम करो" किम–ये–लिम ने अपनी चाय खत्म की और निवास के पूर्व भाग में चला गया।

अगली सुबह किम–ये–आन व्हाइट पीअर्स के राजमहल में जा रहा था। उसे सारी रात नींद नहीं आयी थी और भारी सिर महसूस किया था।

गाड़ी पर बैठते हुए वह खिड़की के सम्मुख झुक गया और घोड़ों के खुरों की खड़खड़ाहट के बीच सो गया।

राजकुमारी चुन–मी लकड़ी के गलियारे में बैठी हुई थी। उसके हाथ मुड़े पैरों पर थे और सिर घुटनों पर रखा हुआ था। उसकी आँखों ने उसकी ओर टहलते किम ये आन का पता लगा लिया।

''मैंने उसे पिछली रात देखा था।'' उसने जैसे ही सिर उठाया, तब किम ये आन से कहा और स्तब्धता में मुस्कुरायी। ''वह मेरे बिस्तर के अन्तिम छोर पर खड़ी थी और आँखों की पलक बिना झपकाये मुझे घूरती रही।

किम ये आन ने कोई जवाब नहीं दिया। वह उसके बगल में बैठ गया। जहाँ तक आँख देख सकती थी, वहाँ एक भी परिचारिका नहीं थी। वे उसके द्वारा गुस्से के दौरे में नौकरी से निकाल दिये गये होंगे।

''क्या भूत वास्तव में होते हैं।''

''यकीनन नहीं''

लेकिन मैंने उसे जरुर देखा है। उसका चेहरा ठीक वैसे दिखा जैसे कि लकड़ी के सन्दूक में सिर था। राजकुमारी चुन–मी ने अपने गले से हाव–भाव प्रकट किया और कहा ''वहाँ एक लाल रेखा थी वह मानों तब बन गई थी जब उसका सिर काटा गया था।''

''यह सब तुम्हारी कल्पना है।''

''यह कल्पना नहीं है।'' राजकुमारी थोड़ी नाराज थी और किम ये आन को उसने गुस्से से देखा, ''यदि मैं हाथ बढ़ा पाती तो मुझे विश्वास है कि मैं उसे पकड़ सकती थी।''

''यह तुम्हारी सिर्फ कल्पना हैं'' किम ये आन ने ज्यादा कठोरता से प्रत्युत्तर दिया। यदि तुम्हारा हाथ वाकई वहाँ पहुँच जाता तो तुम्हें पता चल जाता कि वहाँ कुछ भी नहीं था।'' मैंने अपना हाथ बढ़ाने का साहस नहीं किया। उसका चेहरा पीला था और आँखें नीले वलय से घिरी थी। अपने घुटनों को दोनों हाथों से पकड़ते हुए ''वह कहती रही वह मुझे पकड़ लेती और मुझे अधोलोक ले जाती। यदि मैंने अपना हाथ बढ़ाया होता।''

''वह तुम्हें कहीं नहीं ले जाती तुमने उसकी हत्या नहीं की थी।''

हाँ मैंने की। वह मैं थी जिसने काली पोशाक में पहरेदारों को उसे मार डालने का आदेश दिया था।''

''नहीं ऐसा नहीं है किम ये आन ने कहा वह मैं था। तुमने एक गलती की क्योंकि मैं जो कुछ कहा उसने तुम्हें भड़काया।''

''संबोधन के सम्मानीय रुपों का उपयोग किये बगैर तुम्हारी मुझसे बात करने की भला हिम्मत कैसे हुई.....।'' राजकुमारी चुनमी ने किम ये आन को जड़वत देखा। तदुपरान्त थोड़ी देर के बाद वह मुस्कुरायी और अपने मुँह पर हाथ रख कर जम्हाई ली। तुम जैसे चाहो ठीक मुझे वैसे ही संबोधित करो।''

वह मुस्कुराया।

वे व्हाइट पीयर्स राजमहल के द्वार पर जपाकुसुम के वृक्ष की ओर देखने लगे। ''व्हाइट पीअर्स के राजमहल में जपाकुसुम का वृक्ष कैसे लगाया गया?''

हो सकता है क्योंकि ''नाश शब्द ही दुर्भाग्यशाली है। वास्तव में मुझे नाशपाती वृक्ष की मंजरियां पसन्द हैं। वे स्वच्छ और परिष्कृत होती हैं। जब वे पूरी खिलती हैं तो पूरा वृक्ष शाखाओं पर फूलों की तरह बर्फ और कोहरे से प्रभावशाली दिखता है। जपाकुसुम के फूल भी सफेद होते हैं लेकिन पूरे खिलने पर बहुत ज्यादा घने और छोटे होते हैं। वे शाखाओं से निराशाजनक ढंग से कसकर चिपके हुए प्रतीत होते हैं। गोधूलि में उनका सबसे सुन्दर और चकाचौंध करने वाला दृश्य होता है लेकिन अक्सर लोगों पर अवसादयुक्त प्रभाव डालते हैं।''

किम ये आन ने नई रोशनी में राजकुमारी चुनन्मी की ह्रदय से प्रशंसा करते हुए जपा कुसुम के वृक्ष को घूरा। वह उसके शतंरज कौशल के असाधारण स्त्रोत के बारे में आश्चर्य कर रहा था। जिसे उसकी प्रतिभा द्वारा मुश्किल से व्याख्यायित किया जा सकता था। सुगमता शान्ति और सामान्य स्थिति का नियत्रंण जो वह दर्शाती थी, वह सामान्य पहुंच से परे होता था। जब युवराज किम–ये–आन के अध्ययन कक्ष में चाय का स्वाद

लेने गये थे, तब उन्होंने किम ये लिम के प्रस्ताव पर शतरंज का खेल भी खेला था। युवराज राजकुमार ने स्पष्टतः गुरुओं के शिक्षण के अनुसार शुरुआत में कुछ अच्छी चालें चली। फिर भी शुरुआती चालों के पश्चात् उसे युक्ति का अभाव हो गया। यदि उसने राजकुमारी चुन–मी के साथ खेला होता तो वह निश्चित तौर से पचास मिनट से भी कम समय में खेल हार जाता। किम–ये–आन ने कुछ छोटी युक्तियाँ खेली और उसे केवल दो सौ चालों में बाद हरा दिया।

"मैं वाकई सुस्त हूँ" राजकुमारी चुन–मी ने अपनी आस्तीन के पीछे जम्हाई ली और रुआसे होकर किम ये आन को देखा। "अंधेरा होने के बाद मेरी आँखें खोलने की हिम्मत नहीं होती है।"

"बिस्तर पर चली जाओ, मैं यहाँ पहरेदारी करुँगा।" किम ये आन उसके रेशम जैसे मुलायाम और चिकने बालों को छुआ "यदि वह आती है तो मैं उसे बताऊँगा कि गलत व्यक्ति के पास आयी है।" और उसे तुम्हारे लिए गाड़ी में किम निवास भेज दूँगा। राजकुमारी चुन–मी ने शारतपन से कहा

"हाँ"

"मेरे कमरे में आओ और मेरे साथ रहो।" वह जैसे उठी तब किम ये आन को संकोचपूर्वक देखते हुए कहा।

"यदि तुम यहाँ बैठते हो तो तुम उसे कभी नहीं रोकोगे।" किम ये आन ने उसे देखने के लिए अपना चेहरा उठाया लेकिन वह पहले ही मुड़ गयी और अपने कमरे में चली गयी। किम ये आन कुछ देर के लिए वहाँ बैठ गया और उसका पीछा किया।

13

राजकुमारी चुन–मी लेट गयी और बिना उसे देखे हुए उसके निकट के स्थान पर उसे लेटने का इशारा करते हुए थपथपाया। किम ये आन ने अपने जूते उतारे और उसके निकट लेट गया। वह बिल्ली की तरह जल्दी से उसके पास खिसक आयी और अपना चेहरा उसके सीने में दबा दिया

और अपना एक हाथ अपने गले पर और दूसरा उसके हाथ में रख दिया और उँगलिया उसकी उँगलियों से भिच गयी। अपनी ठोड़ी के सम्मुख उसका मुंह और उसके बालों के लच्छों से आती पिच्छाच्छ फूलों की सुगन्ध से उसे ऐसा महसूस हुआ कि वह जैसे घास–पात में उलझ गया हो।

किम ये आन का दिल तेजी से धड़कने लगा। राजकुमारी चुन–मी से उलझी उसकी उंगलियां रक्तवाहिनियों में दौड़ते खून की आवाज महसूस कर सकती थी। वह भी अधीर थी और उसका शरीर कठोरता से कुण्डली बन गया। वह बड़ी पती या रुई के विस्तार क्षेत्र में स्वयं के होने की कल्पना करते हुए गतिहीन पड़ा रहा। राजकुमारी चुन–मी धीरे धीरे नरम पड़ गई। उसका शरीर हल्का और हल्का होता गया। और उससे दूर उड़ती प्रतीत हुई।

उसने अपना सिर पीछे खींचा और उसे देखने के लिए निगाहें नीचे की। वह सो गयी।

किम ये आन अपने आत्मसंयम पर आश्चर्यचकित था। कोमलता जो उसे कभी मालूम नहीं हुई थी, वह उसके अन्दर प्रविष्ट हो गयी और उसका मन धीरे धीरे स्वच्छ और शान्त हो गया जैसे कि वह शतरंज के खेल में बहुत एकाग्र रहा हो।

उसने एक स्त्री को देखा जो अपने गले पर लाल रेखा और चेहरे पर विषैली मुस्कान के साथ बिस्तर के किनारे खड़ी थी...। राजकुमारी चुन–मी उसके वक्षःस्थल पर गहरी नींद मे ंसो रही थी। और जब उसने शुरु किया तो वह अवचेतन रुप से उससे और ज्यादा चिपक गयी।

किम ये आन ने ऊपर देखा। खिड़की अवलम्ब के सहारे खुली थी जिसमें से वह आँगन का आंशिक दृश्य और युवराज राजकुमार और किम ये लिम को देख सकता था जो उसे खिड़की से देख रहे थे।

किम ये आन ने सोचा कि उसकी आँखों को धोखा हो गया होगा क्योंकि जब उसने दोबारा देखा तो उसने खिड़की पर किसी को नहीं पाया। सिर्फ चमकीले पीले लबादे की पूंछ बाद में चमकती प्रतीत हुई।

उसे गलतफहमी हुई होगी या वह सपने में होगा। उस स्त्री भूत की तरह वे सभी उसकी कल्पना में थे। कोई भी खिड़की के सामने से नहीं गुजरा। किम ये आन ने स्वयं को सांत्वना देने की कोशिश की और राजकुमारी चुन–मी की बरौनियों की संख्या पर स्वयं को एकाग्र करने की कोशिश की।

सुबह होने पर जब वह व्हाइट पीयर्स के राजमहल के बाहर निकला तो दरवाजे का हिजड़ा खुशामद करते उसके पास आया। "मैंने सोचा कि आनुष्ठाानिक निदेशक युवराज राजकुमार और निगरानी आयुक्त के साथ जा चुका होगा।"

किम ये आन चुपचाप गाड़ी में बैठ गया। वह आगे बढ़नी शुरु हुई। रंग गहरे होते गये। जैसे–जैसे शाम के गाड़ी के सम्मुख अपना सिर टिकाये हुए उसका दिमाग ज्यादा धुंधला और संभ्रमित होता गया।

किम ये लिम उसे द्वार से निकलते देखने के लिए लकड़ी के गलियारे में खड़ा हो गया।

"मैं घर हूँ" वह थोड़ा झुका। यह चिंता करते हुए कि उनके मन में उसको लेकर विशेष चिंता होगी। वह अपने भाई को बहुत ज्यादा करीब से देखने का साहस नहीं कर सका।

"अरे" किम ये लिम ने उदासीनता से जवाब दिया। वे कुछ देर के लिए मौन हो गये।

"पूरा दिन राजमहल में रहने के बाद तुम थक गये होगे।"

केवल अपने बड़े भाई का भावशून्य चेहरा देखने के लिए किम ये लिम पर निगाह डाली। "थोड़ा आराम करो और रात्रिभोज करो।"

"हाँ भ्राता श्री"

जैसे ही वह निवास के पश्चिमी हिस्से की ओर गया उसने किम ये लिम की घूरती आँखों के चलते अपनी पीठ में बुखार सा महसूस किया। वह वापस लौटे बगैर नहीं रह सका लेकिन अपने दिमाग की छवि के विपरीत उसने अपने बड़े भाई को उसकी और पीठ किये और पीठ के पीछे मजबूती से हाथ पकड़े हुए अपने ही जूते घूरते हुए देखा। लम्बा और

हट्टा–कट्टा किम ये लिम अपना सिर झुकाये पीछे से दुखी दिखायी दिया जो एक ऐसा दृश्य था जिसका वर्णन नहीं किया जा सकता था। किम ये आन कुछ देर तक शून्यता से घूरता रहा और तत्पश्चात् मुड़ा और चला गया।

जब वह अपने कमरे में वापस लौटा तो किम ये आन ने अपना लबादा उतारा और उसे इतनी तेजी से सूंघा कि जैसे उसने अपना सिर ही गाड़ दिया हो। यह पहचानने के लिए कि उसने जो कुछ सूंघा तो क्या यह उसकी कल्पना थी या वास्तविक सुगन्ध। उसने दुबारा अपने मन की आँखों देखा कि राजकुमारी चुन–मी उसके वक्षस्थल से सटकर बैठी हैं। यद्यपि दृश्य उस क्षण अनुचित प्रतीत हुआ फिर भी इसने उसे आनन्दित कर दिया और उसे कंपकपा दिया जैसे कि उस पर गाज गिर पड़ी हो। वह नहीं जानता था कि राजकुमारी चुन–मी कब जाग गयी। उसका दिमाग पूरी तरह युवराज राजकुमार और किम ये लिम पर आश्चर्य करते हुए व्यस्त था कि वे अचानक व्हाइट पीयर्स के राजमहल में क्यों आये थे। उसके लिए या इसलिए क्योंकि किम ये लिम और राजकुमारी चुन–मी का विवाह तय किया जा चुका था? यदि यह दूसरा मामला सही था तो किम ये लिग को उसे और राजकुमारी चुन–मी को इस तरह साथ देखकर क्या सोचना चाहिए था ?

"तुम किस बारे में सोच रहे हो ?"

किम ये आन राजकुमारी चुन–मी की बड़ी आँखें खुलने से चौंक गया "जागती हो।"

"हाँ," राजकुमारी चुन–मी ने उठकर बैठते ही सहमति प्रकट की और किम ये आन को घूरने लगी जो कि बैठ गया था इतनी "गहराई में खोये तुम किसके बारे में सोच रहे हो?"

किम ये आन ने इसे मजाक और उत्तेजनाजनक समझा। एक घण्टे की नींद के बाद राजकुमारी चुन–मी के दिमाग से डर निकल गया प्रतीत हुआ और वह दुबारा हर चीज की जिज्ञासु राजकुमारी हो गयी। उसका चेहरा भी जीवन्त हो गया।

''स्त्रियों के बारे में''

हाँ उसने वैसे ही कहा जैसे उसने उस स्त्री को देखा था जो उसके स्वप्न मे आयी थी। क्या तुम वाकई महिलाओं के बारे में सोच रहे हो।''

''हाँ''

''तुम्हारी हिम्मत कैसे हुई?'' राजकुमारी चुन–मी ने उसके चेहरे पर एक तमाचा जड़ दिया। उसके आँखे क्रोध से गोल हो गयी ''तुम्हारी हिम्मत कैसे हुई?''

''मैं तुम्हारे बारे में सोच रहा हूँ'' किम ये आन ने कहा

राजकुमारी चुन–मी स्तब्ध हो गयी और उसके चेहरे का भाव तुरन्त बदल गया।

''तुमने नस पकड़ ली है उसने राजकुमारी के नाजोअंदाज से कहा लेकिन उसका चेहरा पके सेब की तरह उत्साहित हो गया ''मेरे बारे में सोचना? मगर किस लिए'' किम ये आन कुछ नहीं बोला और ना हिला। विचारों की भीड़ से साँप की तरह उसकी इच्छा उस के शरीर से निकल भागी और स्वयं उस शरीर पर छोड़ दिया जो कोमल जोशीला और सुगन्धित था।

''मुझे जाना चाहिए'' किम ये आन ने स्वयं अपनी भर्रायी आवाज सुनी। राजकुमारी चुन–मी नहीं बोली।

उसकी कनपटी धड़कने लगी और गला प्यास के मारे सूख गया।

''तुम क्यों नहीं जाते हो?''

उसका गला ज्यादा प्रोत्साहन देता लगा। और मानो उस भय से पूरी तरह अचेत हो जो कुछ और ज्यादा डरावने शब्दों से ध्यान में आयेगा। किम ये आन नजदीक और नजदीक गया और उसका मुंह अपने मुंह से ढंक दिया। उसके होंठ दो पत्तियों की तरह कोमल थे और पूरी तरह विपरीत हो जाते थे जब वह उनसे भद्दे ढंग से बोलती थी। उसने स्वयं सोचा कि राजकुमारी कठोर तो बोल सकती है लेकिन वह बर्फ की तरह शुद्ध है।

वह कई पर्तों का लहंगा पहने हुए थी और उसके हाथों ने अंततः उस जगह जहाँ कि उन्हें पहुंचना था काफी देर तक जांच पड़ताल की थी। उसकी त्वचा ने चिकनाहट और ठण्डक महसूस की मानो आर्द्रता से तृप्त हो। उसे यह भ्रम हुआ कि उसकी उंगलियां साटन के दूसरे गुच्छे में गुंथ गयी हों।

किम ये आन कि ये लिम के साथ रात्रि का भोजन नहीं करना चाहता था लेकिन कोई तार्किक बहाना नहीं ढूंढ पा रहा था। जब वह स्नान और कपड़े बदलने के बाद भोजन कक्ष में गया तो किम ये लिम लगायी गयी मेज पर पहले से बैठा था।

"अफसोस है कि मैं देर से आया। किम ये आन ने बैठते हुए कहा।

किम ये लिम ने अपने प्यालों में शराब डालने के लिए नौकर से सहमति प्रकट की"

"चलो आज खूब पिया जाये"

किम ये आन किम ये लिम के बाद शराब ले पाया जो जब कभी आस पास होता था अपने पिता के साथ शराब पीता था। नौकर ने उनके प्याले भर दिये।

"अपने गिलासों को खाली करो" किम ये लिम ने अपना कम उठाया और एक घूँट में खाली कर दिया। "अपना गिलास खाली करो" किम ये आन को एक ही रंग खेलना पड़ा।

नौकर ने दुबारा गिलास भर दिया। तीन कप प्याले पीकर उतारने के पश्चात् किम ये आन ने अपने पेट मे ऊपर की ओर घुमड़ती आत्माओं के साथ हल्का महसूस किया।

"मैं जरा भी अधिक नहीं ले सकता हूँ" उसने किम ये लिम की ओर इशारा किया। मैंने कभी ज्यादा नहीं पिया।"

"हाँ तुम पी सकते हो किम ये लिम मुस्कुराया और अपना प्याला दुबारा यह कहते हुए उठाया किसने कहा कि तुम नहीं पी सकते हो?"

पूरी तरह जागरुक होते हुए कि यदि उसने ज्यादा पी तो वह नशे में धुत हो जायेगा, फिर भी किम ये आन को प्याला उठाना पड़ा। जब उसकी

आस्तीन ने उसका चेहरा छिपा दिया तो वह अपने प्याले की अन्तर्वस्तु गिरा देना चाहता था लेकिन उसके दिमाग में यह विचार क्षण भर बाद आया और तब तक वह शराब के तीन और प्याले पी गया। किम ये लिम ने नौकर से उन्हें भोजन कक्ष में अकेले छोड़ देने के लिए कहा। जहाँ पाँच अभिरचित चटाइयाँ बिछी थी। कमरे का वातावरण अचानक ठण्डा हो जाने किम ये आन का संयम थोड़ा सध गया।

''मैं साम्राज्यिक महल में महारानी से मिलने गया था'' किम ये लिम ने कहा।

''मेरे और राजकुमारी चुनन्मी के बीच विवाह के बारे में''

उसके सिर पर एक चम्मच चम्मच ठण्डा पानी पड़ने की तरह किम ये लिम की टिप्पणी ने उसे लगभग जगा दिया।

''मैं उसका होने वाला नया पति हूँ।''

राजकुमारी चुन–मी तुम से विवाह करके खुश होगी किम ये आन ने कहा ''वह तुम्हारी लम्बे समय से तारीफ करती रही हैं।''

किम ये लिम ने उस की ओर देखा जैसे कि वह झूठ बोल रहा हो। ''उसने मुझे स्वयं पहली बार बताया था जब मैं व्हाइट पीअर्स के राजमहल में गया था'' किम ये आन ने किम ये लिम का आँखों के सामने जारी रखने के लिए स्वयं जोर दिया। ''उसने मुझे बताया था कि उसने मुझे बतौर आनुष्ठाानिक निदेशक इसलिए रखा था क्योंकि मैं आप जैसा दिखता था बड़े भाई। उसे यह भी आशा थी कि तुम उससे व्हाइट पीअर्स के राजमहल में मिलने आओगे।

''यकीनन?'' किम ये लिम धीरे से मुस्कुराया। ''तुमने मुझे पहले क्यों नहीं बताया ?''

''उससे महले साम्राज्यिक दामाद मेरा मतलब पहले महापार्षद के बेटे की फिर भी राजकुमारी चुन–मी भी से सगाई हो गयी जो अपने स्तर के बावजूद वह नहीं कर सका जो कुछ उसे पसन्द था।''

''तुम ठीक कहते हो'' किम ये लिम ने कहा ''हर क्षेत्र में कोई उन्नति नहीं कर सकता हैं। न तो युवराज राजकुमार न राजकुमारी चुन–मी मैं न

तुम।'' किम ये आन ने लोमहर्षित महसूस किया और अचानक उसे वफादारी की सौगन्ध याद आ गयी जो उस समय ली गयी थी कि जब वह नर्तकी किस्येंग के गहरे प्रेम में था कि अगर उनमें से अविश्वसनीय हुआ तो वह या वह किस्येंग सभी दिशाओं में बहते खून से मर जायेंगे या एक हजार सुइयां निगलेंगे।'' उस मौके पर वह उसे अपने साथ कैसे होने दे सकता था ?

आज तुम व्हाइट पीयर्स के राजमहल में स्तब्ध हो गये होंगे किम ये लिम ने कहा तुमने भी तो मुझे स्तब्ध कर दिया। मैंने कभी नहीं सोचा था कि तुम राजकुमारी चुन–मी के इतना नजदीक होगे।

नजदीक ? किम ये आन अपने हृदय में बहुत दुखित हुआ। उनकी घनिष्ठता के बावजूद उसे फिर भी निश्चय नहीं हो सका कि राजकुमारी चुन–मी ने उसे किस रोशनी में देखा था। वह तो किम ये लिम को पसन्द करती थी। लेकिन वह आधे–अधूरे मन से मिलता था। वह जो था उसने उसके बारे में क्या सोचा ? किम ये लिम का एक विकल्प ?

''क्या तुम विश्वास करते हो कि दुनिया में भूत होते हैं।'' किम ये आन ने पूछा ''भूत'' किम ये लिम ने किम ये आन को संभ्रम में देखा।

''पूर्व महापार्षद के बेटे की किस्येंग प्रेमिका'' किम ये आन ने कहा ''राजकुमारी चुन–मी ने कहा था कि बिस्तर के निकट उसे घूरती हुई गाने वाली किस्येंग के स्वप्न के चलते वह रात में एक क्षण भी सो नहीं पायी।'' ''यह उसकी सिर्फ कल्पना है।''

''मैंने भी उससे यही कहा। लेकिन मैंने स्वयं स्त्री को उसके गले पर एक लाल रेखा के साथ देखा जैसे कि वह तब घूट गयी हो जब उसका सिर ठीक उसी तरह काटा गया हो जैसा कि राजकुमारी चुन–मी ने वर्णन किया था।''

''बकवास'' किम ये लिम हंसा

''बकवास मगर सत्य'' किम ये आन ने अपने बड़े भाई की ओर देखा और कहा ''मैं भयावह स्थिति में जाग उठा और तुम्हें और युवराज राजकुमार को देखा'' किम ये लिम खामोश था।

मैं विश्वास नहीं करता कि भूत होते हैं। केवल अपराध बोध से ग्रसित लोग भूत देखते हैं।'' किम ये लिम मुस्कुराया और कहने लगा ''उस बारे में अब ज्यादा बात नहीं चलो पीते हैं।'' किम ये आन ने अपने पेट में गोल–मटोल गर्म स्थूल पदार्थ महसूस करते हुए अपना प्याला खाली कर दिया।

17

बरसात का मौसम समय से आ गया। विलम्बित गर्मी और प्रारंभिक वसंत के बीच धरती गर्मी के चिलचिलाते सूर्य से पर्याप्त ऊर्जा इकट्ठी कर अपनी पूरी शक्ति से ताप उत्सर्जित कर रहा था। विकृत वर्षा और भयावह हवा इस मौसम में एक स्तब्धकारी ध्वनि उत्पन्न करने के लिए संयुक्त हो गये जैसे कि अच्छी बारिश जमीन पर नीले पत्थरों को साफ कर देती हैं। वर्षा की आर्द्रता के बीच उदास ठण्डक थी।

बॉस की पत्तियां जो हर बारिश में गिरी थी, ने जमीन पर ढेर बना दिया था। उसी समय नई कोपलें हवा में ऊँची उठती लपट की तरह जड़ों से अन्धाधुंध निकल आयी थी।

किम ये आन ने महसूस किया कि वह भी रिक्त हृदय के चलते बाँस की तरह था लेकिन उसके विचार अध्ययन के अभाव के कारण उन अन्धाधुंध उगती बाँस की कोपलों की बनिस्वत ज्यादा उत्सुकता से बढ़ गये।

राजकुमारी चुनन्मी ने उन्हें जाकर ले आने के लिए कई बार हिजड़ों को भेजा लेकिन उसने सर्दी पकड़ने के बहाने के साथ उन्हें वापस लौटा दिया।

वह उससे मिलने के लिए अनिच्छुक नहीं था लेकिन उसकी हिम्मत नहीं हुई। हृदय के गहरे तल में वह राजकुमारी चुन–मी से मिलने का इन्कार कर अपने बड़े भाई के प्रति क्षमा याचना प्रदर्शित करना चाहता था। हर बार हिजड़े आते और चले जाते और वह किम ये लिम के बारे में सोचता रहता जो साम्राज्यिक राजमहल के अन्दर और बाहर ऐसे जाता था जैसे कि वह उसी का स्थान हो और निश्चित तौर पर जानता था कि

हिजड़े किस कारण से आये थे। लेकिन किम ये लिम ने अपने चेहरे पर कोई विशेष भाव नहीं दर्शाता था और वह कभी–कभार घर पर खाता था और तब तक वापस नहीं लौटता था जब तक कि काफी देर नहीं हो जाती थी।

किम के निवास में उसके और किम ये लिम के विपरीत किनारों के बीच एक नदी सी बन गई प्रतीत होती थी।

किम ये आन इसीलिए और भी कि वर्षा होती हैं उस स्थिति में आँगन इतना खाली नहीं होगा।

18

कई दिन बीत गये जब राजकुमारी चुन–मी एक शाम उसके सामने प्रकट हुई। किम ये आन को लगा कि वह जैसे स्वप्न में हो।

दो नौकर जो उसे किम ये आन तक ले आये थे, वे सम्मान में झुके और चले गये। उनकी संदेहास्पद आँखों ने उसे एहसास दिला दिया कि परिस्थितियाँ कितनी बेतुकी थी।

"लोग बाग कहते हैं कि ये आन को सर्दी लग गयी है और अब मरने के कगार पर है।"

"उसने चेहरा लम्बा करके कहा मैंने बिना अपनी आँखों से देखे इस पर विश्वास नहीं किया।"

"तुम राजमहल से बाहर कैसे....निकली? किम ये आन ने अपने पैरों को इतना कमजोर महसूस किया कि वह बामुश्किल खड़ा हो सका।

"मैंने ये लिम से मुझे बाहर ले जाने के लिए कहा था।" उसने अपना लबादा उतारते हुए कहा "तुम्हारे निवास में नौकरों ने मुझे गलतफहमी में महामहिम युवराज राजकुमार समझ लिया क्या मैं उनके जैसी दिखती हूँ?"

किम ये आन को लगा कि जैसे उसका हृदय पत्थर से टकरा कर रस में चकनाचूर हो गया जो सब जगह छिड़क गया। उसके पुरुष परिधान की ओर ऊपर से नीचे देखते हुए उसे सूग नहीं पड़ा कि वह चीखे या फिर हँसें ?"

''तुम मुझे इस तरीके से घूरकर क्यों देख रहे हो?'' राजकुमारी चुन–मी को बहुत जल्दी गुस्सा आ गया, जब उसने किम ये आन को खामोश देखा ''क्या तुम वास्तव में बीमार हो? तुम इतने अनोखे क्यों दिखते हो?''

''अन्दर आओ और एक कप चाय पियों'' किम ये आन ने गहरी साँस ली जब वह उठा और उसे अन्दर आमन्त्रित किया।

वह अप्रसन्न दिखायी देती थी लेकिन जब वह कमरे के अन्दर गयी और चारों तरफ देखा तो उसका चेहरा खिल उठा। ''तुम्हारा कमरा बौद्ध भिक्षु के कक्ष जैसा दिखता है।''

किम ये आन खामोश रहा। ''वे कहते हैं कि सरहद के निकट जमा होती क्विंग वंश की फौजों से होने वाला युद्ध निकट आ रहा है। मेरे पिता सम्राट स्वस्थ नहीं हैं और राजमहल में सब जगह खलबली है'' चुन–मी ने सांस छोड़ी ''मेरी माता महरानी को सभी कुछ का प्रभारी होना है।''

''....''

''तुम क्यों कुछ नहीं कहते हो?'' चुनन्मी ने पूछा ''क्या तुम जानते हो कि मैंने राजमहल से बाहर निकलने में कितनी तकलीफ उठायी हैं?'' ''मैंने सुना था कि तुम मेरे बड़े भाई से विवाह करने जा रही हो?''

''मुझे अनुमान लगाना चाहिए था।'' राजकुमारी चुन–मी ने कहा। जब उसने कि ये आन की ओर देखा और उसका चेहरा धीरे–धीरे चमक उठा।

''तुम्हें ठण्ड कहां लगी थी?''

''मुझे तुम्हें धन्यवाद देना चाहिए क्योंकि तुमने हमेशा मेरे बड़े भाई को पसन्द किया है।''

''मैं उसे यकीनन पसन्द करती हूँ लेकिन तुम्हें भी पसन्द करती हूँ। मैं येलिम और तुम्हारे ये आन के साथ चाहती हूँ।'' राजकुमारी चुन–मी ने गुस्से से कहा जैसे कि वह चिढ़ी हो। किम ये आन ने जवाब नहीं दिया। ''मुझे लगता है कि तुम मुझे फिर चंचल होने के लिए डांटने वाले हो?'' ''तुम चंचल हो'' किम ये आन ने सांस छोड़ने के साथ कहा।

राजकुमारी चुन–मी ने शर्मनाक गुस्से में उसे घूरकर देखा। उसने उसकी ओर हाथ बढ़ाया लेकिन धकिया दिया गा। उसने दुबारा उसकी ओर अपना हाथ बढ़ाया और उसने दुबारा फिर उसे दूर कर दिया।

''क्या चंचल औरतें ऊबाऊ नहीं होती हैं'' उसकी आँखे गोल थी।

''मैं तुमसे अत्यन्त घृणा करता हूँ जब तुम चंचल होती हो किम ये आन ने कहा ''तुम नखरे बाज हो और फिर भी तुम मेरे बड़े भाई के साथ सगाई की गयी लड़की हो। मैं वास्तव में नहीं जानता हूँ कि तुम्हारे साथ आगे कैसे बढ़ा जाये?

राजकुमारी चुनन्मी का चेहरा सफेद हो गया वह अकस्मात उठी और दरवाजे की ओर बढ़ चली।

बिना जानते हुए कि वह क्या कर रहा था किम ये आन ने उसे राकने के लिए अपना हाथ बढ़ाया। हवा में उठे एक पैर और अपनी ओर खींचने से उसका संतुलन बिगड़ गया और उसके हाथों में जा पड़ी।

आतुर भ्रम में किम ये आन राजकुमारी चुन–मी की पोशाक के बन्धन नहीं ढूँढ सका और उसके अधोवस्त्र का एक हिस्सा फाड़ डाला। वह मचल उठी किम ये आन सब कहीं से वैसे ही काँप रहा था जैसे कि उसके भीतर कोई नदी तट बंध और बांध तोड़कर उमड़ चली हो...। जैसे ही उसने राजकुमारी चुन–मी के शरीर में तेजी से प्रवेश किया उसे अचानक किम ये लिम का ख्याल आया।

''तुम्हें एक दिन दण्डित किया जायेगा।'' उसने स्वयं से कहा

अगले दिन नौकरों के जागने से पहले किम ये आन ने कुछ एक चीजें बांधी और घर भाग गया। हवा ठण्डी और धुंधली थी। एक गाड़ी किराये पर ले पाने से पहले उसने काफी देर तक इंतिजार किया। उसने गाड़ी पर डेढ़ दिन तक यात्रा की और दूसरा आधा दिन पर्वत पर चढ़ने में लग गया। जब वह अंततः विप्रयोग के मन्दिर पर पहुंच गया तब उसने चैन की सांस ली। मुड़ने पर उसने डूबते हुए सूर्य को देदीप्यमान आवरण की तरह पश्चिम में तैरते देखा।

नश्वरों का अन्तहीन संसार। आँसुओं ने किम ये आन की आँखों को धुंधला कर दिया।

19

मास्टर वाटर हार्ट दुबला–पतला किन्तु मिलनसार आदमी था। धुले हुए सफेदरंग के पहनावे को धारण किये हुए वह हर रोज मध्याह्न भोजन के पश्चात् मेज पर एक चादर बिछाता था और छुटभैया की तरह अपना सिर नीचा किये और शरीर को आगे झुकाये शतरंज फलक पर निरीक्षण और निशान लगाया करता है। यद्यपि किम ये आन उदासी में था फिर भी वह ऐसे दृश्य पर हँसे बगैर नहीं रह सका। वह मन्दिर में लगभग एक महीने से था लेकिन मास्टर वाटर हार्ट के साथ एक खेल भी नहीं खेला था।

काफी अधीर होने पर किम ये आन ने मास्टर वाटर हार्ट से कई बार पूछा कि वे कब खेल पायेंगे और हमेशा उसे मुस्कुराहट के साथ उत्तर मिलता "हम अभी और इंतिजार कर सकते हैं।"

मास्टर वाटर हार्ट की आँखों को छोड़कर उनका पूरा शरीर बूढ़ा हो चला था जो कि अधिक नवयुवक व्यक्ति से सम्बन्धित हो सकती थी क्योंकि वे स्वच्छ तेज और जीवन से भरी थी। किम ये आन ने महसूस किया कि उसे मास्टर द्वारा मात्र एक झलक में ताड़ लिया गया हैं।

विप्रयोग के मन्दिर के आँगन में चीनी गुडहर की एक बहुत दुर्लभ झाड़ी थी। जो कि तीन सौ वर्षों से भी ज्यादा पुरानी बतायी जाती थी। यद्यपि यह पुष्पित हो रहा था फिर भी किम ये आन ने उस गोधूलि वेला में अनुमान लगाया कि पूरी ग्रीष्म ऋतु में गोधूलि वेला में लाल फूल खून की बूंदों की तरह गिर जाते हैं।

20

युद्ध की खबरें विप्रयोग के मन्दिर में काफी लम्बे समय के बाद आयी। काली वेशभूषा में साम्राज्यिक राजभवन के सिपाहियों के अचानक विप्रयोग

मन्दिर में ऐसे प्रवेश करने से पूर्व काफी समय गुजर गया था जैसे कि वे स्वर्ग से आई फौजे हों।

किम ये आन ने उनका पीछा किया। किसी ने उसे यह कि उन्होंने कैसे उसे खोज निकाला था या युद्ध के बारे में नहीं बताया था। काली वर्दी में सिपाही अपने शब्दों के प्रति अत्यन्त सावधान थे।

ऐसा तो केवल बाद में हुआ कि किम ये आन को कुछ ब्यौरा सुनाई पड़ा।

घटित होने वाले युद्ध के विषय में निगरानी पार्षद किम ये लिम युद्ध दल का प्रथम और सर्वाधिक सुदृढ़ प्रतिनिधि था। किम ये आन अपने मन की आँखों में अपने बड़े भाई की सौम्यता को देख सका जब वह बहादुरी से लड़ा और वर्दी तथा भाले के अपने आदेशों से सारी बाधायें साफ कर दी थी। और उसका बड़ा भाई असैनिक कर्मचारियों और सैनिक अधिकारियों के पास कई बार गया होगा, जब उसके हुक्म का पालन नहीं किया गया होगा और करीब–करीब क्षोभशील एवं विकिरक में रुपान्तरित हो गये होंगे।

''दो सवाल हैं जिन्हें हम टाल नहीं सकते हैं हम किसके लिए लड़ते हैं? पराजय से ज्यादा भयावह और क्या है'' किम ये लिम ने ये सवाल दरबारी कर्मचारियों और अधिकारियों के सामने पटाखों की तरह फेंके और उनकी आँखों में ऐसे देखा जैसे कि वह यह तय कर रहा हो कि पटाखों को छुड़ाने की हिम्मत किसमें हैं? हारने में शर्मनाक जैसा कुछ भी नहीं है लेकिन बिना लड़े हार जाना सबसे ज्यादा शर्मनाक है।''

उसने बल पूर्वक कहा कि वह लोगों के स्थान पर निगरानी आयुक्त के बजाय एक साधारण अधिकारी के तौर पर वाद करेगा।

''नये साम्राज्यिक दामाद के रुप में उसके आचरण ने कई लोगों को ताज्जुब में डाल दिया फिर वह अपनी उंगलियां क्यों जलाये?'' सम्राट को प्रसन्न करने के लिए लोगों ने अनुमान लगाया।

जिस समय किम ये लिम ने लोगों से राष्ट्रीय एकता की अपील करने में पूरा जोर लगा दिया था, उसी दौरान युवराज राजकुमार ने बहुत

अनुचित ढंग से व्यवहार किया। जैसे ही उसने अपने भाई के एक एक शब्द को सुनने की कोशिश की तो उसका सफेद चेहरा और सिर अपने भोजन को टोंचते हुए फाख्ते की तरह किम ये लिम की ओर मुड़ गया। इस प्रकार यह वास्तविक आश्चर्य हो गया जब उसने बाद में युद्ध का सामने की ओर से निरीक्षण करने और साहस बढ़ाने के लिए सम्राट से अनुमति मांगी।

किम ये आन ने भी सुना कि उसने समय के दौरान किम का निवास चमकदार ढंग से प्रकाशित था और गड़ियां एवं घोड़े उसकी ज्योतिरेखा में में लहरा रहे थे।

वहाँ बाज इकट्ठे हो गये थे और उनकी जोरदार आवाजें अक्सर हवा द्वारा निवास की दीवारों से बाहर जा रही थी। युवराज राजकुमार अमूमन हर रात को किम के निवास पर आता था। और उसकी वजह से कई कर्मचारी किम ये लिम का समर्थन करते थे बटलर (जमादार) ने उसे बताया कि सरकारी कर्मचारी और अधिकारी ऐसी चौंधियाती आँखों हसोंड़ बातों के साथ आये और गये कि उससे उसे यह लगा कि जो सन्निकट था वह युद्ध नहीं बल्कि चरित्र की निराली महानता है।

संख्या में बढ़ते सैन्यदल ने अंततः किंग वंश के आक्रमण के विरुद्ध युद्ध करने के लिए आग्रह किया और कि ये लिम को सेनामुख सैन्य उपायुक्त का खिताब प्रदान किया गया। किम ये आन को भिन्न स्वरों में निरुपित वर्णनों में सुनने में आया कि किम ये लिम कितना बहादुर और उत्साह से लबालब दिखाई पड़ा था।

किम ये आन ने यह भी सुना कि लगभग आधे सैनिक नये रंगरूट थे जिन्होंने एक महीने के अन्दर अपने हथियारों को अपने खेती के औजारों की तरह उपयोग सीखने से पहले सरकारी सेनाओं का अनुसरण किया था। युद्ध की समाप्ति उससे कहीं अधिक दुखान्तता की पराजय से हुई जितनी कि उन्होंने कल्पना की थी।

मध्य शारदीय त्यौहार के बाद जल्द ही किम ये लिम को गंधवा टापू से वापस सीओल भेज दिया गया।

काली वर्दीधारी सुरक्षाकर्मियों द्वारा घर लाये गये किम ये आन को बताया गया कि सफेद चादर के नीचे ढंका आदमी किम ये लिम था। सभी की निगाहें उसकी ओर घूम गयी। वे उसका इंतजार कर रहे थे। किम ये आन ने बहुत हिम्मत जुटायी और सफेद कपड़ा उठा लिया। जैसे कि अचानक अराजकता फैल गयी हो कुछ चिल्लाये, कुछ ने एक दूसरे को पकड़ लिया। और कुछ ने अचानक नियंत्रण खो दिया और उलटियाँ करने लगे जबकि कुछ दूसरे लोग भाग गये। सिर्फ काली वर्दी धारी सुरक्षाकर्मी वहाँ अपने चेहरों पर बिना किसी भाव के सामान्य रुप से खड़े रहे।

किम ये लिम मर चुका था। यह कहना ज्यादा उचित होगा कि वह एक जला हुआ लट्ठा था।

किम ये आन को लगा कि वह भी चिल्ला सकता है उल्टी कर सकता है। कुछ थाम सकता है या सीधे दूसरों की तरह दृश्य से भाग सकता है। यद्यपि वह पूरी तरह से कांप रहा था। यह हमेशा की बनिस्बत ज्यादा स्पष्ट था कि भाग नहीं सकता है और वहाँ पर ठहरना उसका कर्तव्य है।

यद्यपि किम ये लिम की आकृति अब किम ये लिम नहीं थी। लेकिन किम ये लिम अभी भी उसके साथ सबके सामने पड़ा था। युद्ध और मौत अचानक कहीं सुदूर से निकट आ गये और जीते जागते एवं उत्कृष्ट हो गये। किम ने अपनी चारों ओर वर्षा की तरह चीख पुकार और सिसकियाँ सुनी।

बंधक बने युवराज राजकुमार किम ये लिम के साथ नहीं आये। उन्हें शेन्यांग में अपने कुछ अन्य नौकरों समेत एक डाकघर में कैद किया गया था।

हर तीन से पांच दिनों में युवराज राजकुमार को देखने के लिए दूत भेजे जाते थे। जो वापस भेजे गये सन्देश के मुताबिक बैचेन था। साम्राज्यिक महल में परिस्थितियाँ जटिल होने पर महारानी ने किंग दरबार द्वारा शान्ति समझौते की बातचीत के लिए सारी शर्तें स्वीकार कर ली ताकि युवराज राजकुमार को जल्दी से जल्दी वापस बुलाया जा सके। उन्होंने अपने चचेरे भाई को नया पार्षद नियुक्त किया। नियुक्ति के दूसरे

दिन महापार्षद मृतक के प्रति नये तरह के अपने सरकारी लिबास में सम्मान जताने आया।

22

महापार्षद के आने से किम निवास में मौन के कुछ दिनों के बाद दुबारा फिर चहल–पहल की शुरुआत हुई। लोग शोक संवेदना प्रकट करने के लिए शोक सभागार में पंक्तिबद्ध जमा हुए सभी आदर और शांति का भाव धारण किये थे जो उनके द्वारा युद्ध से पूर्व प्रदर्शित अनुराग और उत्साह से बहुत भिन्न था।

सरकारी रेशमी परिधानों की सरसराहट के अतिरिक्त कक्ष इतना शान्त था कि फर्श पर गिरती सुई की आवाज भी सुनाई पड़ जाती।

''कृपया अपने दारुड़ दुःख पर हमारी शोक संवेदनायें स्वीकार करें।'' लोगों ने किम–ये–आन को सांत्वना प्रदान की। ''आपको धन्यवाद'' जब किम–ये–आन झुका तो उसने अपने पैतृक शोक सभागार में किम ये लिम की भाव भंगिया का विचार किया और ताज्जुब किया कि क्या वह स्वयं भी उतना लज्जाशील और विनम्र है जितना कि उसका बड़ा भाई था हालांकि उसे पूरा विश्वास था कि वह नम्रतापूर्वक ईमानदार दिखा था। वह अभी भी अपनी वर्तमान पहचान के पूर्णतः अनुकूल नहीं हो सका था। ठीक वैसे ही कि जैसे कि कर सका था उसने तोप दागने से जले शरीर के उस हिस्से का बड़ी मुश्किल से विश्वास किया था कि वह किम–ये–लिम था।

किम–ये–लिम अपनी आक्रमणकारी प्रतिभा समेत वापस स्थान में रखी गई संजोयी जाने वाली तलवार की तरह शवपेटिका के ढक्कन के नीचे ढका था जिसने काफी लोगों को घबराहट से मुक्त कर दिया था इसलिए उसकी मृत्यु के बाद जो दुःख प्रकट किया गया वह पूरी तरह से मिथ्या नहीं हो सकता था।

सम्राट ने देश की खातिर किम–ये–लिम के बलिदान की यादगार में मृत्योपरान्त सम्मान प्रदान किया। और दरबारी सरकारी कर्मचारी जो कभी भी किम निवास पर नहीं आये थे वे भी सम्मान प्रकट करने आये। संवेदना

के एक महीने पश्चात् किम–ये–लिम की शवपेटिका का मांगलिक दिवस पर दफन की गयी। अपने पूर्वजों के पीछे बनी उसकी कब्र अपने सरकारी दर्जे के फर्क के कारण उन पूर्वजों से बड़ी और अधिक प्रभावशाली थी।

दफन के बाद किम ये आन कब्रों के बीच अकेले बैठ गया जो एक के सामने दो के साथ संतुलित त्रिकोण में व्यवस्थित की गई थी। यद्यपि उसने बहुत सोचा फिर भी वह भविष्य में स्वयं अपनी कब्र के लिए सही स्थान सोच पाने के समर्थ नहीं हुआ। उसके घर लौटने से पहले अंधेरा हो चुका था। घर एक ऐसे बड़े जानवर की तरह धुंधला प्रतीत होता था जो सांस ले रहा था। किम ये आन आँगन के पूर्वी हिस्से में टहलता रहा और काष्ठ गलियारे में पहुँच गया। वहाँ जब उसने खुली खिड़की से अध्ययन कक्ष में देखा तो उस दृश्य से तत्काल उसकी रीढ़ की हड्डियाँ तक कांप उठी। वह जो सफेद कपड़े पहने चाय पी रहा है। क्या वह किम–ये–लिम नहीं है।

अपने कांपते हाथों से खिसकता दरवाजा खोल पाने से पहले उसने उसे कई बार खींचा। उसे यह जानकर ताज्जुब हुआ कि वहाँ कोई नहीं था। उसने सफेद गुलदाउदी का पूरा खिला हुआ झुरमुट देखा जिस के फूल शरद के अन्त में खिलकर बड़े हो गये थे। उसने उनकी छानबीन की और कुछ को तोड़ लिया जिन्हें उसने अपनी नाक के नीचे रख लिया। लेकिन उसे सुगन्ध नहीं आयी बल्कि चीनी मैगवार्ट से मिलता–जुलता तीखापन महसूस हुआ। वह गुलदाउदी के फूल वापस अपने कमरे में ले गया और उन्हें फूलदान में रख दिया। तदुपरान्त उसने चीनी आरार के कुछ टुकड़े जलाये और बिस्तर पर सो गया। जब वह काफी देर बाद उठा और सुगन्ध के जलते हिस्से के निकट गया, उसने जोर से सूंघा लेकिन कोई सुगन्ध नहीं आयी। इस क्षण उसे केवल यह महसूस हुआ कि उसकी सूंघने की शक्ति खत्म हो गयी है।

23

राजकुमार अब अपने ऊँचें घोड़ों से उतर गये और नागरिक सरकारी कर्मचारियों एवं सैनिक अधिकारियों के साथ बड़ी जल्दी समाजवादी व्यवस्था बना ली। किम ये आन ने भी उनमें से दो की आवभगत की।

दोनों सुन्दर विनयशील और बुद्धिमान थे और दोनो चिंतित थे कि उनकी महत्वाकांक्षायें जानी जा सकती हैं। इसलिए कहीं उनके इरादे स्पष्ट न हो जायें।

किम ये आन उनसे राजकुमारी चुन–मी के बादे में पूछना चाहता था लेकिन कई बार वह उन शब्दों को निगल गया जो उसकी जुबान के अगले हिस्से तक आ चुके थे। समय के इतने कम अन्तराल में दो पतियों की मौत से वह बड़ी विपत्ति में होगी। उसने काष्ठ गलियारे में उसकी खड़ी हुई आकृति को याद किया जब उसने पहली बार उसे व्हाइट पीअर्स राजमहल से जाते देखा था जो बड़ी इमारतों की पंखों जैसी छतों से लगभग धूल–धूसरित हो चुका था।

सम्राट यद्यपि जिन्दा थे फिर भी वह इस हद तक कमजोर और दुर्बल हो गये कि सुबह के दरबार की अध्यक्षता तक करने में असमर्थ हो गये थे। चूंकि महारानी पर्दे के पीछे से दरबारी मामलों को देखती थी इसलिए सारे राजकुमारों की भाव भंगियाये चालाकी से भरी रहती थी और अधिकारी अपनी दिमागी परेशानियों एवं चिंतायें में हस्तान्तरित करते रहते थे।

मध्य शारदीय त्यौहार के पश्चात् किम ये आन अचानक बहुत जल्द निगरानी आयुक्त के पद पर नियुक्त कर दिया गया। वह जैसे ही सम्राट को धन्यवाद ज्ञापित करने के लिए झुका, उसने अपने चारों ओर लहरों की तरह उठती कानाफूसी सुनी। वह तश्तरी लेते हुए वह बहुत खुश था जिस पर सरकारी मुहर, टोप परिधान और जूते रखे हुए थे। बैंगनी लाल सरकारी परिधान का राजकुमारी चुन–मी की ओर से आमंत्रण के पत्र के सिवाय और क्या मतलब हो सकता था।

उसी रात महापार्षद ने उन सरकारी कर्मचारियों के लिए प्रतिभोज से आतिथ्य सत्कार किया जिन्हें हाल में नियुक्त किया गया था और उनके कंधों पर बड़ी जिम्मेदारी थी। लेकिन दावत के दौरान महापार्षद अन्य मामलों से पहले टोली के रुप में कार्य करने के अपने इरादे को उजागर करते हुए उनसे राज्य के मामलों के बारे में बातें करने के बजाय केवल घनिष्ठ वार्तालाप में लिप्त रहा। जब किम ये लिम का जिक्र आया तो

उसने यह कहते हुए हृदय से आह भरी "वह वाकई बड़ा आदमी था।" महापार्षद के शब्दों से भ्रमित होने के बावजूद किम ये आन ने स्वीकृति में सिर हिलाया।

नीले पत्थरों की सड़क पर घोड़े के टापू खड़खड़ाये। जब वह किम निवास पहुँचा तब तक रात हो चुकी थी। किम ये आन ने थोड़ी सी शराब पी ली थी जिससे उसने उनींदा महसूस किया। रात्रि भोज की मेज पर उसने महापार्षद से जो बातचीत की वे जमीन पर पड़ती चन्द्रमा की रोशनी में बदली सी प्रतीत हुई। उसके दिमाग में सिर्फ एक ही बात ने जड़ जमा ली थी "वह वाकई बड़ा आदमी था।"

जब किम ये आन बटलर के हाथों के सहारे गाड़ी से उतर गया जो कि किम निवास के द्वार पर इंतजार कर रहा था। वह उससे पूछे बगैर नहीं रह सका "आपके हाथ इतने ठण्डे कैसे हो गये?"

"आपसे एक विशिष्ट मेहमान मिलने आये हैं" बटलर ने उसके कान में धीमें से फुसफुसाकर कहा।

किम–ये–आन को झटका लगा और वह नशे से जाग उठा। वापस मुड़कर उसने देखा कि वहाँ दीवारों की छाया में वाकई एक गाड़ी खड़ी थी।

"आंगन के पूर्वी हिस्से में बटलर कहते हुए सामने की ओर बढ़ा। किम–ये–आन ने अपने पेट में ऊपर उठती ऊर्जा और फटते पटाखों की तरह अपने अन्दर हर इंच पर फूटने का अनुभव करते हुए बटलर का जल्दी– जल्दी अनुसरण किया। बटलर समझदार होने के नाते पूर्वी आंगन के द्वार पर रुक गया।

"मैं आपके निर्देशों की प्रतीक्षा करूँगा।" किम ये आन ने सिर हिलाया और उसे मुड़कर देखा और चला गया। तदुपरान्त वह कमरे की ओर दौड़ा जो प्रकाशित था और पुकारा चुन–मी...."

युवराज राजकुमार अध्ययन कक्ष में बैठे हुए थे। युद्ध की परीक्षा का अनुभव करने से उसके चेहरे पर धूप ताम्रता आ गयी थी जिससे लोगों का उनमें अनुराग बढ़ गया था जो उनमें एक दुर्लभ चीज थी। किम ये आन

की आवाज सुनकर वह मुड़े और अपने सामने खड़े व्यक्ति को सिर से पैर तक देखा और अंततः अपनी आँखें किम ये आन के सरकारी लिबास पर स्थिर कर दी। किम ये आन स्थिर रहा उसका बैंगनी लाल सरकारी लिबास उसे आवृत्त किये था।

11

उपसंहार

मैं एक झगड़ालू लड़की हुआ करती थी। बहस करने के बजाय मैं अक्सर लड़कों की तरह आक्रमणकारी पर काबू करने के लिए घूंसों की मदद लेती थी। दो लड़ाइयाँ मुझे अभी भी धुंधली तरीके से याद हैं जो मैंने अपने बचपन में लड़ी थी। उनमें से एक अपने पड़ोस की लड़की और उसके छोटे भाई से थी जो झाड़ू जितने लम्बे डंडों से लैस होकर फिल्मों में अपने दुश्मनों पर हमला करते हुए सैनिकों की तरह मेरी ओर बढ़ चले। मैं पीछे हटी। तदुपरान्त एकाएक अपने पीछे दीवार का स्पर्श पाकर मैं यह महसूस करते हुए बेचैन हो उठी कि पीछे हटने के लिए कोई जगह नहीं थी। वह सबसे डरावना भय था जिससे मैंने अपने पूरे कुवारेपन में अनुभव किया। निराशा के उस क्षण में सड़क के किनारे की पटरी का एक लट्ठा पकड़ में आ गया और कार्यवाई में दो खाली बाल्टियों को पैर से गिराते हुए उससे उन्हें पीटना शुरु किया। इतना ही नहीं हुआ कि वे भाई बहन पीटे गये बल्कि उस वक्त वे मेरी छवि देखकर डर गये। फिर भी उन पर विजय हासिल करने से मुझे कोई खुशी नहीं हुई। उस दिन जब मैं दृश्य से दूर हुई तो मुझे केवल वैसा छुटकारा मिला जैसे कि किसी को विपत्ति से बाल–बाल बचने पर मिलता है।

दूसरी लड़ाई मेरी क्लास के लड़के से हुई तब मैं पाँचवी में थी। पहले तो हम दोनों के बीच गहमागहमी हुई और बाद में मारपीट पर उतर आये। जब वह दस मेजों की दूरी से एकाएक मेरी ओर दौड़ा तो मैं शिकारी

जानवर के घातक हमले का सामना करते हुए मैं स्वयं को निर्वासित महसूस करने लगी। उसके इतना ज्यादा भड़क उठने का कारण यह था क्योंकि मैंने उसके पिता के दूसरी औरत के साथ विवाहेतर सबंन्ध कठिनाई से खोज निकाले थे जिस के पति ने उसके पिता को हकीकत में जान से न मारने की इच्छा करते हुए छुरी के सत्रह निशान लांछन के तौर पर उपपति पर लगा दिये। वे अव्श्य ही लड़के के भी लांछन और दर्द भरे स्थान थे जिन का छूना वह सहन नहीं कर सका। उसकी दुःखती नब्ज पर चोट करने का कारण यह था कि पहले उसने मुझे ''गोरिओ'' कहकर मेरी नब्ज पर चोट की थी।

और उस कारण से मैंने पड़ोसी लड़की और उसके भाई को मारने के लिए मैंने जब मैं लड़की थी तो मैं इन दो शब्दों से इतना ज्यादा नफरत करती थी कि इसे अपने व्यक्तित्व पर साफ–साफ थूकने के बराबर मानते हुए उन्हें अपने सामने किसी को उच्चारित करते हुए बर्दाश्त नहीं करती थी। दूसरे बच्चों के साथ झगड़ा करते रहने से मेरे माता–पिता मेरे बारे में ऐसे चिंतित रहते थे कि जैसे मैं शैतान लड़का था। यद्यपि मैं बहुत ताकतवर नहीं थी फिर भी मैं अपनी उम्र के बच्चों को सख्ती से पीट लेती थी और उन्हें अपने उन गूमड़ और चोटों के बारे में शिकायत करने के लिए मेरे माता–पिता के पास भेज देती थी जो मैंने पहुंचायी थी।

उस वक्त मैं मुश्किल से दो अक्षर के शब्द ''गोरियों'' का वास्तविक अर्थ समझने की फिक्र थी। मैं सिर्फ इतना जानती थी कि वह शब्द मुझमें और दूसरे बच्चों के बीच एक खास तरह के फर्क के लिए उत्तरदायी ठहराना था। लोग हमेशा इसे मेरे बारे में अपने वर्णन के अन्त में जोड़ते थे अथवा इससे भी ज्यादा बदतर वे केवल इस एक शब्द को मुझे परिभाषित करने में उपयोग करते थे।

एक गोरिओ बच्ची

कई वयस्क भी मेरे बारे में इसे कहते थे। वे मुझ पर अपनी जिज्ञासु नजरों को ऐसे दौड़ाते थे जैसे कि मेरे बारे में मेरे पास कोई जादुई या रहस्यात्मक चीज हो। उनकी अन्तर्वेधी निगाह उनके हाथों से मेरे कपड़े उठाये जाने की बनिस्बत अधिक सुविधापूर्वक उजागर करती थी। वह

शब्द मेरे माता–पिता, बहनों और भाइयों के लिए भी उपयोग किया जाता था। फिर भी वे उसकी उतनी चिंता नहीं करते थे जितनी कि मैं करती थी। कई बार तो केवल कंधे झिड़क कर अपने पीछे से आ रहे उन दो शब्दों से पीछा छुड़ा लेते थे।

मेरे पास दो रेशमी वस्त्र थे। दोनों का छोटा ऊपरी हिस्सा छाती के ठीक नीचे तक पहुंचता था और एक भारी–भरकम घुटनों तक लटकता लहंगा और एक कमरबन्द जिसमें सामने की ओर सरफन्दा लगा था। पहले के उन्नीस सौ सत्तर के दशक में वे चीन में वाकई विलासिता की चीजें थी। फिर भी उनके जीवन्त रंग मुझे उतने ही जहरीले और बुरे लगे क्योंकि उन्हें पहनने का यह मतलब होता था कि मैं खास और लोगों के घूरने और बातचीत का मकसद बन जाती थी। और भिन्न होना खतरनाक होता था। कई वर्षों के बाद दूसरी औरतों की तरह जहाँ तक संभव है मुझे अपने सजाति वस्त्रों से प्रेम हो गया हैं। जो न केवल हमारे घटिया डीलडौल को ही ढकता है बल्कि हमारे चरित्र के बारे में रहस्य का अनन्त भाव भी दर्शाता हैं।

गर्मी के दिनों के उत्कृष्ट वस्त्र जिन्हें कोरियाई पसन्द करते हैं, वे बढ़िया छालटी के बने होते हैं। और यद्यपि इसे ग्रीष्मकालीन वस्त्र के तौर पर जाना जाता है लेकिन इसे शरद ऋतु में बुना जाता है जब नरकुल की मंजरियां पूरी तरह से खिली होती हैं अथवा सर्दी में जब बर्फ के टुकड़े हवा में तैरते हैं। मौसम को वस्त्र में छालटी के प्रत्येक धागे को ठण्डक का तीखा स्वाद और शुद्ध सफेद रंग देते हैं। इस प्रकार अगली गर्मी में जब एक सुन्दर लड़की और ग्रीष्मकालीन वस्त्र से सिली हुई ओछी कमीज और चौड़ा घाधरा पहनकर काष्ठ गलियारे से गुजरती है तो गर्मी भाटा की तरह दूर हो जाती है।

बढ़िया ग्रीष्मकालीन वस्त्र एक दिन पहनने के पश्चात् गन्दे और सिकुड़ जाएंगे और उन्हें उसी दिन धोना, कलफ करना और इस्त्री किया जाएगा ताकि वे धब्बारहित और कसे हुए दिखायी दे। जैसे कि भावनात्मक फिल्मों में नायक और नायिकायें प्रायः प्रेम से घृणा के परिवर्तन को भुगतते हैं। बड़े होने पर मैं स्वयं अचानक इस सजातिविषयक समूह से जुड़ी और

कई चीजों से प्रेम करने लगी। मुझे नहीं ज्यादा पता कि ग्रीष्म कालीन बढ़िया वस्त्र का ज्ञान प्राप्त करने की बनिस्बत यह बदलाव कैसे निष्पन्न हुआ ? फिर भी अचानक मैं देख पाती हूँ कि अन्दर छिपी हुई चीजें जिनसे मैं अत्यन्त घृणा करती थी, वे उत्कृष्ट सुन्दर थी जिसने मुझे आश्चर्य में डाल दिया इसलिए सभी सुछ चौंकाने वाला था। जब मैं लड़की थी तब मुझे अकेले होने का भय अब दूसरे रास्ते निकला, जब मैं वयस्क हो गयी और गोपनीय आनन्द के तौर पर उसे ढूँढ़ लेने पर मैं उन खजानों को हासिल कर लिया जिसके लिए दूसरे हकदार नहीं हैं।

सारे घरेलू और खेती–बाड़ी के काम निपटा लेने के कारण सजाति कोरिआई महिलायें प्रायः सहानुभूतिपूर्ण भाव से उल्लिखित की जाती हैं। बसंत में उन्हें बर्फीले धान के खेतों में अपने उन बच्चों की पीठ पर लादे हुए धान की पौध लगानी होती है जिन की दूसरे देखभाल नहीं करते हैं। शरद ऋतु में वे भूसे के टोप के नीचे धान काटेंगी। वे अपने पतियों और बड़े–बूढ़ों का भरपूर इंतजार करती हैं लेकिन रात्रि भोज पर उनके साथ मेज पर बैठने का उन्हें अधिकार नहीं होता हैं। उन्हें बच्चों के जन्म का दर्द और आदमियों की अशिष्टता तथा शब्दिक एवं शारीरिक हिंसा बर्दाश्त करनी होती है।

सभी गृहस्वामिनियाँ साधारणतः एक चीज समान रुप से साझा करती है। और वह यह है कि वे यह सुनिश्चित करने की भरपूर कोशिश करती हैं कि उनकी अविवाहित बेटियाँ खुशी से स्वतंत्र माहौल में बड़ी हों। नवयुवतियों के लिए शादी का दिन उनकी जिंदगी का प्रथम अवकाश चिह्नित कर देता है।

जब मैं सीनियर हाईस्कूल में थी तब मैंने कोरियाई सजाति विषयकता के एक अधेड़ उम्र की अभियन्ता के साथ रोगी कक्ष समान रुप से साझा किया। उसका पति हर समय उसकी देखभाल किया करता था। पतली और काली त्वचा युक्त आदमी काफी अविशिष्ट था।

जब वह मुस्कुराता था तो वह काफी विनम्र दिखायी पड़ता था। वे विश्वविद्यालय में सहपाठी रहे थे इसलिए उनका प्रणय निवेद और विवाह वैसे ही स्वाभाविक ढंग से हुए जैसे कि उनकी स्नातकता। वह भयानक

रुप से शराब पीता था और अपनी पत्नी को तब पीटता था जब वह शराब पी लेता था। एक बाद उसने उसे लात मारकर ऊष्मीय बिस्तर से फर्श पर गिरा दिया और उसकी दो पसलियां तोड़ डाली। इस समय वह कुछ तो दीर्घकालिक बीमारी और कुछ उसकी पिटायी के चलते अस्पताल में थी।

जब मुझे यह सब मालूम हुआ तो मुझे उस आदमी से बहुत ज्यादा नफरत हो गयी और तब मुझे इस तथ्य से यह जानकर अत्यन्त घृणा हो गयी कि वह शिक्षित व्यक्ति था। लेकिन जब मैंने महिला अभियन्ता का अवलोकन किया तो देखा कि अपने पति के प्रति उसका रुख जरा भी आक्रोश अथवा नफरत के बगैर सामान्य था। जब उसे अपने पति द्वारा भोजन और जल खिलाया–पिलाया जाता था तो उसके चेहरे की शान्त छवि से मैं इस नतीजे पर पहुँची कि वह तब भी बराबर शान्त रही होगी जब उसे उसके द्वारा पीटा गया होगा। मेरे चचेरे भाई की पत्नी अपने पतले डीलडौल पोर्सलीन जैसी सफेद त्वचा और मंद मुस्कुराहट के साथ बहुत सुन्दर है। एक बार हम उसी कमरे में सोये और जब हमने रोशनी बुझा दी तब उसने मुझे अनौपचारिक स्वर में बताया कि कुछ दिनों पूर्व छह टन सर्दी का पूरा कोयला स्वयं कोयला घर में ढोया जबकि मेरा भाई उस दौरान अपने मित्र के साथ पीता रहा था।

तापन कोयला का छह टन? मुझे अपने आश्चर्य को व्यक्त करने के लिए कोई शब्द नहीं मिला और मैं बड़ी मुश्किल से विश्वास कर पायी कि मेरे निकट कंधे का एक जोड़ा छह टन वजन से कुचले बगैर ढो सकी थी।

सुख सारे समान होते हैं मगर दुःख भिन्न होते हैं। चूंकि मेरा ज्यादा लोगों के साथ ज्यादा सम्बन्ध है इसलिए मुझको रियाई महिला की सबसे चौंकाने वाली खासियत उन की भुगतने की काबिलीयत में नहीं बल्कि जिंदगी के प्रति उनके रुख में अचानक महसूस हुई।

कोरियाई महिलायें पुरुषों का रसोई घर में होना अथवा फटे पुराने कपड़े पहनना या फिर उनके हाथों में झाड़ू देना पसन्द नहीं करती हैं। वे विश्वास करती हैं कि पुरुष महान होने के लिए पैदा होते हैं। नित्य के छोटे काम जैसे कि चक्की चलाना उनके उच्छे गुणों को खत्म कर देगा और जब वे देश के या अपने मामलों का सामना करेंगे तो उन्हें उनके नेक

कार्यों के अयोग्य बना देगा। यश का ऐसा अनुसरण कोरियाई महिलाओं का सबसे मजबूत आध्यात्मिक प्रोत्साहन है जिन्होंने कठोर कार्य को नैतिकता बना दिया है। कई पुरुष शराब की अति कल्पना के दलदल में फंसने से पहले महिलाओं द्वारा आलसी बना दिये जाते हैं।

कोरियाई महिलायें अधिकांश समय कार्य करती हैं लेकिन उनमें से अधिकांशतः स्वभावतः खुश होती हैं। उन्हें शोभायुक्त होना पसन्द है और हर उस चीज के लिए कोशिश करती हैं जो उनके सौन्दर्यवर्द्धन में उपयुक्त प्रतीत होता हैं। येन बियान में जो चीजें सबसे अच्छी बिकती हैं वे हमेशा महिलाओं द्वारा उपभोग की जाने वाली होती हैं। यहाँ तक कि कई उम्रदराज महिलायें रंगीन कपड़ों के बारे में अपने से कम उम्र की महिलाओं से कम भावप्रवण नहीं होती हैं क्योंकि उनका विश्वास है कि अंगराग और वस्त्र उन्हें अपनी छवि बनाये रखने में मदद कर सकते हैं।

मैं प्रायः अपने घर के निकट एक रेस्टोरेण्ट में भोजन करती हूँ जो कोरियाई पाक प्रणाली प्रस्तुत करता है और धीरे–धीरे महिला संरक्षिका से प्रसिद्ध हो गया जिसके कपड़े पहनने की शैली उसके ग्राहकों के लिए आश्चर्य का श्रोत बन गयी। वह प्रायः दूसरों का खासकर चालीस वर्ष के लगभग की महिलाओं को अपनी उम्र के बारे में पता नहीं चलने देती थी। हर कोई अवश्य ही उसे यह कहकर प्रसन्न करने की कोशिश करता था कि वह पचासवें के दशक में है जबकि वह दिखती साठ की थी। लेकिन वह उनके उत्तरों से संतुष्ट नहीं होती थी। यहाँ तक कि जब वह अपेक्षित उत्तर नहीं पाती थी तो नाराज भी हो जाती थी और अपने चेहरे पर असंतुष्टि के साथ कहती थी कि वह उनकी उम्र के बराबर चालीसवें दशक में हैं। मैं पूरी तरह समझ नहीं पायी कि आकर्षक होने की ऐसी उत्कृष्ट इच्छा से एक महिला को अपनी उम्र से अधिक वृद्ध क्यों दिखना चाहिए जब तक मैं उसके पति से नहीं मिली और यह पता नहीं लगा पायी कि वह पहले से ही अपने साठवें दशक में है जब कि वह हठपूर्वक स्वयं को चालीसवें में लाने का आग्रह करती थी। झुर्रियाँ पहचान पत्र अपने पति का सठियापा अपने बेटे और बेटियों की उम्र उसके आत्म प्रवंचना के दृढ़ निश्चय को कुछ भी डिगा नहीं सका। मैंने इसी तरह का गुण फ्रांसीसी

महिला भार्ग्युराइट डुरास में देखा जिसने छाछठ वर्ष की अवस्था में अपने पिछले बीसवीं दशक के यान एण्ड्रिया स्टाइनर के अव्यवहारिक प्रेम को स्वीकार किया और जोला आमण्ट जैसे उपन्यास को उस वक्त लिखने में समर्थ हुई जब वह अड़सठ वर्ष की थी।

महिलाओं के बिलकुल विपरीत अधिकांश कोरियाई पुरुष अल्पभाषी होते हैं जबकि शराब पी लेने के बाद वे अपने सामान्य रुप से बहुत भिन्न होते हैं।

मेरे पिता उन दुर्लभ सजातीय विषयक लोगों में से एक हैं जो शराब पीने से नफरत करते हैं। लेकिन जब कभी हमारे घर पर मेहमान आते हैं तो वह उनका शराब से भरपूर सत्कार करते हैं और उस वक्त सहनशील मुस्कुराहट प्रकट करते हैं जब उनकी शराबी बकवास सुनते हैं। मेरे पिता पीते नहीं है और अवश्य ही नशे में नहीं होते हैं और इसलिए अपनी पत्नी को पीटने की क्षमायाचना से वंचित हैं। उनके पास अपने सजातिविषयक दूसरे कोरियाई पुरुषों से कहीं अधिक समय रहता है और उन्होंने अपने खाली समय को गायन से भरा है।

मेरे पिता ने अपनी युवावस्था में कई महत्वपूर्ण अवसर खो दिये जिसका मतलब यह था कि उनका गायन हमेशा एक शौकिया की आदत जैसा रहा। किन्तु व्यावसायिक अथवा अन्य कुछ नहीं रहा। मेरे पिता और कई लोग जिनसे मैं बाद में मिला उदाहरण के लिए शराब की मेज पर ठहरा एक आदमी अथवा सहायता के लिए रसोई घर से बुलायी गई स्त्री अचानक व्यावसायिक गायकों की नकल कर सकते हैं। ऐसी आशु संगीत रचना के प्रदर्श में गायक के लिए सबसे बढ़िया संगत पानी से भरी हौदी में उल्टे रख चम्मच की कुछ थपकियाँ अथवा खाने की प्लेट और भोजनशाला का समेत शराब के प्याले के अतिरिक्त और कुछ नहीं होते हैं।

कोरियाई लोक गीत काफी उच्च्च कर्णभेदी होते हैं। और उन्हें कमजोर आवाज से नहीं संभाला जा सकता है। वे प्रगीतात्मक होते हैं और गायकों को काफी व्यावहारिक और सुरीला होना होता है। लोगबाग यह महसूस करने में प्रवृत्त होते हैं कि सजातीय विषयक कोरिआई कई मामलों में

जापानियों के समान होते हैं लेकिन इन सजातीय विषयक समूहों के गीत भिन्न कहानी बयां करेंगे। यदि कोई कोरियाई गाथागीत की तुलना शराब से करता है तब जापानी लोक गीत कुनकुनी चाय हो जायेंगे। सबसे प्रसिद्ध कोरिआई गाथागीत ''अरिरंग हैं'' जिसके अनुवाद यद्यपि जगह–जगह की भिन्नता के साथ सब जगह पाये जाते हैं। ''अरिरंग'' प्रेमियों के मध्य विदाई के आमंत्रण गीत होते हैं किन्तु वे सामान्यतया चीनी लोक गीत ''लीविंग फार दि वेस्ट'' की तरह लय में जिन्दादिली होते हैं जोकि विदाई के दुःख को अभिव्यक्त करने में बेधड़क होता है।

कोरियाई की पंसोरी जो गायन और अलाप के द्वारा कहानी बयां करता है वह परंपरागत चीनी ओपराओं के समान होता हैं। इसे पंखा लिये गायक के साथ लम्बी–चौड़ी जगह में प्रदर्शित किया जा सकता है। तुलना में चीनी ओपरा और अधिक जटिल और देदीप्यमान होते हैं। कोरिया गणतंत्र की सीओपिआंजी शीर्षक की फिल्म पंसोरी गायकों के बारे में हैं। पंसोरी गायिकी को दो प्रमुख शाखायें सीओ पिआंजी और डांगपिआंजी हैं। सीओपिआंजी की शाखा जटिल और दुःखान्त होती है। जबकि दूसरी शाखा सुरीले गायन और प्रभावशाली भावों द्रेग को प्रधानता प्रदान करता है। सीओपिआंजी फिल्म एक बालिका के पंसोरी गायिका में विकसित होने का विस्तृत निरुपण है उसे भागने से दूर रखने के मकसद से जब उसका पिता उसकी दवा में जहर रख देता है। जब वह बीमार होकर अंधी हो जाती है। तब लड़की कई कठिनाइयों के पश्चात् धीरे–धीरे स्वरों के प्रति जागरुक होती है और पंसोरी गायिकी के महत्व को समझती हैं।

दुःखान्त कहानी ने अन्तर्राष्ट्रीय फिल्म महोत्सव में पुरस्कार जीते हैं लेकिन मैं इसे उसी तरह एक कहानी मानती हूँ। यदि पंसोरी हटा दिया जाये तो इसका कथानक पूर्वी देशों की परिस्थितियों पर लागू होगा। इसका एक छोटा अंश जिसने मुझे बहुत प्रभावित किया वह यह है कि गायिकी के उसके शुरुआती पेशे में लड़की को कुछ अमीर लोगों द्वारा घरेलू महफिल में प्रदर्शन के लिए मेहनताना देकर रखा जाता है जिस समय लोग उसके प्रदर्शन के बजाय उसकी छवि पर आकर्षित होते हैं तो वह उनकी चुलबुली भाषा पर स्तब्ध रहती है और सिर्फ गायिकी के प्रति

भावप्रवण और जिज्ञासु रहती है। यह छोटा अंश गायिकी के प्रति कोरियाई लोगों की प्रवृति को बहुत स्पष्टता के साथ चित्रित करता है।

सजातीय विषयक कोरियाई नृत्य चीन के सजातीय विषयक नृत्यों में सम्भवतः सब से कठिन है। केवल हाथ और बाँहों तथा पंजों के उठान की रुपरेखा प्रस्तुत करने से कोरियाई नृत्य सुगम नहीं हो सकते हैं। किन्तु अपनी सादगी के लिए यह लाओत्से की कहावत कि प्रतिकृति सिवाय अबाधक होने के और कुछ नहीं होती हैं, को प्रतिध्वनित करते हुए चुनौतीपूर्ण बन जाता है। सजातीय विषयक कोरिआई नृत्य सारसों के नृत्य से प्रेरित माना जाता है और इसका छिद्रान्वेषी अंग कंधों का संचालन है।

किस्येंग घर (अथवा गिवन्गं) का नृत्य सजातीय कोरिआई नृत्यों में बहुत महत्वपूर्ण है और लोकनृत्य के सार का भी प्रतिनिधित्व करता है। सोलहवीं शताब्दी की प्रभावशाली शख्सीयत और प्रसिद्ध किस्येंग कवित्री तथा गायिका हवांग जिन यी अकेले विद्वानों, कलाकारों, और राजदरबारी कर्मचारियों से घनिष्ठ रुप से संबंध थी। उसके परंपरा विरोधी तरीके और स्वतंत्र चरित्र ने उसे कई पुरुषों का प्रशंसक बना दिया। गुरु संतुष्टि एक प्रसिद्ध बौद्ध भिक्षु थे जिन्होंने एक मन्दिर में कई वर्षों तक बौद्ध धर्म का अभ्यास किया था। उन्होंने उस वक्त बौद्ध नियम तोड़ डाले जब हवांग जिन यी जो स्वयं को बौद्ध बताती थी, ने एक रात कषाय वस्त्र में उसका दरवाजा खटखटाकर खुलवाया और उसके शयनकक्ष में उसके लिए नृत्य का प्रदर्शन किया। यद्यपि वे बहुत थोड़े समय के लिए एक साथ थे फिर भी उनकी प्रेम कहानी आगे बढ़ गयी। हवांग जिन यी ने उस रात जो नृत्य प्रस्तुत किया उसे सुईग्मु या भिक्षु नृत्य कहा जाता है जो कालान्तर में किस्येंग घर के नृत्य का प्रासंगिक उदाहरण बन गया।

अन्य अल्पसंख्यक सजातीय विषयक समूहों की तरह कोरियाई सजातीय विषयकता के लोग अपनी अनोखी आदतों को संजोये हुए हैं क्योंकि वे संख्या में थोड़े हैं। भोजन के मामले में सजातीय विषयक कोरियाई मसालों के भूखे और किमची तथा ठण्डे व्यंजन पसन्द करते हैं। बे सोयाबीन का गाढ़ा रसा बनाते हैं और तड़का व्यंजनों को चलाते नहीं हैं। कोरिआई थुना मांस प्रमुख मांस व्यंजन है जबकि सर्दी में वे पकवान भी खाते हैं जिसे वे

स्वर्गीय ऊंगाठी कहते हैं। चूंकि अधिकांश समय वे कुत्ते का मांस ही खाते हैं इसलिए इस नाम से चीनी कहावत कि "कुत्ते के मांस की सुगन्ध से स्वार्गीय आत्मायें भी लालच रोक नहीं सकती हैं" प्रतिध्वनित होती है।

कुत्ते के मांस के प्रति अपने प्रेम के कारण सजातीय विषयक कोरियाइयों की छवि दूसरे सजातीयविषयक समूहों की नजरों में हीन समझी जाती है। कोरिआई प्रायद्वीप के दक्षिण पूर्वी चिन्दो द्वीप चिन्दों कुत्ता के नाम से ज्ञात कुत्ते का वंश चालाक बहादुर और अपने मालिकों के प्रति वफादार होता है। चूंकि द्वीप के लोग गरीबी का जीवन जिया करते थे लिहाजा चिन्दो कुत्ते, मेढकों, टिड्डों और यहाँ तक कि तीतर के मांस पर निर्वाह करने के लिए कभी–कभार घर से भाग जाया करते थे। तीस वर्ष पूर्व तक जब चिन्दो अभी भी समुद्री जल से घिरा एक द्वीप था तब एक चिन्दो कुत्ता जो कि 38 वीं समानान्तर के सन्निकट सेना को बेच दिया गया था, उसने साढ़े चार सौ किमी से भी अधिक दूरी की यात्रा तय की और घर पा गया। दूसरा एक जिसे डेजिओन को बेचा गया था जो कि उसके घर से दो सौ साठ किमी दूर था वहाँ से भी वह 1993 में अपने मालिक के पास लौट आया। अतएवं कुछ लोग सजाति विषयक कोरियाईयों की तुलना चिन्दों कुत्तों से करते हैं जोकि आकार में तो छोटे होते हैं लेकिन बहादुर धैर्यशील और मितव्ययी होते हैं। सजातीय विषयक कोरिआई संस्कृति ने चीन से कनफ्यूशियनवाद उत्तराधिकार में प्राप्त किया है। और कन्फ्यूशियस के चित्र सभी प्राचीन अकादमियों और स्कूलों में पाये जाते हैं। परंपरागत मकान भी ऐसे शुभ चीनी लक्षणों जैसे कि सूर्य, चन्द्र, युखवापसी और उपयोग के आकार की योजना के अनुसार बनाये जाते हैं।

सजातीय विषयक कोरियाई स्वच्छता के बारे में सजग तथा सफेद रंग के प्रेमी होते हैं। दुल्हन के वैवाहिक लिबास अधिकांशतया पवित्रता का प्रतीक होने के लिए सफेद और हल्के गुलाबी होते हैं। इसके अतिरिक्त कोरिया ने सफेद गुडहल को राष्ट्रीय फूल के तौर पर चुना है क्योंकि इसके छोटे किन्तु संवेदनशील फूल लोगों को अपना समय बरबाद न करने का स्मरण दिलाते हुए सुबह खिल उठते हैं और शाम को मुरझाकर गिर जाते हैं।

एक युग में जब कोई चीज जो राष्ट्र से सम्बन्धित होती हैं, वह विश्व से भी सम्बन्धित होती हैं। कोरिआई लोगों का राष्ट्रीय चरित्र कुल मिला कर उत्कृष्ट है और उन्होंने एक हजार से भी अधिक वर्षों से सरलता सहनशीलता बजुर्गों का सम्मान और छोटों को प्रेम करने तथा जीवन का नृत्य एवं गायन से उत्सव मनाने के जिन विचारों का उन्होंने एक हजार से भी अधिक वर्षों से समर्थन किया है वे अंततः व्यापक रुप से वैश्विक स्तर पर स्वीकार किये गये हैं।